한글자 중국

중국의
확장

한 글자 중국
중국의
확장

한 지역 한 글자만 알면 중국이 보인다

김용한 지음

Humanist

중국을 이해하는 열쇠, 한 글자 약칭

중국에서 횡단보도를 건너는 것은 전쟁터를 헤쳐나가는 것과 같다. 보행자 녹색등이 켜져서 수많은 사람들이 우루루 길을 건너려 할 때에도 차들이 지나가기 일쑤다. 마치 보행자들은 춘추전국시대의 창병 같고, 자동차들은 전차부대 같다. 창병들이 진군할 때, 전차부대는 맹렬한 속도로 달려들어 창병들의 허리를 끊는다.

나는 마음속으로 외친다.

'창병들이여, 전열을 흩뜨리지 마라! 밀집대형을 유지해야 전차부대를 막을 수 있다!'

그러나 거친 전차부대 앞에서 겁먹은 창병들은 이리저리 흩어지기 일쑤다. 그 사이로 전차부대들이 거침없이 난입한다. 참전한 전차부대들은 어느 나라들이지? 노나라, 진나라에 초나라? 전국칠웅들이 다 납시었다.

어라? 전국칠웅?

자동차 번호판에 쓰여진 글자들을 찬찬히 다시 들여다보았다. 공자의 고향인 노(魯)나라, 천하를 통일한 진(秦)나라, 남방의 맹주 초(楚)나라…….

중국은 34개 행정구역들을 한 글자의 약칭으로 표기한다. 그런데 그 약칭들은 지방색을 물씬 풍기고 있었다. 그때 직감했다. 중국의 지역 약칭을 이해하면 중국의 역사와 문화, 더 나아가 중국인들의 멘털리티를 이해할 수 있음을.

물론 거대한 통일제국을 지향하는 중국은 지방색이 강한 것을 달가워하지 않는다. 중국 정부는 이미 상당수의 전통적인 약칭을 바꾸었다. 강한 지방색을 탈색시키는 방향으로. 그래서 산시성(陝西省)의 약칭은 '진(秦)'에서 '섬(陝)'으로, 후베이성(湖北省)의 약칭은 '초(楚)'에서 '악(鄂)'으로 바뀌었다.

그럼에도 불구하고 각 지역의 뿌리 깊은 역사마저 탈색시킬 수는 없다. 삼천만 산시인들은 팔백리 진천(秦川)에서 민요 진강(秦腔)을 노래하고, 팔천만 쓰촨인들은 유비와 제갈량이 세운 촉(蜀)나라를 자랑스럽게 여긴다. 각 지역의 약칭 속에 녹아 있는 역사는 여전히 지역민들에게 강한 정체성을 불어넣어준다.

그러나 각 지역의 독특한 개성을 살피는 한편, 중국의 통일성도 유념할 필요가 있다. 각 지역 사람들은 저마다 고향을 자랑스럽게 여기지만, 동시에 '위대한 중화민족'임을 자부한다. 경상도 사람이나 전라도 사람이 저마다 고향을 사랑하면서도 '한국인'이라는 정체성을 확고하게 갖고 있는 것과 같다.

이제 어떻게 중국을 이해해야 할지 감이 잡힌다. 황허 중류의 작은 지역인 중원에서 출발한 중국이 어떻게 주변의 나라들을 흡수해가는지, 저마다 강한 개성을 갖고 있는 지역들을 어떻게 '하나의 중국'이라는 틀 속에 녹여내는지 이해해야 한다.

만만찮은 과제다. 그러나 테세우스가 한 가닥의 실에 의지해 미노타우로스의 미궁을 탈출할 수 있었듯이, 작은 실마리가 복잡한 미로를 탈출할 수 있는 결정적 단서가 되기도 한다. 각 지역의 한 글자 약칭은 중국이라는 거대한 미로를 헤쳐가는 데에 좋은 실마리다.

이 책은 크게 두 부분으로 나누어 출간했다. 1권 격에 해당하는 '중국의 탄생' 편은 황허 중류의 작은 마을이 어떻게 큰 나라로 성장해 중원이 되었는지 살펴보는 순서로 구성했다. 2권 격에 해당하는 '중국의 확장'에서는 유목민족의 정복제국을 거쳐 중국의 외연이 크게 확장되는 과정에 있었던 지역들을 살펴볼 것이다. 책의 구성은 역사적 의미를 따랐지만, 역사적 교양뿐만 아니라 중국인들의 마음과 문화, 오늘날 중국 각 지역의 가장 첨예한 문제까지 들여다볼 수 있도록 했다. 독자들은 역사서부터 문학작품, 경제보고서까지 두루 망라한 입체적인 중국을 만날 수 있을 것이다.

2018년 10월
김용한

중국의
확장 **차례**

중국의 탄생 차례

일러두기

1. 본 책의 '중국 본토 31개 지역'은 34개 지역 중 홍콩·마카오·타이완을 제외한 지역을
   일컫는다.
2. 책에 언급되는 인명과 지명(행정구역명)은 신해혁명을 기준으로 그 이전의 인물과 지
   명은 한자어 독음으로, 그 이후의 인물과 지명은 현대 중국어 발음으로 표기했다. 단,
   지명의 경우 현대에도 동일한 지역명을 사용하는 경우 현대 중국어 발음을 우선으로
   표기했다.
3. 책에 언급되는 지명과 행정구역명, 인명은 중국 현대어를 기준으로 표기하되, 필요한
   경우 독자들의 이해를 돕기 위해 한자 독음을 덧붙였다.
   예) 완리창청(萬里長城, 만리장성), 황허(黃河, 황하), 창장(長江, 장강) 등

강이름 **감**

장시성

江西省

도자기의 메카, 신중국의 요람

❶ 도자기의 메카 징더전 형형색색의 도자기들이 우아한 자태를
자랑한다.
❷ 징더전 도자기 얇고 푸른 자기 안에 멋진 산수화가 새겨져 있다.
❸ 징더전 도자 대학 중국 유일의 도자예술 관련 고등교육기관이다.
❹ 인부 조각상 수많은 도자기를 한 번에 나르는 인부 조각상.
❺ 징더전 서민들 징더전 서민들의 일상.
❻ 조각 도자기 공장 손님이 없어 한가하게 햇빛을 즐기고 있는
직원.
❼ 루산의 안개 안개가 자욱한 루산. 정말 진면목을 알기 힘들다.
❽ 어요장 황실과 궁중용 도자기를 굽던 곳.

장시성은 산 많고 밭 적어 살기 만만찮은 지역이다. 강남의 풍요로운 이미지와는 다소 동떨어진, '강남답지 않은 강남'이다. 그러나 장시성은 수많은 반전을 품고 있다. 변화무쌍한 루산에서 소동파는 "여산의 참 모습 알기 어렵다"고 찬탄했고, 도연명은 무릉도원의 전설을 이야기했다. 중국 최대의 담수호인 포양호에서 주유는 오나라의 수군을 길러냈고, 주원장은 최대의 숙적 진우량을 꺾었다. 징강산은 풋내기 혁명가 마오쩌둥을 신중국의 창업자로 키웠고, 징더전의 도자기(china)는 중국(China)의 대명사가 되었다.

장시성(江西省, 강서성) 루산(廬山, 여산)에 갈 때 한 중국 친구와 동행했다. 그는 주장시(九江市, 구강시)의 주장학원(九江學院) 뒷산이 루산이니까 먼저 주장학원에 가자고 했다. 그런데 주장학원에 도착해 여학생 세 명에게 뒷산에 어떻게 가냐고 물었더니, 그들은 크게 놀라며 두 눈을 휘둥그렇게 떴다. 여기 뒷산이 루산 아니냐, 루산에 어떻게 가냐는 물음에 여학생들은 당혹스러워하며 학교 뒤에는 산이 없다고 답했다.

다행히 주장학원과 루산은 실제로 가까운 편이기는 했다. 나는 그에게 왜 그렇게 착각했는지 물어봤다. 그는 장시성 남부에 있는 간저우(贛州, 감주)에서 대학을 다녔는데, 그 대학 뒤에 산이 있었으니 다른 대학 뒤에도 산이 있을 것이고, 주장학원은 루산과 매우 가까우니 주장학원의 뒷산이 곧 루산일 거라고 생각했다는 거다. 참 희한한 논리 전개였다.

장시성의 또 다른 명물은 우위안(婺源, 무원)의 유채꽃이다. 산골 가득 만발한 유채꽃은 많은 유람객을 끌어들인다. 우위안의 유채꽃이 언제 피냐고 루산에 함께 간 그 친구에게 물었더니, 6월일 거라고 말했다. 난 그 말을 믿고 있다가 유채꽃을 구경할 시기를 놓치고 말았다. 우위안의 유채꽃은 3월 중순에 핀다. 여기서 또 하나 웃긴 점. 그는 미대생이라 풍경화를 그리려고 우위안에 가본 적이 있었는데도 기억을 제대로 하지 못했다.

오늘의 교훈. 현지인이라고 항상 현지를 잘 아는 것은 아니다.

장시성의 약칭은 '강 이름 감(贛)' 자다. 장시성의 젖줄 간장(贛江, 감강)에서

장시성 江西省

따온 글자다. 장시성의 간장은 산시성(陝西省)·후베이성의 한수이(漢水), 후 난성의 샹장(湘江, 상강)과 함께 창장(長江, 장강) 중류의 3대 지류다. 간장은 장 시의 등을 훑고 올라가 중국 최대의 담수호인 포양호(鄱陽湖, 파양호)에서 잠 시 숨을 고르고 창장에 합류한다. 장시를 '간장과 포양호의 땅[贛鄱大地]'라고 부를 만큼, 간장과 포양호는 장시의 상징이다.

강남(江南)이 '창장의 남쪽'이라는 뜻이기는 하지만, 사실상 '강남'이라 말 할 때 떠올리는 지역은 장쑤성과 저장성의 강동(江東)이다. 강동은 오(吳)와 월(越)의 처절한 사투가 일어났고, 항우(項羽)가 강동의 8000 자제를 이끌고 중국을 제패했으며, 강동의 호랑이 손견(孫堅)을 필두로 손책(孫策)·손권(孫 權)·주유(周瑜) 등이 활약한 곳이 아닌가!

그에 반해 장시, 즉 강서(江西) 지방은 생소하다. 창장의 남쪽에 있으니 강 남은 강남이지만, 어딘지 강남스럽지 않다. 강남의 요건은 풍요로운 부(富) 와 화려한 문화다. 강서는 강동의 풍요로움이 없어 강남 대접을 받지 못 한다.

장시성은 쟁쟁한 이웃들 때문에 존재감이 약하다. 동쪽으로 저장성·푸젠 성, 남쪽으로 광둥성, 서쪽으로 후난성, 북쪽으로 후베이성·안후이성을 접 하고 있다. 다채로운 개성을 자랑하는 이웃들 틈에 끼어 있어서, 다양한 사 람과 문화가 뒤섞인다. 그래서 장시는 '오의 머리이고, 초의 꼬리이며, 월의 집과 민의 뜰[吳頭楚尾, 粤戶閩庭]'이다.

장시성에는 간장과 포양호를 위시하여 2400여 줄기의 하천이 흐르고 곳 곳에 호수가 있어 생산력도 제법 있다. 그러나 평야 지대가 20퍼센트에 불 과해 '산은 많고 밭은 적다[山多田少].' 어정쩡한 위치에 애매한 생산력, 그래 서 장시는 중국사의 주인공이 아닌 조연이 되었다.

"내 어찌 닷 말의 쌀에 허리를 굽히겠는가?"

그래도 장시성은 아름다운 경치로 많은 사랑을 받았다. 중국인들은 말한다. "장시성에 루산이 없으면 쓸쓸한 창장과 호수만 남고, 안후이성에 황산이 없으면 하늘의 신선들이 내려올 곳이 없다."

소동파(蘇東坡, 이름은 식軾)는 변화무쌍한 루산을 보고 "여산의 참모습 알기 어렵다[不識廬山眞面目]."라고 찬탄했고, 이백(李白)은 루산 폭포를 보고 "폭포가 나는 듯 곧바로 떨어져 삼천 척, 은하수가 하늘에서 떨어지는가[飛流直下三千尺, 疑是銀河落九天]."라고 과장스레 묘사했다.

무엇보다도 장시의 대시인 도연명(陶淵明, 이름은 잠潛)이 무릉도원의 전설을 담은《도화원기(桃花源記)》를 남겨 장시의 신비로운 이미지를 한껏 부풀렸다. 게다가 도연명은 "내 어찌 닷 말의 쌀에 허리를 굽히겠는가?"라고 호기롭게 외치며 현령직을 박차고 나온 인물 아닌가. 도연명의 말은 쥐꼬리만 한 월급에 매여 사는 월급쟁이 직장인들의 심금을 울린다. 닷 말의 쌀을 버리고 무릉도원을 택한 사람. 이렇게 보면 도연명은 속세에 관심 없는 전원시인으로만 보인다. 그러나 상황이 그리 간단하지는 않다.

사마씨의 진(晉)나라가 삼국을 통일한 지 얼마 안 되어 안으로는 팔왕의 난(八王之亂)이 일어나고 밖으로는 이민족들이 쳐들어왔다. 진나라는 창장 아래로 내려가 피난 정부를 꾸린다. 이것이 동진(東晉)이다. 창장을 넘어서 이민족의 위협은 다소 멀어졌지만, 황제는 허약했고, 반란이 잇따랐다. 이때 도연명의 증조부인 도간(陶侃)이 반란을 진압하는 데 큰 공을 세워 한미한 가문 출신이면서도 병권을 장악하는 자리까지 올랐다.

그러나 권문세족들은 미천한 가문이 떠오르는 것을 극력 저지했다. 한 귀족은 도간과 함께 수레를 탄 귀족을 비웃었다. "어찌 이런 소인과 함께 수레를 탑니까?"[1]

장시성 江西省

도간이 죽은 후 권문세족의 핍박은 더욱 심해져 그 후손들은 모함으로 살해당하기도 했다. 도연명이 태어났을 때 도씨 가문은 힘없는 선비 일족에 불과했다. 도연명은 도간의 증손자이며 명사 맹가의 외손자임을 자랑스럽게 여겼고, 도씨 일족의 중흥에 대한 야망도 은밀히 품고 있었다.

그러나 세월은 결코 호의적이지 않았다. 동진은 환현(桓玄)과 유유(劉裕) 등의 잇따른 반란을 겪으며 가사 상태에 빠졌다. 반란이 또 다른 반란에 의해 엎어지는 와중에 애꿎은 사람들도 반역자의 혐의를 쓰고 처형되기 일쑤였다. 그렇다고 무작정 출사를 거부하기도 힘들었다. 모반자는 자신의 쿠데타를 정당화하기 위해 유명 인사를 초빙했고, 이 초빙을 거절하면 화를 입게 마련이었다.

그런 난세 속에서도 권문세족의 텃세는 결코 수그러들지 않았다. 도연명은 청운의 꿈을 안고 스물아홉 살에 조정에 나아갔으나, 마흔한 살에 현령직에서 물러났다. 도연명의 12년 관직 생활은 대단찮은 영광을 못 보면서도 위태롭고 아슬아슬했다. 그래서 도연명은 관직에서 물러나며 노래했다. "오래도록 새장 안에 갇혀 있다가, 다시 자연으로 돌아왔네[久在樊籠里, 復得返自然]."[2]

도연명은 집 앞에 버드나무 다섯 그루를 심고 《오류선생전(五柳先生傳)》을 지었다. 이 자전적 수필은 이렇게 시작한다. "선생이 어디 사람인지는 알 수 없다. 또 그의 성과 자(字)도 알려지지 않았다."[3] 출신과 가문을 중시하던 당대 사회를 한껏 비웃은 말이다.

이후 도연명은 유유자적한 전원생활과 술을 낙으로 삼았다. "세상에 바라는 바 없고, 오직 좋은 술과 오래 사는 것[在世無所須, 惟酒與長年]"[4]만을 바랐다.

훗날 백거이(白居易)는 도연명을 이렇게 추모했다. "술을 사랑하지 명예 사랑하지 않고, 술 깨는 것 걱정하지 가난 걱정 않았다네. …… 다른 점은 따르지 못하겠지만, 얼큰히 취하는 건 본받으려네."[5]

주원장과 진우량의 한판 승부, 포양호 대전

《삼국지연의(三國志演義)》에서 형주(荊州, 지금의 후베이성·후난성 및 광둥성 북부, 구이 저우성, 광시좡족자치구의 동부 지역)의 유표(劉表)가 죽고 조조(曹操)가 형주를 공략 하기 시작했을 때, 손권은 이미 시상(柴桑, 지금의 장시성 주장)에 군대를 이끌고 와 있었다. 손권은 형주를 차지하고 조조의 남진을 막으려 했으나, 형주의 유 종(劉琮)이 싸우지도 않고 조조에게 항복하는 바람에 손쓸 틈이 없었다.

이때 조조가 손권에게 항복을 제의하자, 손권의 진영은 싸우자는 파와 항 복하자는 파로 갈렸다. 손권 역시 너무도 막강한 조조의 군세 앞에 결단을 내리지 못했다. "나라 안의 일은 장소(張昭)와 상의하고, 나라 밖의 일은 주유 와 상의하라."는 손책의 유언을 떠올린 손권은 포양(鄱陽, 지금의 장시성 상라오에 있는 현)에 사람을 보내 주유를 불렀다. 그러나 급박한 정세를 감지한 주유는 이미 손권에게 오고 있었다.

정리해보자. 손권은 근거지인 회계(會稽, 지금의 장쑤성 쑤저우)를 떠나 시상에 전진 배치를 했다. 주유는 포양호에서 수군을 훈련시키다가, 시상에 와서 조 조와 싸우자고 주장했고, 곧바로 적벽(赤壁, 지금의 후베이성 자위현에 있는 창장 남 쪽 강가)으로 출격해 조조의 군대를 격파했다. 즉, 장시는 오나라 정치의 중심 장쑤성과 방어의 중심 후베이를 잇는 지역으로 평상시 군대를 훈련시키다 가 유사시 어디로든 수월하게 갈 수 있는 지역이었다.

창장의 요지를 잇는 포양호는 원(元)나라 말에 대격전의 현장이 된다. 원 나라의 가혹한 정치에 대기근까지 겹치자, 중국 각지에서 군웅들이 일어났 다. 그중에서 장시성 주장의 진우량(陳友諒), 장쑤성 쑤저우(蘇州, 소주)의 장사 성(張士誠), 난징(南京)의 주원장(朱元璋)이 가장 돋보였다.

진우량은 후베이성·후난성·장시성에 안후이성 남부 일대를 장악해 최대 의 세력을 자랑했다. 장사성이 차지한 장쑤성 쑤저우와 저장성 일대는 창장

삼각주의 곡창지대이자 으뜸가는 상업 지역이어서 당시 중국 총 조세액의 3분의 1을 내는 지역이었다. 그러나 주원장은 이처럼 엄청난 양대 강적 사이에 포위되면서도 굴하지 않았다. 한마디로 진우량은 가장 강했고, 장사성은 가장 부유했으며, 주원장은 가장 투지가 넘쳤다.

모든 여건은 진우량에게 유리해 보였다. 진우량은 지용(智勇)을 겸비한 호걸이었고, 당시 군웅 최대의 판도를 자랑했다. 창시에서 창장의 순류(順流)를 타고 내려가면 주원장의 난징(南京, 남경)을 거침없이 공략할 수 있었다. 또한 쑤저우의 장사성과 함께 동서에서 협공한다면 가뜩이나 세력이 약한 주원장을 계란 밟듯 깰 수 있었다.

진우량은 큰 전함 100척과 작은 전함 수백 척을 이끌고 주원장을 쳤다. "일제히 과(戈)를 던지면 강물을 끊고, 배는 꼬리를 물고 천 리"[6]를 잇는 위세 앞에 주원장 군대도 크게 겁을 먹었다. 투항하자는 사람도 있었고, 몰래 달아나려는 사람도 있었다.

그러나 주원장의 책사인 유기(劉基)는 의연했다. 장사성은 큰 야심이 없고 사치와 향락에 젖어 있어 군대를 움직이지 않을 것이니, 재빨리 진우량을 격파한 뒤 장사성을 평정하고 북으로 중원을 취해 왕업을 이룬다는 전략을 세웠다.

주원장은 진우량의 군대를 거짓 항복으로 꾀어낸 다음 매복 공격으로 전군을 섬멸시키고 2만여 명을 포로로 잡았다. 진우량은 의심이 많고 도량이 작아 재주 있는 사람을 꺼리고 못난 사람을 감쌌기 때문에 내부에 불화가 많았다. 주원장은 이런 진우량의 불만 세력을 흡수해가며 세를 불렸으니, 주원장의 세력은 날로 늘어났고, 진우량의 세력은 날로 줄어갔다.

화가 난 진우량은 큰 전함을 수백 척 만들었다. 큰 것은 3000명, 작은 것도 2000명을 태울 수 있는 거대 전함이었다. 1363년 진우량과 주원장은 포양호에서 최후의 결전을 벌였다. 진우량이 자칭 60만 대군을 이끌고 오자, 주원장은 20만 군대로 36일간이나 싸웠다. 주원장 군의 배는 작지만 기동력이 좋아 화포 무기를 십분 활용하여 화공과 치고 빠지기 전법을 병행했다.

7월 21일 하루 동안에만 진우량 군은 6만 명, 주원장 군은 7000명이 죽었다. 그러나 주원장 군의 피해도 결코 적지 않았다. 주원장이 전투를 독려할 때 몇 차례나 곁에 있던 위사(衛士, 경호원)들이 전사했고, 타고 있던 배가 격침되고 좌초되어 숱한 위기를 겪었다.

포양호 대전은 원말 군웅 전쟁 중 가장 돋보이는 한판 승부였고, 주원장 일생 최대의 고비였다. 위급한 상황이었던 탓일까? 이때 장시 사람들의 도움을 받은 주원장은 흰소리를 했다. "내가 황제 자리에만 오르면 장시 사람 모두를 사촌형제[老表]로 모시겠소. 어려운 일이 있으면 나를 찾아오시오."

훗날 주원장이 명(明) 태조(太祖)가 된 후, 장시 촌로들이 큰 홍수가 났다고 탄원하자 세금을 3년간 면제해주었다. 이때부터 "장시의 사촌형제[江西老表]"[7]라는 호칭이 생겼다고 한다.

그런데 미담의 끝은 그다지 깔끔하지 않다. 주원장은 말년에 장시 사람들이 작은 일도 못 참고 난징까지 와서 소송장을 올린다며 꾸짖었다.

장시인들에 대한 비난은 현대에도 상당히 남아 있다.

장시 사람들은 무슨 일에나 변명이 많다. 말에는 가시가 있고 각박하며 금방이라도 싸울 태세다. 식당에서 손님이 음식을 주문했는데 아무리 기다려도 나오지 않아 종업원에게 사정을 알아보면 그제야 주문한 음식의 재료가 다 떨어졌다는 대답이 돌아온다. …… 변명만 잔뜩 늘어놓을 뿐 미안하다는 말은 한마디도 하지 않는다.[8]

장시 여자들은 목소리를 높여 싸운다. 싸우기 전에 기선을 제압하는 한마디부터 던져놓고 시작한다. 승부가 자신이 불리한 쪽으로 나더라도 결코 승복

장시성 江西省

하는 말은 하지 않으며, 오히려 "두고 보라지.", "내일 다시 이야기하자." 같은 말을 남기고 돌아선다. 인터넷에서는 이런 장시 여자들을 두고 "피부는 고운데 성질이 고약하다."라고 평가한다.[9]

왜 장시 사람들에 대한 인상이 이토록 안 좋을까? 장시는 농사지을 땅이 적고 산이 많아 사람들이 일찍부터 외지로 나가 일했다. 명나라 선비 왕사성(王士性)은 말했다.

강소, 절강, 복건의 세 성은 인구가 많은 데 비하여 토지가 좁아서 세 성을 다 합쳐도 중원의 한 성 면적에 미치지 못한다. 그러므로 기술을 습득하지 못하면 입에 풀칠을 할 수가 없고, 그러한 기술도 외지로 나가지 않으면 팔 재간이 없는 형편이다. 특히 강서 지역이 그런 경향이 두드러졌다.[10]

명나라 여행가 서하객(徐霞客, 본명은 굉조宏祖)은 천하 곳곳에 장시인들이 있음을 알고 상당히 놀랐다. 명말 청초 장헌충(張獻忠)이 반란을 일으키고 쓰촨인을 대학살하자, 청(淸)나라는 쓰촨성을 복구하려고 외지인의 이주를 장려했다. 그러자 "호광인(湖廣人)은 사천성을 채우고, 강서인이 다시 호광을 채운다."[11]는 말이 생겼다. 후베이인과 후난인 들이 대거 쓰촨에 이주하자, 그 빈자리를 장시인이 채웠다는 뜻이다.

오늘날 허난성 사람들이 외지에서 가난한 농민공으로 일하면서 멸시받는 것을 떠올려보자. 그래도 허난은 인구 부양력이 뛰어난 중원이라 농민공을 배출한 역사가 개혁개방 이후로 매우 짧다. 반면, 장시인들은 옛날부터 외지로 나가 일하면서 따가운 멸시의 눈총을 받아왔다. 장시인에 대한 편견에는 이처럼 오랜 역사가 있다.

산시성(山西省)과 안후이성도 상황은 비슷했지만, 이 지역들은 상업이 발달하여 거대 상인 조직인 진상(晉商)과 휘상(徽商)을 탄생시켰다. 이에 반해, 장시는 상업이 그만큼 발달하지 못해 이미지를 개선하기도 힘들었을 것이다.

도자기의 메카, 징더전(景德鎮)

그러나 장시의 자연이 결코 가난함과 역경만을 준 것은 아니다. 장시의 강산은 풍부하고 우수한 도자기 원료를 선사했다. '도자기의 메카' 징더전(景德鎮, 경덕진) 부근의 마창산(麻倉山)은 "맑고 투명한 것이 옥과 같"[12]은 마창토를 주었고, 가오링산(高嶺山, 고령산)은 고령토를 주었다. 영어 카올린(kaolin)은 '도자기를 제작하는 데 쓰이는, 부드럽고 고운 흰색 점토'를 뜻하는데, 바로 고령의 중국어 발음 '가오링'에서 나온 말이다. 지명이 '도토(陶土)'라는 보통 명사가 되었을 만큼 장시는 탁월한 도자기를 낳았다.

장시의 잠재력은 풍부했고 일찍부터 개성적인 도자기들을 만들었지만, 중원이 중국의 중심일 때에는 빛을 보지 못했다. 남송(南宋)이 북방 유목국가인 금(金)나라에 수도 카이펑(開封, 개봉)을 함락당하고 저장성 항저우(杭州, 항주)를 수도로 삼으며 강남은 중국의 중심이 되었다. 남송이 위기 상황을 극복하고 정부와 군대의 재원을 마련하기 위해 수출 산업을 육성하면서, 징더전은 중국 도자기의 중심으로 성장했다.

원나라는 세계 정복으로 단순히 영토만 확장한 것이 아니라, 국경 없는 자유무역을 열었다. 남송을 정복한 후 원은 도자기를 중요한 수출품으로 여겼다. 징더전 도자기는 크기, 모양, 색깔, 장식 등에서 일대 변화를 겪었다. 원나라 특유의 유목 문화에 주요 고객인 아라비아·페르시아 문화가 스며들었다.

중국은 전통적으로 작고 얇은 개인 그릇을 선호했으나, 원의 몽골족(Mongol族)은 왁자지껄한 잔치와 축제에 쓸 크고 튼튼한 그릇을 좋아했다.

장시성 江西省

또한 송나라는 청자를 좋아했지만, 원나라는 백자를 좋아했다.

한편 서아시아 이슬람의 율법에서는 사치를 경계하기 위해 금은 식기를 쓰지 말라고 했다. 그러나 자신을 과시하고 싶은 것은 인간의 보편적인 욕망이고, 손님을 잘 대접하고 싶은 것은 인지상정이다. 부자들은 금은 식기 대신 도자기를 썼다. 당시 서아시아 도자기는 품질이 중국에 미치지 못했는데, 바탕에 흰색을 칠하고 그 위에 페르시아산 코발트블루를 써서 멋을 냈다. 흰 바탕에 푸른 문양의 페르시아 양식은 징더전의 도자기 기술과 만나 청화백자(靑華白磁)를 탄생시켰다.

'옥같이 희고 하늘처럼 푸르며, 거울처럼 투명하고 종이처럼 얇으며, 종과 같이 맑은 소리를 내는' 징더전의 도자기는 세계적으로 인기 있는 상품이 되었다. 명나라 정화(鄭和)가 원정을 하면서 대제국 중국을 동남아시아·남아시아·서아시아·아프리카까지 널리 알려 중국 상품에 대한 수요를 촉발했다. 서아시아에서 큰 인기를 얻은 도자기는 유럽에서도 선풍적인 인기를 끌었다.

근대 유럽에는 시누아즈리(Chinoiserie), 즉 중국 열풍이 불었다. 유럽의 귀족은 중국의 비단옷을 입고, 중국 도자기에 중국 차를 따라 마셨다. 포르투갈 황제의 여름용 별궁인 리스본의 산토스 궁전에는 청화백자 방이 있다. 피라미드형 천장의 네 면을 260점의 청화백자로 빽빽하게 뒤덮은 방이다.

네덜란드 동인도회사는 선장들에게 "중국 자기를 얻지 못하면 돌아올 생각을 하지 말라."는 엄명을 내렸고, 유럽의 범선들은 매년 수백만 점의 도자기를 수입했다. 셰익스피어 희곡 속의 한 속물은 "중국 접시는 아니지만 굉장히 좋은 거"라며 자신의 "3펜스짜리 접시"를 자랑했다.[13]

빛을 사랑한 화가 베르메르(Johannes Vermeer)는 과일을 담은 중국 도자기의 아름다운 형상과 문양을 그리고, 접시 위에 반사된 창문의 모습까지 섬세하게 담아냈다. 정물화가들에게 과일을 담은 중국 도자기는 그림에 우아한 기품을 더해주는 필수 요소였다.

16세기를 전후로 서아시아와 유럽의 힘이 역전되어, 17세기 이후로는 유럽 시장의 소비가 이슬람권을 앞질렀다. 자연스레 징더전의 자기도 고객의 요구에 따라 유럽 왕실과 귀족 가문의 문장, 라틴어, 종교화 등이 새겨졌다. 징더전은 유럽 수출용 가마를 따로 만들어 유럽 취향의 자기를 대량 생산했다. 이 자기들은 "Sapienti Nihil Novum(현자에게 새로운 것이란 없다)." 등의 라틴어 경구[14]와 예수의 탄생, 십자가형, 부활, 승천 등 4대 테마가 그려졌고, 종류도 일반적인 식기에서부터 맥주잔, 촛대, 겨자 항아리 등 유럽식 생활에 필요한 온갖 물품을 망라했다.

고유명사 'China'는 '중국'을 말하지만, 보통명사 'china'는 '도자기'를 뜻한다. 어느새 중국과 도자기가 동일시되기에 이르렀다. 중국의 변두리 장시는 역설적으로 중국을 대표하는 상품을 낳았다.

그러나 영원한 것은 없다. 문화의 힘도 결국 국력을 따라간다. 산업혁명 이후 유럽의 힘은 중국을 능가했다. 중국은 더 이상 선망과 동경의 대상이 되지 못했고, 중국의 도자기 역시 예전처럼 매혹적으로 보이지 않았다. 더욱이 영국은 동물의 뼛가루를 이용한 본차이나(bone china)를 발명하고 공장제 대량 생산을 통해 새롭게 도자기 최강자가 되었다.

마오쩌둥의 양산박, 징강산

청(淸)나라가 붕괴한 후 중국은 밖에서 열강이 위협하고, 안에서 지역 군벌들이 할거하여 내우외환에 시달렸다. 중국의 쑨원(孫文, 손문)은 혼란을 종식시키기 위해 북벌을 단행했다. 쑨원은 정파를 초월해 국공합작을 하며 통일된 중국을 꿈꾸었다.

쑨원의 후계자 장제스(蔣介石, 장개석)는 순조롭게 북벌을 이끌어갔다. 그는 일단 국공합작을 유지하기는 했으나, 쑨원과는 달리 공산당을 국민당의 암 덩어리로 여겼다. 1927년 3월, 남중국의 중심지인 난징과 상하이(上海, 상해) 까지 손에 넣자, 북벌의 완성이 코앞에 다가왔다. 장제스는 1927년 4월 12 일 상하이 공산당과 노동조합을 습격했고, 이후 힘닿는 데까지 공산당을 박 멸했다.

위기에 빠진 공산당은 도박을 벌였다. 중국의 도시와 농촌 전역에서 봉기 를 시도했다. 그러나 전혀 승산이 없는 싸움이었다. 국민당 군대는 맨주먹 민중들의 산발적 봉기를 간단히 진압했다. 일련의 자포자기성 자살 행진과 도 같은 8~9월의 봉기 중에 저우언라이(周恩來, 주은래)의 난창(南昌, 남창) 봉 기와 마오쩌둥(毛澤東, 모택동)의 후난성 추수 봉기가 있었다.

추수 봉기의 실패로 마오와 1000명의 동지들만이 가까스로 살아남았다. 군사력의 중요성을 절감한 마오는 주장했다. "이제부터 우리는 군사 문제에 최대의 관심을 기울여야 한다. 권력은 총구에서 나온다는 것을 우리는 알아 야만 한다."[15]

당 중앙은 마오가 군대에 집착하며 '자중지란을 일으킨다'고 비판했지만, 마오는 당이 '군사적인 문제를 무시하면서도 대중을 무장화하려는 모순된 정책'을 펼친다고 비판하며 창사(長沙, 장사)를 공격하라는 명령에 따르지 않 았다.[16]

마오는 90퍼센트의 세력을 잃은 데다가 명령 불복종으로 공산당의 직책 마저 잃었다. 1928년 여름, 마오는 고향 후난을 떠나 후난과 장시의 경계에 있는 징강산(井岡山, 정강산)으로 도망쳤다. 징강산은 절벽으로 둘러싸인 바위 투성이 산골 오지로 길도 없고 수레도 없었다. 징강산으로 도망쳤다기보다 징강산에 갇힌 셈이었다.

그러나 한 사람의 진정한 가치는 잘나갈 때가 아니라 역경에 처했을 때

드러난다. 지금껏 쟁쟁한 선배들에게 눌려 있던 풋내기 마오는 징강산에서 진정한 정치가로 거듭난다.

정통 마르크스주의자인 천두슈(陳独秀, 진독수) 교수는, '프티 부르주아지'에 불과한 농민은 혁명의 주역이 될 수 없고 오직 공산당과 노동자계급의 지도를 따라야만 한다고 주장했다. 그러나 마오는 중국의 대다수를 차지하는 농민이야말로 혁명의 주역이라고 보았다. 마오는 징강산 산적에게 병력 600명과 소총 120정을 빌리고 유랑민을 받아들이며 솜씨 좋게 세력을 불려나갔다.

대도시 창사의 공산당 대표는 "어떻게 산에 마르크스주의가 있을 수 있겠는가!"라고 일갈했지만, 마오는 오히려 산이 중요한 근거지라고 생각했다. 국민당이 천하를 지배한다 해도 변두리 산골까지는 힘이 미치지 못한다. 공산당은 산에 확고한 근거지를 마련하고 점차 세력을 넓혀나갈 수 있다. 바로 《수호지(水滸誌)》 양산박(梁山泊)의 재현이다.

마오는 말했다. "근거지가 자리 잡은 지역과 부대의 관계는 궁둥이와 사람의 관계와 같다."[17] 일하는 것도 중요하지만 쉬는 것은 더욱 중요하다. 쉬지 못하는 사람은 곧 지쳐 쓰러지고, 근거지가 없는 세력은 곧 소멸한다. 공산당과 홍군은 물고기와 같고, 인민은 물과 같다.

마오는 징강산에서 부호의 토지를 몰수해 대부분을 농민에게 분배하고 일률적으로 15퍼센트의 세금을 받았다. 모든 고난을 함께 똑같이 짊어지는 평등과 민주주의의 정신으로 열악한 상황을 버텨나갔다.

마오는 무모한 군사적 모험을 하지 않고 잘 도망치다가 재빨리 규합해서 적보다 병력이 많아졌을 때 공격하는 게릴라 전술을 확립했다. 또한 "규율이 거의 없는 1만 명의 오합지졸"[18]에게 징강산의 3대 기율을 불어넣었다. "첫째, 모든 행동은 지휘에 따라야 한다. 둘째, 노동자와 농민의 바늘 하나, 실 한 오라기도 가져가지 않는다. 셋째, 토호를 쳐서 얻은 물품은 당 조직에

바쳐야 한다."[19]

마오주의의 대부분이 이때 싹을 틔웠다. 징강산은 마오의 학교이자 양산박이었다. 게다가 마오는 여기서 세 번째 부인 허쯔전(賀子珍, 하자진)을 만났다. 당시 열여덟 살, 활달하면서도 기품 있는 미녀 허쯔전은 곧 마오의 '혁명적 연인[愛侶]'이 되었다.

당시 홍군은 명장 주더(朱德, 주덕)와 마오, 둘이 이끄는 체제였다. 홍군 사이에서는 유행가가 떠돌았다. "주 준창(軍長)은 참호 사이로 쌀을 나르느라고 열심이고, 마오 준창은 연애를 하느라고 열심이네."[20]

마오는 징강산의 경험을 바탕으로 저우언라이·주더 등과 함께 장시성 남부에 장시 소비에트를 마련했지만, 당시 공산당 주류의 오판으로 결국 장시 소비에트도 궤멸되었다. 공산당은 살아남기 위해 도망쳐야 했다. 훗날 '대장정'이라는 근사한 이름이 붙었지만, 성공했으니 미화된 역사일 뿐이다. 당시 공산당은 그 어떤 '약속된 땅'도 희망도 없이 도망칠 뿐이었다.

허쯔전은 셋째를 임신한 몸으로 '장시성에서 산시성까지 2만 5000리를 걸으며 몸에 스무 군데가 넘는 부상'을 입었다. 조강지처(糟糠之妻)란 쌀겨와 지게미를 함께 먹던 아내, 즉 가난과 고생을 함께 겪은 아내라는 의미다. 칠거지악(七去之惡)을 범했더라도 조강지처라면 내칠 수 없었다. 고난을 함께 겪은 동지에 대한 의리를 저버릴 수는 없기 때문이다. 그런데 허쯔전은 마오와 폭격을 함께 맞아가며 사지(死地)를 함께 헤쳐나왔다. 조강지처도 이런 조강지처가 없다. 후난성 촌놈 마오가 공산당의 주석이 되고, 신중국을 열 수 있었던 배경에는 허쯔전의 내조를 빼놓을 수 없을 것이다.

그러나 둘의 사이는 좋은 결말을 맺지 못했다. 마오는 바람기를 자제하는 남자가 아니었고, 허쯔전은 이를 용납할 여자가 아니었다. 허쯔전은 말했다. "우리 둘이 싸울 때, 그가 나무 걸상을 들어올리려고 하면 나도 바로 의자를 들어버리지." 마오 역시 지지 않았다. "허쯔전은 무쇠와 같고 나는 강철과 같아서 둘이 만나면 크게 부딪히기만 할 뿐이다."[21]

1938년 상심한 허쯔전은 치료 겸 유학차 모스크바로 떠났고, 마오는 곧 산둥성 여배우인 장칭(江青, 강청)을 총애했다. 오랜 혁명 동지들은 허쯔전과 장칭을 비교하며 걱정했다.

허쯔전은 동고동락을 함께 해온 오랜 동지로, 혁명의 정이 깊고 서로가 믿고 소통하는 사이였소. 그러나 장칭은 이곳에 처음 온 사람이고 젊기 때문에, 여러 동지와 공통된 경험을 나눌 수 없소. 만약 주석님 곁에서 말썽을 일으키기라도 한다면 큰일일 텐데, 이 또한 문제가 아닐 수 없습니다.[22]

1947년 허쯔전은 모스크바에서 돌아와 마오에게 편지를 썼다.

저는 소련의 전쟁 기간에 생활이 많이 힘들어서 무엇이든 닥치는 대로 일해야 했습니다. 장정 때보다 더 고생스러웠습니다. 그러나 이젠 다 과거의 일이죠. 저는 자오자오(嬌嬌, 딸 리민)와 안칭(岸青, 아들 마오안칭)을 데리고 베이징(北京)에 올라가 주석님을 뵙고 악수라도 하고 싶습니다.

그러나 중국공산당 중앙 조직부의 특파 요원들은 허쯔전이 베이징에 들어오는 것을 막고, 리민과 안칭만을 데려갔다. 마오의 답장은 박정했다.

혁명이 최우선이고, 그다음이 건강이고, 남을 배려하는 것도 중요하오. 대국적 관점에서 행동합시다.[23]

허쯔전은 조현병 증세를 보여 상하이에서 치료를 받았다. 두 사람은 1959년 여름 장시성의 루산 회의에서 20여 년 만에 재회했다. 마오는 허쯔

전과의 짧은 만남 뒤 줄담배를 피우며 탄식했다. "저 여자는 아주 늙고 병이 깊구나."[24]

그것이 두 사람의 마지막 만남이었다. 루산 회의가 끝난 후 대약진운동의 실패를 신랄히 비판하던 펑더화이(彭德懷, 팽덕회)는 숙청되었고 린뱌오(林彪, 임표)가 신임 국방부장이 되었다. 마오는 옛 징강산 혁명 시절을 재현하려는 듯 문화대혁명을 일으켜 일생 최대의 오점을 남기고 1976년 세상을 떴다. 허쯔전은 1984년 상하이 병원에서 쓸쓸하게 죽었다. 문화대혁명의 사인방(四人幫)으로 악명을 떨친 장칭은 종신형을 살다가 1991년 석방되었으나 가택연금 중 자살했다.

중국인들은 후난 남자와 장시 여자가 고집이 세고 다루기 어렵다며 "장시의 늙은 처, 후난의 노새[江西老妻, 湖南騾子]"라고 말한다. 이 말은 후난 남자 마오쩌둥과 장시 여자 허쯔전의 파란만장한 결혼 생활과 얄궂게 겹쳐져 쓴 웃음을 짓게 한다. 한편, 장시 여자 허쯔전 역시 겉으로는 씩씩해도 속으로는 사랑을 갈구하는 여린 여자였음을 생각하면 안쓰럽다.

오랜 역사 동안 장시는 줄곧 변두리였고, 오늘날에도 큰 주목을 받지 못한다. 장시에 대한 뉴스는 홍수나 가뭄 등 천재지변과 조류독감, 돼지 폐사, 밀감 흉작 등 농업 관련 기사가 많다. 장시성의 성도 난창은 장강 중류 개발의 중요한 거점이기는 하지만, 후베이의 우한(武漢, 무한), 후난의 창사에 여러모로 밀린다.

그러나 장시는 변두리이면서도 중국을 대표하는 도자기를 만들어 세계를 휩쓸었고, 아름다운 자연은 많은 이들을 매혹시켰으며, 숱한 불후의 명시를 낳았다. 장시의 예기치 않은 내일을 기대해볼 수 있는 이유다.

푸젠성

福建省

민월, 바다를 밭으로 삼다

❶ 구랑위와 샤먼 전경 구랑위에서
바라본 구랑위와 샤먼 전경.
❷ 하오웨위안 구랑위 해변에 있는
정원.
❸ 샤먼 대학 평온한 샤먼 대학 캠퍼
스는 여유를 즐기기에 좋다.
❹ 샤먼의 할로윈 파티 손오공 분장
을 한 서양인이 의상 콘테스트에서
1등을 차지했다.

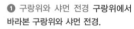

⑤ 구랑위 한때는 매우 조용한 섬이었다지만, 지금은 많은 관광객들로 북적인다.
⑥ 굴전 구랑위의 명물인 굴전을 부치는 청년.
⑦ 유럽식 건축물 구랑위는 많은 유럽인들이 거주하던 곳으로 유럽식 건축물이 잘 보존되어 있다.
⑧ 수장 화원 구랑위 해변에 있는 정원으로 경치가 좋아 많은 사랑을 받는 곳이다.

푸젠성은 척박한 산으로 둘러싸여 있지만, 바다로 열려 있는 땅이다. 일찍이 월족(越族)들이 살던 동월국(東越國)의 땅에 여러 손님들이 찾아왔다. 중원에서 피난온 한족들은 산속에 견고한 요새 토루(土樓)를 짓고 살았고, 송·원나라 때에는 10만 명의 아라비아 상인들이 취안저우(泉州)에 살았다. 성리학의 창시자 주희(朱熹), 파격의 유학자 이탁오, 타이완의 아버지 정성공 등 수많은 인재를 배출한 푸젠성은 오늘날 일대일로(一帶一路) 해상 실크로드의 기항지가 되려 한다.

2011년 할로윈데이. 한국에서도 할로윈 파티가 열리고 있었지만 아직 대중적이지는 않던 때였다. 그런데 푸젠성(福建省, 복건성) 샤먼(廈門, 하문)에서는 백화점 직원들이 할로윈 의상을 입고 특별 세일 행사를 했다. 나이트클럽 웨이터들도 할로윈 의상을 입고 할로윈 파티 홍보 전단지를 돌렸다. 중국이 한국보다 할로윈을 더 일찍 더 적극적으로 받아들인 것이 신기했다.

 밤에 바닷가에 있는 하바나 클럽을 찾았다. 많은 사람들이 할로윈 분장을 하고 파티를 즐겼다. 특별 이벤트로 의상 콘테스트와 섹시 콘테스트도 했다. 의상 콘테스트에서 1등은 능글맞은 표정이 일품인 손오공 의상을 입은 서양인에게, 섹시 콘테스트 1등은 칭다오(青島, 청도) 맥주걸로 분장한 팔등신 금발 미녀에게 돌아갔다. 두 1등의 공통점은 인물 좋은 서양인이 중국 친화적인 콘셉트를 잡았다는 것. 서양에 대한 동경과 중화의 자부심이 미묘하게 섞여 있었다. 조계지로서 서양에 일찍 문호를 개방했던 샤먼의 특성일까?

 푸젠성의 약칭은 '종족 이름 민(閩, 정체자는 閩)' 자다. '종족'이라고 쓰고 '오랑캐'라고 읽는다. 종족 이름을 뜻하는 한자는 많으나 '민(閩)' 자만큼 오랑캐에 대한 중원인들의 인식을 적나라하게 보여주는 글자가 있을까? '민(閩)' 자를 풀어보면, '문(門) 앞에서 알짱거리는 버러지[蟲]'라는 뜻이 아닌가!

 중국은 창장 남쪽부터 산이 많아지는데, 푸젠성도 예외가 아니다. 푸젠성은 '8할이 산, 1할이 물, 1할이 밭'이라고 할 만큼 산이 많고 평지가 적다. 험한 창장 너머 첩첩산중에 둘러싸인 땅이다. 그래서 고대 중국의 세력은 푸

젠성까지 닿지 못했다. 춘추전국시대 남방의 강국 초·오·월뿐만 아니라 진한(秦漢) 시대까지도 푸젠성을 실질적으로 지배하지 못했다.

중국은 이 땅에 사는 이들을 민월(閩越)이라 불렀다. 진 시황(秦始皇)은 민월이 왕을 칭하지 못하게 하고 민중군(閩中郡)을 설치했지만, 실질적으로 토착 지배세력이 군장(君長)이 되어 민월을 자치적으로 다스렸다. 진 시황의 성격을 감안하면 대단한 양보를 한 셈이다.

초한(楚漢) 전쟁 때 항우가 무저(無諸)를 민월왕으로 삼지 않자, 무저는 유방(劉邦)의 편을 들었다. 무저는 이 공로를 인정받아 유방에게 민월왕의 작위를 받았다.

135년 민월은 옆 나라인 동구(東甌, 지금의 저장성 남부에 위치함)와 전쟁을 벌였다. 민월이 정복에 거의 성공하기 직전, 동구는 한 무제(漢武帝)에게 구원을 요청했다. 태위(국방부 장관 격) 전분(田蚡)은 오랑캐의 일에 신경 쓸 필요가 없다고 했고, 중대부 장조(莊助)는 천자의 나라가 소국의 어려움을 방관해서는 안 되므로 적극적으로 개입해야 한다고 했다. 임진왜란이 일어났을 때, 명나라 조정에서 조선(朝鮮)에 원군을 보낼지 말지 논쟁한 것과 매우 비슷하다. 천조국(天朝國)임을 자부하던 한나라는 국제 질서를 바로잡는다며 군대를 파견한다.

그러나 이 사건 이후로도 분쟁은 끊이지 않았다. 영토 욕심이 많았던 한 무제조차 동월(東越)·민월 통치를 포기하고, 동월 백성을 창장과 화이수이(淮水, 회수) 사이로 옮겨 살게 했다.

강회(江淮)는 지금의 안후이·장쑤 북부로, 창장과 화이수이 사이의 평야 지대다. 중원의 통치력은 강북의 평야 지대까지는 미쳤지만, 강남의 산악 지대는 감당할 수 없었다. 민월은 1000여 년 동안 독자적 정체성을 유지하다가 남송 후에야 비로소 완전히 동화되었다.

유구한 세월 동안 한족(漢族)에 흡수·동화되지 않았던 민월인들. 한족의 찬란한 문화를 받아들이지 않으려 하는 미개인들이 한족에게는 사람으로 보이지 않았으리라. 그래서 자신의 경계, '문(門)' 주위에 귀찮게 달라붙는 벌레[蟲]'라는 뜻으로 '민(閩)'이라는 글자를 만들었을 것이다.

한편, 민월인이 뱀을 숭상해 문 안에 뱀을 키웠기 때문에 '민(閩)' 자가 만들어졌다는 해석도 있다. 이 해석을 따라도 한족에게 민월인의 풍습은 괴이하고 야만적으로 보였던 것이리라.

피난민 객가, 실용적 문화를 낳다

푸젠성 친구에게 추석 때 뭐할 거냐고 묻자, 그는 사당에 가서 소원을 빌 거라고 했다.

"아, 마조(媽祖) 사당에 가려고?"

"아니, 마조는 뱃사람들의 신이고, 우리 집은 장저우(漳州, 장주) 산골이라 토지신 사당에 갈 거야."

푸젠성은 바다의 여신 마조로 유명하니까 마조 사당에 갈 거라는 예상을 깼다. 푸젠성의 문화가 지역별로 각양각색임을 새삼 일깨워주었다.

푸젠성의 역사는 산을 빼놓고 생각할 수 없다. 산악 지형은 이동하기 힘든 데다가, 많은 사람들이 살기에 적합한 땅도 아니다. 그러다 보니 산에는 소수의 부락만이 자급자족에 가까운 생활을 하게 된다. 작고 폐쇄적인 공동체에 있으니, 언어와 문화도 독자성을 갖게 된다.

게다가 푸젠성은 종족도 다양하다. '백월(百越)'이라고 불릴 만큼 다양한 월족, 고산족(高山族), 피난 온 한족 객가 등이 살아, 같은 산 안에도 종족이 다르고 산을 넘어가면 언어가 다르다. 지방마다 말이 다른 중국에서도 푸젠성은 언어가 가장 다양한 곳으로 손꼽힌다.

또한 외부의 시선을 피할 수 있는 산은 숨어 살기 좋은 땅이다. 중원에서 전란이 끊임없이 일어났으므로, 대규모 피란민이 여러 차례 발생했다. 푸젠으로 피란을 간 사람들은 전쟁을 피해 조용한 산속으로 들어갔다. 토착민[土家]에 비하면 피란민들은 새롭게 찾아온 손님 같아서 '객가(客家)'라고 불렸다.

객가인들은 불안했다. 전쟁의 공포는 아직도 생생한데, 생경한 땅에 와서 모든 것이 낯설었다. 게다가 주위에는 거친 오랑캐들이 득시글거렸다. 산은 임자가 없는 대신에 거칠고 험했다. 아무것도 가진 것이 없는 약자에게는 단결만이 살길이었다.

그래서 객가인들은 함께 피란 온 사람들끼리 뭉쳤다. 거대한 원형의 흙집인 토루(土樓)를 짓고 온 마을 주민들이 두세 채의 토루에서 함께 살았다. 산속의 요새를 방불케 하는 토루는 마을 주민들의 공동 숙소이며 병영이었다. 1950년대 미군이 인공위성으로 토루를 처음 보고 핵 군사시설로 착각했을 정도로 규모가 컸다.

산을 개간해서 농사를 지어도 수확은 신통치 않았다. 농사 외의 살길을 찾던 푸젠인들은 과거에 급제하기 위해 공부하거나 장사를 했다. 아이들은 "두꺼비야, 두꺼비야, 하하하. 공부를 하지 않으면 아내를 얻지 못한다."라는 동요를 부르며 놀았다. "10분만 더 공부하면 아내의 얼굴이 바뀐다."는 오늘날의 권학가(?)와 놀랄 만큼 닮았다.

푸젠은 강절(江浙, 장쑤성·저장성) 지역과 함께 과거 급제자를 많이 배출했다. 그러나 푸젠은 강절 지역과 여러모로 대조를 이룬다. 강절의 학문이 풍요와 여유의 산물인 데 반해, 푸젠의 학문은 척박한 환경에서 어떻게든 살아남으려는 수단이었다. 강남 문화는 귀족적이고 이론적이며 고아했지만, 푸젠 문화는 서민적이고 실용적이며 세속적이었다.

장쑤성 쿤산(昆山, 곤산) 출신의 대학자 고염무(顧炎武)는 경세제민(經世濟民)

의 대의를 위해 학문을 했지만, 푸젠성 취안저우(泉州, 천주) 출신의 선비 이탁오(李卓吾)는 관리가 되는 목적은 명예와 이익을 구하기 위한 것이고 "옷을 입고 밥을 먹는 것은 바로 인륜이고 만물의 이치"[1]라며 당대 사회의 위선에 돌직구를 날렸다.

성리학의 창시자 주희(朱熹) 역시 푸젠의 대학자다. 주자는 대의를 중시하는 유학과 실리적인 푸젠 문화를 조화시켰다. 송 대 푸젠에서는 고시 준비를 위한 참고서 출판업이 성행했고, 주자는 인기 수험서 저자였다. 사마광(司馬光)의 《자치통감(資治通鑑)》은 탁월한 중국 역사책이었지만 너무 방대했다. 주자의 핵심 정리집 《자치통감강목(資治通鑑綱目)》은 고시생들에게 큰 인기를 끌었다. 《사서집주(四書集註)》도 인기 해설서였다. 오늘날로 치면 족집게 강사가 '하룻밤에 읽는 자치통감', '공무원 시험에 꼭 나오는 논어' 등을 펴낸 셈이다.

상인과 해적 사이

타이 여행 중 푸젠성 아가씨를 만났다. 그녀는 여행 방식이 꽤 독특했다. 많은 타이 관광객들이 찾는 사원이나 옛 성터 등에는 그다지 관심이 없었다. 그러나 판매되는 상품에 대해서는 비상한 관심을 보였다. 숙소에서 여러 사람과 어울리며 자기가 앞으로 무역상을 할 예정이라고 밝혔고 관심을 보이는 서양 여행자들과 명함을 교환했다. 20대 중반의 젊은 나이인데도 사업가 기질이 대단했다. 나중에 같이 저녁을 먹으며 내가 이 얘기를 하자, 그녀는 웃으며 말했다.

"난 역사와 문화보다 돈과 음식에 관심이 많아."

상인 문화가 발달한 푸젠의 딸다웠다. 농사로 먹고살기도 힘들고, 공부를

잘해 과거에 급제하기도 어려운 푸젠인은 일찍부터 장사에 나섰다. 푸젠인은 "장사 속에 황금의 집이 있고 옥 같은 얼굴의 가족이 있"으며, "사장이 되지 못하면 용감한 남자라고 할 수 없다."고 말한다.[2]

산이 많아 상업이 발달한 면에서 푸젠성과 안후이성은 닮았다. 내륙지역인 안후이 상인들은 강으로 풍요로운 강절 지역에 갈 수 있어 국내 상업이 발달했다. 그러나 해안지역인 푸젠의 민상(閩商)은 바다로 나가 해외무역을 했다.

푸젠성을 중심으로 원을 그려보면 한국, 일본, 베트남, 필리핀이 거의 비슷한 거리에 있다. 무역의 중심이 될 만한 곳이다. 송원(宋元) 대 해상 비단길의 기점이던 취안저우는 10만 명의 아라비아 상인이 살았던 국제무역항이다. 아프리카·아라비아·아시아를 두루 여행한 대모험가 이븐 바투타(Ibn Battūtah)는 취안저우를 "세계에서 유일한 최대의 항구"라고 극찬했고, 마르코 폴로(Marco Polo)는 경탄을 아끼지 않았다. "기독교도들의 지방으로 팔려나갈 후추를 실은 배가 한 척 알렉산드리아나 다른 항구에 들어간다면 이 천주 항구에는 그런 것이 100척이나 들어온다."[3]

무역이 발달한 푸젠은 고구마와 담배 등 신기한 물건이 들어오는 창구였고, 해외의 우수한 인력을 고용할 수 있는 인재 풀이었다. 서유럽의 대항해시대보다 90년이나 앞선 정화의 대항해는 동남아, 인도, 서아시아뿐만 아니라 동아프리카의 케냐까지 이르렀다. 이때 정화는 취안저우에서 아라비아 선원을 고용하여 천문항해술을 활용하고 이슬람권의 현지 정보를 쉽게 얻을 수 있었다.

유학의 이단아 이탁오도 내력이 이채롭다. 그의 6대조 할아버지는 취안저우의 대상인으로서 '푸른 눈의 여자'와 결혼했다. 이슬람교도와 교류하던 선조들처럼 이탁오도 예수회 선교사 마테오 리치(Matteo Ricci)와 교제했다. 사대부 집안에서 태어나 한족끼리만 어울리던 정통 선비들과는 다른 기질을 가질 수밖에 없었으리라.

그러나 이탁오가 혹세무민의 혐의를 쓰고 옥사했듯이, 푸젠인의 활발한 상업 활동은 조정의 의구심을 샀다. 농업이 아닌 상업에 힘쓰고, 오랑캐와 친하게 지내며, 이상한 물자가 유통되는 푸젠은 매우 수상한 곳이었다.

명나라는 물자의 국외 반출과 해외 교류를 엄격하게 금지하는 쇄국정책을 펼쳤다. 그나마 해상 무역에 대한 사무를 맡아보던 관아인 시박사(市舶司)가 있을 때는 그럭저럭 괜찮았다. 그런데 왜구가 시박사에 나타나자 '왜구의 재난은 시박사에서 일어난다'며 시박사를 폐쇄했다. 이때부터 오히려 왜구가 폭발적으로 급증했다.

푸젠 순무 담륜(譚綸)이 말한 대로, 푸젠인은 "바다로 나가지 않으면 먹을 것을 얻을 수 없었다." 굶어 죽으나 해적질하다 죽으나 이판사판이었다. 이 당시에 일본인만이 왜구가 아니었다. 푸젠·저장·광둥의 현지인도 해적이거나 한통속인 경우가 많았다. 해적이라 불렸지만 실상 합법적으로 장사할 수 없는 상인인 경우가 많았다. 한 선비가 진단했듯이, "왜구와 상인은 같은 사람이었다. 사고파는 것이 통하면 왜구가 신분이 바뀌어 상인이 되고 사고파는 것이 금지되면 상인이 바뀌어 도적이 되었다."[4]

취안저우의 관료 임대춘(林大春)은 탄식했다. "연해의 도시와 향촌 사람들은 모두 해구들이다. 해상의 뱃사람들과 상인들은 모두 해구들이다. 주나 군을 다스리는 장관 좌우의 서리들은 모두 해구들이다. 연해의 빈민들은 모두 해구들이다."[5]

왜구를 막겠다고 먹고살 길을 막아버리자 멀쩡한 백성들조차 왜구가 되었다. 해금령(海禁令)은 전혀 실효가 없었고, 오히려 비웃음거리가 되었다. "(해금 정책이) 판자 하나라도 바다에 들어오는 것을 불허했는데, 큰 배가 강입구를 막으며 들어왔다. 소량의 물건도 외국인에게 들어가는 것을 불허했는데, 그 배는 아이들과 아름다운 비단을 항상 가득 싣고 갔다."[6]

해적질도 계속 하다 보니 탁월한 경지에 올랐다. 명나라 말기 해적 정지룡(鄭芝龍)은 황제에게 푸젠의 실질적인 주인으로 인정받았다. 정지룡의 아들 정성공(鄭成功)은 훗날 명나라가 망했을 때 푸젠과 타이완(臺灣, 대만)을 근거로 반청복명(反淸復明) 운동을 펼쳤다.

청나라는 반란의 고향인 푸젠이 불편했다. 대륙에서 패해 타이완으로 도망친 정성공을 고립시키기 위해 해안 50킬로미터 이내의 모든 마을을 파괴하고 주민을 강제 이주시켰다. 이 과정에서 1661~1663년간 푸젠 백성들이 8500여 명이나 죽었다. 청나라는 민간의 해외무역을 금지하고 화교를 '외국과 밀통한 매국노'로 간주했다. 이에 많은 화교들이 중국에 돌아오지 못하고 현지에 뿌리를 내릴 수밖에 없었다.

평화 속의 긴장, 양안 관계

이중톈(易中天, 역중천)은 구랑위(鼓浪嶼, 고랑서)를 매우 서정적이고 낭만적으로 묘사한다.

> 샤먼은 전체적으로 조용한 편이며 그중에서도 구랑위는 특히 조용한 곳이다. …… 밤이 되면 더더욱 조용해진다. 사방이 적막에 싸인다. 오직 아름다운 피아노 소리만 영국식, 프랑스식, 스페인식 건물에서 흘러나와 조그만 섬 하늘 위로 퍼져나간다. 마치 바다 위 신선의 산에 있는 듯한 느낌이 들 정도이다.[7]

도대체 언제 얘기인가? 중국의 어마어마한 인파에 지쳐 구랑위에서 조용히 쉬려 했다. 그러나 섬으로 가는 배를 탔을 때부터 기대가 산산조각 났다. 큰 배에 중국 사람들이 꽉꽉 들어찼다. 게다가 매일 아침 8시면 여행 가이드

들이 중국 관광객들을 이끌고 마이크로 시끄럽게 해설하며 돌아다녀, 늦잠
도 못 자고 시끌벅적한 아침을 맞아야 했다. 숙소에서 만난 유럽 친구는 결
국 불평을 터뜨렸다. "Fucking island!"

　불행 중 다행으로 당일치기 관광객들이 대부분이라 저녁이 되면 비교적
한산해졌다. 평화롭고 조용한 섬의 골목을 한가롭게 거닐다가 어느 집의 문
앞에 붙어 있는 대련(對聯)을 보게 되었다.

샤먼과 진먼, 문과 문이 서로를 마주 보네	廈門金門門對門
큰 포와 작은 포, 포와 포가 서로를 때리네	大炮小炮炮打炮

　기가 막힌 대련이었다. 이 대련을 이해하려면 국공내전에 대해 알아야 한
다. 무능하고 부패한 국민당 군대가 중국 전역에서 공산당 군대에게 패하자,
장제스는 타이완으로 도망쳤다. 공산당은 이제 샤먼의 코앞에 있는 진먼다
오(金門島, 금문도)를 점령하고 여세를 몰아 타이완까지 정복하여 완벽한 통일
을 이루려고 했다. 이미 광활한 중국 전역을 해방시켰으니, 눈앞의 조그만
섬은 하루면 충분히 점령할 거라고 생각했다. 군함이 없어 어선을 징발해
1만 명의 병사, 하루치 식량, 승전 잔치에 쓸 소를 진먼으로 실어 날랐다.

　그러나 진먼에는 4만 명의 국민당 군이 철벽 요새에 주둔하고 있었다. 무
기의 화력과 해·공군력은 공산당 군을 압도했다. 공산당의 1만 병사 중
3000명은 전사, 7000명은 포로가 되어 단 한 명도 진먼을 탈출하지 못했다.

　공산당은 국민당의 저력을 깨닫는 한편, 제대로 된 해·공군력이 없으면
바다 건너 타이완을 정복하기란 불가능함을 통감했다. 불과 2킬로미터 앞
의 진먼도 점령하지 못하는데, 200킬로미터 밖의 타이완을 어떻게 점령한
단 말인가? 공산당은 당분간 대륙 내부의 국민당 잔군을 소탕하는 데 전념
하고 타이완 정복은 포기하기로 한다. 진먼 전투는 국지전이 전체 판세에

큰 영향을 준 사례다.

중국과 타이완 정부가 각각 안정되어갈 무렵, 1958년 이라크에서 7·14 혁명으로 왕정을 축출하는 혁명이 일어났다. 미국이 함대를 급파해 혁명을 억제하려 하자, 마오쩌둥은 타이완을 침공하는 시늉을 했다. 미국의 병력을 분산시켜 서아시아의 혁명 세력을 지원하는 작전이었다. 1958년 8월 23일, 중국은 진먼에 포탄을 퍼부었다. 23일 오후 6시부터 2시간 동안 4만 발의 포탄이 떨어졌고, 40일 동안 47만 발을 포격했다.[8] 군인과 민간인을 포함해 600여 명이 죽고 2600여 명이 부상당했다.[9] 그 후에도 간헐적으로 포격이 이어졌다.

1979년 1월 1일 중국과 미국이 수교를 하고 나서야 겨우 포성이 멎었다. 구랑위의 대련이 말해주듯, 샤먼과 진먼이 마주 보며 큰 포와 작은 포를 날리던 시절이었다. 오늘날의 샤먼과 진먼은 나른할 정도로 평화롭지만, 불과 40여 년 전만 해도 길고 긴 시간 동안 포탄이 날아다니던 전장이었다.

미국이 중국과 수교하며 타이완과 단교하자, 진먼의 한 영악한 육군 대위는 타이완이 아닌 중국에 내일의 희망이 있음을 간파했다. 그는 1979년 5월 16일 농구공 하나를 끌어안고 헤엄쳐서 샤먼으로 탈영했다. 이 청년 린이푸(林毅夫, 임의부)는 승승장구하여 훗날 세계은행 부총재의 자리까지 올랐다.

이제 양안(兩岸)에서는 탈영 대신 수영 대회가 열려 화해와 협력의 분위기를 물씬 풍긴다. 그러면서도 샤먼에는 '일국양제 통일중국(一國兩制 統一中國)'이, 진먼에는 '삼민주의 통일중국(三民主義 統一中國)' 구호가 걸려 있어 미묘한 갈등이 완전히 해소된 것은 아님을 엿볼 수 있다.

세계의 화교 중에는 광둥성과 푸젠성 출신이 압도적으로 많다. 중국 안에 있을 때는 별 볼일 없이 살다가 해외에 나가면 펄펄 날아다니는 푸젠인을 보고 중국인들은 "문 안에 있는 벌레가 밖에 나가면 용이 된다."[10]고 신기해한다. 그러나 푸젠인은 왜 밖으로 나가고 나서야 용이 될 수 있었을까? 왜 밖으로 나갈 수밖에 없었을까? 왜 중국에 다시 돌아오지 못하고 만리타향에서 살아야 했을까? 중국의 도량은 과연 얼마나 넓은가?

오늘날 푸젠성은 사상 최고로 격려받고 있다. 2015년 4월 21일 푸젠은 신설 자유무역구로 선정되었다. 일대일로(一帶一路)에서 해상 비단길의 기항지가 되어 옛 영광을 다시 찾으려 한다. 타이완의 교류·포섭에서도 핵심적인 역할을 수행하고 있다.

그러나 중국은 외국의 돈을 좋아할 뿐, SNS 등으로 외부 생각이 들어오는 것은 차단하는 폐쇄성을 보인다. 서양 기술만 받아들이고 제도는 받아들이지 않던 중체서용(中體西用)의 21세기판이다. 폐쇄적인 중국에 개방적·실용적인 푸젠이 새 바람을 불어넣을 수 있을까? 푸젠인은 이제 문 안에서도 용이 될 수 있을까?

옥 경

하이난성

海南省

중국 최남단, 하늘의 끝 바다의 끝

❶ 사랑의 섬 한족들의 발길이 닿지 않는 불모지였던 하이난은
오늘날 사랑의 섬으로 바뀌었다.
❷ 싼야 전경 푸른 바다에서 피한객들이 해수욕을 즐기고 있다.
❸ 중국다운 하이난 백사장에 널부러진 쓰레기, 옷을 입은 채
일광욕하는 아저씨 등 중국다운 모습이다.
❹ 해산물 요리 하이난은 남중국해에 위치한 섬답게 해산물이
풍부하다.
❺ 하이커우 강변의 부동산 하이커우의 강변에는 고층 아파트들
이 하나둘 들어서고 있다.
❻ 하이난의 자연 한겨울에도 꽃과 야자수가 가득하다.

6

멀고먼 남쪽 바다에 있는 절해고도(絶海孤島) 하이난은 오랫동안 중원인들에게 야만과 미개의 땅이고, "살아서 다시 돌아올 희망은 없는" 유배지였다. 그러나 현대화를 거치며 하이난은 '죽음의 땅'에서 '생명의 땅'으로 거듭난다. 미세 먼지 가득한 대륙과는 달리 쾌적한 환경과 아름다운 자연을 자랑하는 '사랑의 섬' 하이난은 많은 연인과 관광객들을 유혹하고 있다. 그러나 낭만적인 이미지 이면에는 남중국해를 둘러싼 세계각국의 치열한 신경전이 벌어지고 있다.

중국의 최남단 하이난(海南, 해남). 그중에서도 남쪽 끝인 톈야하이자오(天涯海角, 천애해각)는 중국인에게 세상의 끝이다. 연인이 여기까지 함께 오면 세상의 끝까지 온갖 기쁨과 슬픔을 같이한 셈이니, 이별 없이 평생을 함께 지낼 수 있다고 믿는다. 그래서 톈야하이자오의 광장은 '사랑의 광장[愛情廣場]'이다. 게다가 광장 바로 앞바다에는 두 개의 바위가 하트(♥) 모양으로 교차하여 연인의 마음을 더욱 설레게 한다. 중국 연인들은 이 '사랑바위[愛情石]' 앞에서 영원히 함께 지내게 해달라는 소원을 빈다.

그러나 내가 처음으로 하이난을 찾았던 이유는 그다지 낭만적이지 못했다. 사랑을 찾기보다는 오히려 죽음의 공기로부터 도망친 것에 가까웠다.

"우리에겐 신선한 공기가 있습니다. 중국에서는 매우 드문 물건이죠!"

재치 있는 하이난 숙소의 광고였다. 평소라면 한번 웃고 넘겼겠지만, 2014년 1월에는 사정이 달랐다. 미세먼지가 중국 대륙을 짓눌렀다. 숨을 한 번 쉴 때마다 수명이 줄어드는 기분이었다. '중국 본토에서 멀리 떨어진 남쪽의 외딴섬이라면 공기가 맑겠지. 엄청난 인파에 치이지 않고 여유를 즐길 수 있겠지.' 그런 기대를 안고 하이난으로 떠났다.

그러나 중국은 언제나 상상을 초월한다. 하이난으로 가는 배는 새벽부터 수많은 사람들을 꾸역꾸역 받아들였다. 제법 괜찮은 숙소는 만원이었고, 기차표도 동이 났다. 중국의 대표적인 피한지(避寒地)가 된 하이난. 하이난의 춘절(春節)은 초성수기였다.

하이난성 海南省

"난 하이난에는 사람들이 별로 없을 줄 알았어."

내 말에 중국 친구들도 맞장구쳤다.

"그러게 말야. 춘절 때 하이난에 이토록 사람들이 많을 줄 누가 알았나?!"

송·원·명 700여 년 동안 하이난을 자발적으로 찾아온 여행자는 불과 18명이었다. 그러나 2011년에는 하이난에서 1박 이상 묵은 관광객만 3000만 명을 넘었다. 중국 최남단의 변방은 어느새 최고의 관광지로 변했다.

중국인은 원래 중원을 높이 보고 변방을 천시하며, 사람의 손길이 닿아야 '인문(人文)의 향이 느껴진다'며 좋아하고 순수한 자연을 원시적이라 보았다. 그러나 급속한 경제성장과 함께 중국의 가치관은 바뀌게 된다. 개혁개방을 한 지 불과 30여 년 만에 세계 최빈국에서 G2로 거듭난 중국의 발전은 분명 경이롭다. 하지만 그 이면에는 극심한 성장통이 있다. 중국 대륙 전역에서 난개발이 마구잡이로 진행 중이다. 경제개발로 인한 환경 파괴는 웬만해서는 그러려니 하게 마련이지만, 중국에서는 상황이 다르다. 미세먼지가 대륙 전체를 뒤덮어 생명의 위협을 느끼게 한다.

대기오염 지수 AQI(Air Quality Index)가 150이 넘으면 '보통 사람들의 건강에 악영향을 주기 시작'한다. 그러나 중국 도시에서는 '모든 이가 건강에 치명적인 영향'을 받게 되는 300~400이 아주 일상적이다. 가끔씩 더 이상 측정할 수 없는 최대치인 999를 기록하기도 한다.

환경 파괴는 자연이 인간의 삶에 얼마나 필수적인지를 일깨워주었다. 중국인은 개발의 손길이 덜 닿은 하이난에 주목하기 시작했다. 영화 〈쉬즈 더 원(非誠勿擾)〉에서 남자 주인공 진분이 하이난에 사는 친구를 만나 근황을 묻자 친구는 대답한다. "하이난의 생활은 아주 좋아. 깨끗하고 오염도 없어. 사람답게 살아야지."

이제 맹목적인 경제개발보다 삶의 질을 돌아보게 된 중국인들의 인식 변화를 보여준다.

세상의 끝, 유배의 땅

하이난의 약칭은 '옥 경(瓊, 정체자는 瓊)' 자다. '남쪽 바다의 섬[海南島]' 하이난
은 옥 같은 바다와 빼어난 풍경을 자랑한다. 그래서 하이난은 '옥[瓊]'이나
'진주[珠]'로 묘사되면서도 '벼랑[崖]', '끝[涯]', '모서리[角]'로 불렸다. 아름다
우면서도 위험한 '세상의 끝'이었다.

광둥성 앞의 섬 하이난은 남월(南越, 중국 한나라 때에 지금의 광둥성·광시성과 베트
남 북부 지역에 걸쳐 있던 나라)의 세력권이었다. 기원전 110년 한 무제는 남월을
정벌하고 주애(珠崖)·담이(儋耳), 두 개의 군을 설치했다. 그러나 설종(薛綜)의
말처럼, 사리사욕에 눈먼 관리들은 원주민들의 극렬한 저항을 샀다.

> 한나라 때 법령이 느슨하므로 관원 대부분이 자연스럽게 방자해져서 여러
> 차례 법령을 어겼습니다. 주애군이 황폐해진 것은 장리들이 그곳 사람들의
> 머리카락이 아름다운 것을 보고 그것을 잘라 가지고 가발을 만든 데서 비롯
> 되었습니다.[1]

결국 한나라는 군의 행정기구와 인력을 모두 철수시켰다. 설종은 후한 말
삼국시대까지도 중국의 '교화'가 하이난에 미치지 못했음을 증언한다. "신이
지난날 나그네 신분으로 이곳을 찾았을 때 주애군에서는 …… 백성은 모임
때마다 남녀가 자연스럽게 서로 몸을 허락하여 곧 부부가 되고 부모도 이것
을 막을 수 없었습니다."[2]

삼국시대 중원을 장악한 위(魏)나라는 인구와 물량이 풍부했지만, 강동의
오나라는 인구가 적었다. 손권은 인구를 늘리기 위해서 미개척지를 적극적
으로 정복했다. 229년 손권이 주애군을 정복하려 하자, 육손(陸遜)은 반대했
다. "주애는 매우 험준한 곳이며 그곳 백성은 금수 같습니다. 그러므로 그곳

백성을 얻는다고 해도 큰일을 이루기에는 부족하고, 그곳 병사가 없어도 우리의 군대가 줄지는 않습니다."[3]

손권은 주애군 정복을 강행했지만, 육손의 말대로 득보다 실이 컸다. 하이난을 세력권에 넣기는 했지만, 동원할 수 있는 인구는 많지 않았고 오나라의 지배력은 느슨했다.

당송(唐宋) 시대에는 행정 능력과 교통이 발달하여 중국 대륙 전체가 하나의 경제·문화권으로 묶였다. 그러나 중원을 숭상하는 중국인들에게 하이난은 여전히 '세상의 끝'이었다. 게다가 이민족이 득시글거려 유배지 중에서도 가장 악명 높은 유배지였다. 하이커우시(海口市, 해구시)의 우궁츠(五公祠, 오공사)는 당송 시대 하이난에 유배 온 다섯 명의 충신을 기리는 사당이다.

이 다섯 명에 끼지는 못하지만, 하이난 유배자 중에서 가장 유명한 사람은 소동파다. 유쾌한 천재 소동파는 매우 낙천적인 사람이었다. 그런 그조차 예순 살에 하이난에 유배를 가게 되자, 벗에게 유서 같은 편지를 남겼다. "이 노령의 나이에 저는 미개지인 유배지를 향해 나아갑니다. 살아서 다시 돌아올 희망은 없는 듯합니다. …… 해남에 도착하는 대로 제일 먼저 제 관(棺)을 만들고, 그다음엔 분묘를 만들려 합니다."[4]

소동파는 난링산맥(南嶺山脈, 남령산맥)을 넘어 광둥성으로 유배 갈 때만 해도 "영남의 수많은 가구들이 끝없는 봄을 즐기네〔嶺南萬戶皆春色〕."[5]라고 노래했지만, 하이난으로 가는 배 위에서는 아무런 시도 남기지 못했다.

하이난에 도착하고 나서도 한탄이 끊이지 않았다.

우리는 이곳에서 육식은 먹어보지도 못하고, 병이 들어도 약을 써보지 못한 채 넘겨야 하고, 안심하고 거주할 집도 없는 상태이며, 밖에 나가봐야 친구 또한 없다. 겨울이면 목탄도 때지 못한 채 자며, 여름에는 시원한 샘물조차 구할 길이 없다.[6]

하이난의 유배 생활은 힘들었다. 소동파는 생필품이 다 떨어지자 햇빛을 먹어 배고픔을 달래는 양생술(養生術)을 익혀야 하나 고민하기도 했고, 먹[墨]을 만들려다 집을 홀랑 태워먹을 뻔하기도 했다.

결국 하이난에 적응한 소동파는 "하늘의 끝이라 한들 향기로운 꽃이 피지 않는 곳이 어디에 있으리오〔天涯何處無芳草〕."라고 노래했다. 하이난을 긍정하는 듯하지만, 뒤집어보면 하이난이 아름다워 봤자 하늘의 끝인 궁벽한 땅이라는 인식이 깔려 있다. 지리적으로는 중원과 멀고, 문명의 혜택을 받지 못한 하이난은 중국인의 취향에 맞지 않았다.

한인과 원주민 사이의 분쟁도 끊이지 않았다. 소수의 한족이 본토와 가까운 북쪽 하이커우 주변에 살았을 뿐, 대부분의 주민은 여족(黎族)이었다. 한족이 여족을 등쳐먹고도 편파적으로 유리한 판결을 얻는 경우가 다반사였다. 소동파의 아들 소과(蘇過)는 하이난의 당시 세태를 고발했다.

공정하게 다스리지 않고서는 원주민들을 복종시키거나 이들을 회유할 방법이 없다. …… 원주민들은 선량하고 정직한 사람들인데, 한인 법정에서 이들을 공정하게 다루지 않으므로 오히려 이들로 하여금 자기들 손으로 법을 행사하지 않을 수 없게 만들었다.[7]

청백리 해서에 얽힌 역사의 희극

명나라 시대, 하이난에서 가장 유명한 인물인 해서(海瑞)가 탄생했다. 해서는 꼬장꼬장한 원리원칙주의자이며 온정적인 보수주의자였다. 품행이 바르고 검소해서 어머니의 생신에 돼지고기 두 근을 산 일이 화제가 될 정도였고, 2품 벼슬에 이르고도 죽을 때 남긴 재산이라고는 고작 은 20냥이었다. 장례

도 치르기 힘든 푼돈이었다.

불행히도 당시 명나라 황제는 가정제(嘉靖帝)였다. 가정제는 정치를 돌보지 않고 궁녀들이 월경 때 흘린 피로 불로장생의 영약을 만드는 데 심취했다. 학대를 견디다 못한 궁녀 열댓 명이 한밤중에 가정제를 죽이려는 사건이 일어날 정도였다.

해서는 가정제를 비판하는 상소를 올렸다.

폐하께서는 정무에 전념하지 못하시고 헛된 생각에 사로잡혀 도교적 방술에 빠져든 채 백성들의 고혈을 수탈하고 토목공사를 벌여 거의 20년 동안이나 국사를 돌보지 않고 법질서를 문란하게 했습니다. …… 이런 기회를 틈타 탐관오리들이 위세를 부려 백성들의 살길이 막막해졌고 거기에 수재(水災)와 한재(旱災)까지 겹쳐 도적들은 날로 창궐하고 있습니다. …… 천하의 백성들이 폐하를 원망한 지 오래되었습니다.[8]

가정제는 노발대발했지만, 해서가 "죽음을 각오하여 상주문을 제출하기 전에 스스로 관을 구입해놓고 가족을 불러모아 작별 인사를 했"[9]다는 말을 듣고 차마 죽이지는 못했다. 해서가 감옥에 간힌 지 열 달 만에 가정제가 죽자, 해서는 강직한 원로로서 대접받으며 명망을 떨쳤다. 해서는 죽은 후 고향 하이난에 묻혔고, 백성들은 해서가 포청천 같다며 '해청천(海靑天)'이라고 불렀다.

그러나 역사는 얄궂은 것. 백성의 사랑을 받던 해서는 문화대혁명이 일어나며 졸지에 '인민의 적'이 되었다.

장제스를 물리치고 대륙을 석권한 마오쩌둥은 자신감이 넘쳤다. 마오는 15년 안에 영국을 따라잡자며 대약진운동을 일으켰다. 그러나 전 인민이 생업을 팽개치고 집집마다 작은 용광로를 설치해 철을 만들었으나 얻은 것은 조잡한 고철이요, 잃은 것은 경제였다. 전쟁 영웅이며 국방부 장관인 펑더화이가 대약진운동을 비판하자, 마오는 펑더화이를 해임했다. 그러나 손바닥으로 하늘을 가릴 수는 없는 법. 대약진운동은 명확한 실패였고, 마오의 입지는 크게 약해졌다.

마오는 작가 우한(吳晗, 오함)에게 해서에 대한 희곡을 써달라고 했다. 마오는 연극을 통해 당장의 이익에 급급하여 사회주의의 대의를 망가뜨리는 관료들을 비판하고, 자신이야말로 민중을 위한 정치를 펼치는 해서와 같은 인물임을 알리고 싶었다.

그러나 우한의 신랄한 희극《해서파관(海瑞破罐, 해서가 관을 짜다)》은 이중적으로 해석될 수 있었다. 해서가 비판하던 가정제의 명나라는 마오의 중화인민공화국과 묘하게 닮았다. 대약진운동 실패 후의 중국은 자연재해까지 일어나 20세기 최대의 대기근을 겪었다. 1959~1961년의 대기근 동안 약 4000만 명이 죽은 것으로 추정된다. 마오는 나라를 망친 가정제 같았고, 인민을 위하여 간언을 하다 쫓겨난 펑더화이는 해서 같았다.

1965년 악명 높은 사인방 중 한 명인 야오원위안(姚文元, 요문원)은 우한이 마오의 사상과 혁명을 부정한다고 비판했다. 그러자 마오는 보수반동화되고 있는 중국의 모든 영역에 대해 투쟁을 벌이라고 인민들을 선동했다. 이렇게 20세기 최대의 참극 중 하나인 문화대혁명이 시작되었다.

문화대혁명 시기는 아들이 아버지를 구타하고 학생이 스승을 반동분자로 몰아 고문하던 때였다. 문화대혁명을 촉발시킨 원흉(?)인 해서가 온전할 리없었다. 1966년 인민들은 해서의 묘를 파헤쳐 유골을 거리에 흩뿌리고는 불태웠다. 문화대혁명의 광풍이 잦아들고도 한참 세월이 흐른 지난 1982년에야 해서묘가 복원되었다.

일평생을 원리원칙대로 살며 백성들을 위해 죽음을 무릅쓰고 황제에게 직간했던 해서. 그런 해서가 졸지에 인민의 적으로 몰려 인민들의 손으로

묘가 파괴되고 유골이 불탄 것은 다시 한 번 역사의 아이러니를 느끼게 한다. 매우 씁쓸하지만, 그래도 결국 역사란 사필귀정(事必歸正)한다는 것으로 애써 위안을 삼아야 할까?

한족의 식민지가 된 하이난

한편, 외딴섬 하이난이 문화대혁명에 휘말린 것은 그만큼 하이난이 중국과 일체화되었다는 것을 말해준다.

"한국에서 왔어요? 나 이민호 좋아해요!"

숙소를 찾지 못해 하이난 아가씨에게 길을 물어보았다. 그녀는 내 숙소 위치를 몰랐지만, 내가 이민호의 나라에서 왔다는 것에 크나큰 관심을 보였다. 2014년 이민호의 인기는 정말 중국 대륙 전체를 뒤흔들었다.

이민호를 필두로 중국 최남단의 섬 하이난에서도 한류 열풍이 불었다. '김연아(金姸兒)'를 '김겐아(金研儿)'로 잘못 쓰기도 했고, '오서오세요' 같은 언어유희를 천연덕스럽게 구사하기도 했다. 한국의 대중문화를 선망하기에 이토록 어설픈 흉내를 내는 것이리라. 하이난의 한류 바람은 하이난이 중국 본토와 문화·취향의 통일을 이루었음을 보여준다. 본토가 하이난을 포섭하는 데에 대단히 오랜 시간이 걸린 것을 생각해보면 재미있는 일이다.

고대 중국의 하이난 지배는 식민 통치와 비슷했다. 그런데 중국의 식민 지배는 다른 나라와 큰 차이점이 있다. 유럽 열강들은 인구가 많지 않아 식민 통치를 하더라도 현지의 지배계급 일부만을 자국민으로 심을 수 있다. 이에 비해 중국은 한족 인구가 엄청나게 많아서 식민지를 위부터 아래까지 죄다 한족으로 채울 수 있다. 그 결과, 식민지가 본토와 완전히 동화되어버린다.

2010년 현재 하이난의 인구는 867만 명이다. 이 중 약 83퍼센트인 722만 명이 한족이고, 대표적 원주민인 여족은 127만 명으로 전체 인구의 약 15퍼센트에 불과하다. 물론 127만 명이란 수 자체는 결코 적지 않고, 하이난 소수민족 중에서는 최대(88퍼센트) 세력이다. 그러나 12억 한족 앞에서는 티끌과 같다. 원주민은 소수민족으로 변했고, 소수 이주자였던 한족은 주류가 되었다. 중국사에서 되풀이되어 일어난 물갈이는 최남단의 섬 하이난에서도 그대로 재현되었다.

오늘날 하이난은 제2차 식민화가 진행되고 있다. 전근대의 식민화가 하이난의 인구 구조를 바꾸고 문화적 통일성을 만들어냈다면, 현대의 식민화는 본토 자본에 의한 경제적 식민화다. 하이난의 남쪽 싼야(三亞, 삼아) 해변에는 화려한 리조트들이 들어섰다. 중국의 부유한 일면을 보여준다. 그러나 하이난의 개발은 결국 누구를 부유하게 만드는가?

하이난은 경제특구로 지정되었고 관광 수입을 올리기 위해 외국인 무비자 입국과 내국인 면세 쇼핑을 허가했다. 부동산 개발상들이 하이난에 몰려들어 한바탕 투기 광풍이 일어났다. 2010년 초 하이난 싼야의 제곱미터당 아파트 매매가는 최고 12만 8000위안(약 2300만 원)에 달했다. 베이징과 상하이마저 제치고 중국 최고의 부동산 열기를 자랑했다.

정부가 부동산 과열을 우려해 규제 정책을 펴자, 하이난 부동산 시장은 한동안 침체를 겪었다. 그러나 미세먼지에 시달리는 부자들은 '중국 최고의 청정 지대' 하이난에 집을 샀다. '건강 투자의 실수요'는 꾸준히 이어졌다. 2017년 1월 하이난의 신규 주택 거래 가격은 제곱미터당 1만 5591위안이었고, 싼야시의 신규 주택 거래 가격은 제곱미터당 2만 890위안이었다. 중국의 웬만한 주요 도시 못지않은 집값이다.

하이난에 외부 자금이 유입되자 부동산 가격은 급격히 상승했다. 그러나 돈을 버는 사람은 하이난 현지인이 아니라 외지인이다. 현지인에게는 물가

하이난성 海南省

상승의 압박만이 남는다. 게다가 하이난 사람들이 가난한 것은 게으르기 때문이라고 본토인의 멸시까지 받는다.

또한 하이난의 개발은 리조트·골프장 등 고급 휴양지 개발에 초점이 맞추어져 있다. 고급 휴양지는 서민을 위한 것이 아니라 상위 부유계층만을 위한 것이다. 현지인에게든 외지인에게든 하이난은 부자를 위한 장소로 변해가고 있다. '가난한 자들을 위한 나라는 없다'는 중국 경제발전의 이면이다.

대국굴기의 현장, 남중국해

"우리 중국은 정말 큰 나라야. 같은 계절인데도 북방에는 광활한 설원이 펼쳐져 있고, 하이난에서는 반팔 옷을 입고 해수욕을 즐길 수 있어."

하이난 여행 중 만난 50대 중년 아저씨의 말을 듣고 다소 놀랐다. 불과 얼마 전에 만난 20대 여자가 한 말과 정확하게 일치했기 때문이다. 남녀노소를 막론하고 말과 생각이 똑같다고 느꼈다. 물론 그 저변에는 모든 인민의 생각을 획일화시키는 중국의 교육이 깔려 있다.

중국인이 항상 품고 있는 생각이 두 가지 있다. 하나는 '중국이 천하의 중심'이라는 중화주의이고, 다른 하나는 '땅은 넓고 물산은 풍부하다'는 대국주의이다. 광활한 땅을 갖고 있다는 자부심은 다시 중국이 천하제일이라는 중화주의를 강화한다. 큰 것을 아름답다고 여기는 중국인에게 대국주의는 애국심의 원천이 된다. 변방의 외딴섬에 불과해 보이는 하이난성은 애국심을 부추기는 대국굴기(大國崛起)의 현장이다.

하이난은 예전에는 광둥성이었으나 1988년 이후 하이난성으로 승격되었다. 처음에는 그 이유를 이해할 수 없었다. 하이난은 경상도만 한 크기로 비교적 큰 섬이기는 하지만, 별도의 성으로 승격될 정도는 아니었다. 그러나 중국어판 위키피디아의 하이난성 지도를 보고 그 이유를 짐작할 수 있었다.[10] 중국인들의 하이난성 지도는 남중국해가 중심이다. 하이난섬 자체는 하이난성의 북서쪽 귀퉁이에 놓인 작은 섬에 불과하다. 이에 비해 영어판 위키피디아의 하이난성은 하이난섬 중심이다.[11]

하이난섬의 면적은 3.5만 제곱킬로미터로, 중국 본토의 31개 성·시·자치구 중에서 28위에 불과하다. 그러나 중국의 《하이난 통계연감(海南統計年鑑)》에 따르면, 하이난성의 면적은 210만 제곱킬로미터로 4위를 차지한다. 남중국해를 영해로 보고 면적 계산에 집어넣었기 때문이다.

하이난성이 분리 승격된 것은 중국의 성격 변화를 잘 보여준다. 개혁개방 후 중국은 내륙 국가에서 해양 국가로 변했고, 영토를 넘어서 영해 문제를 중요시하게 되었다. 중국의 전략적 시야가 확대된 것이다. 중국은 1990년대 이후 러시아 등과의 국경분쟁을 해결하고 남중국해에 힘을 집중하고 있다.

남중국해는 어떤 곳인가? 동남아시아의 한복판으로 태평양과 인도양과 통하는 교통의 요지다. 동중국해는 미국·일본·타이완·한국·러시아 등에 가로막혀 있으나, 남중국해의 동남아시아 나라들은 국력이 그리 강하지 않다. 중국이 가상 적국 미국과 동맹국들의 봉쇄를 뚫기 제일 쉬운 곳이다. 남중국해는 전 세계에서 무역 선박이 가장 많이 다니고 있으며, 중국 수입 원유의 83퍼센트가 지나는 곳이다. 한국과 일본의 수입 원유의 99퍼센트 역시 남중국해를 지나니 우리에게도 남의 일이 아니다.

중국은 교통·물류·군사·자원의 요지인 남중국해의 패권을 차지하려 한다. 동남아 각국에 따로따로 압력을 가하여 유리한 협상을 얻어내는 차륜전법을 펼치고 있다. 말은 무력에 의해 뒷받침된다. 산둥성·저장성·광둥성의 북해·동해·남해 함대에 이어 중국의 4함대는 하이난성에 설치될 것으로 전망된다. 싼야시는 이미 핵잠수함 기지를 운용하고 있다.

하이난성의 싼샤시(三沙市, 삼사시)는 서사군도(西沙群島), 중사군도(中沙群島),

남사군도(南沙群島)를 포괄한다.[12] 모두가 영토 분쟁 지역이지만, 중국은 자기 땅으로 간주하고 행정구역을 설치했다. 싼샤시의 청사 소재지 융싱다오(永興島, 영흥도)는 행정·군경 인력이 상주하고 있으며, 전투기 활주로와 구축함 계류 시설을 갖추고 있다. 그 이름도 참으로 의미심장하다. 융싱다오란 '영원한 번영의 섬'이라는 뜻이 아닌가!

중국의 번영은 동남아 국가들의 치욕과 직결된다. 동남아 국가들은 중국의 야심을 수수방관할 수도 없지만, 정면 승부로 중국군을 이길 수도 없다. 따라서 동남아 국가들은 중국 해군을 은밀히 기습 타격할 수 있는 잠수함 전력을 확충하고 있다.

세계의 맹주 미국도 중국의 도전을 좌시할 수 없다. 미국은 '항행의 자유'를 부르짖으며 군함을 파견하고, 중국은 '영해 수호'를 외치며 군사기지화를 강화하고 있다. 한 CIA 관계자는 남중국해의 긴장감을 단적으로 말했다. "남중국해는 동양의 크림반도라고 할 수 있다."[13]

사랑의 섬, 휴양의 섬인 하이난. 남해의 아름다운 옥구슬 하이난에 치열한 대립과 암투의 그림자가 드리워져 있다. 하이난 남쪽의 톈야하이자오로 다시 돌아가 보자. 톈야하이자오는 '하늘의 끝이며, 바다의 가장자리[天涯海角]'라는 뜻이다. 하늘에 끝이 있다는 발상 자체는 우습지만, 옛 중국인은 그나마 하늘의 끝을 규정하고 그 이상은 욕심내지 않았다. 천하 통일의 대업도 중국의 하늘, 중국의 천하를 벗어나지는 않았다.

그러나 오늘날 중국은 하늘이 생각보다 더욱더 넓다는 걸 깨달았다. 중국의 하늘을 더욱 넓혀가려고 이웃들과의 불화와 충돌을 마다하지 않는다. 하늘을 넓혀가고 땅을 넓혀가려는 중국의 욕심, 과연 중국인에게는 어디까지가 하늘의 끝일 것인가?

구름 운

윈난성
雲南省

독천의 낭만, 힐링의 샹그릴라

❶ 스린 칼처럼 깎인 돌들이 숲을 이룬 곳으로, 카르스트 지형이 만들어 낸 자연의 조각예술이다.
❷ 지우샹 동굴 역시 카르스트 지형이 만들어낸 곳으로, 쿤밍의 대표적인 관광지다.
❸ 리장 고성 나시족의 민가가 모여 있는 성으로 1996년의 지진에도 붕괴되지 않은 내구성을 자랑한다. 1997년 유네스코 세계 문화유산으로 등록되었다.

❹ 다리 고성 500년 남조·대리국의 수도로서 오늘날도 고도의 기품이 살아 있다.
❺ 윈난 민족촌 소녀 윈난 민족촌에서 창족 춤을 추며 노래하는 소녀.
❻ 라오스 국경 트럭 윈난–라오스 국경을 넘나들고 있는 많은 차들이 중국과 동남아의 활발한 교역을 보여준다.
❼ 리장의 일상 아침식사를 파는 노점상.
❽ 루구호 모계사회인 모쒀족이 사는 곳으로 산으로 에워싸인 해발 2685미터 높이에 있는 호수다.

샹거리라

하바쉐산△
위룽쉐산△   루구호

리장●

진사장

얼하이호
다리   쿤밍
원난성   ●   ∴스린

메츠호

란찬장

위안장

위안양

시솽반나 다이족 자치주
●

'꽃구름이 피어오르는 남쪽 땅' 윈난은 "산 하나에 사계절이 다 있고, 십리만 가도 날씨가 다르다."고 할 만큼 변화무
쌍한 날씨를 자랑한다. 다채로운 자연만큼 다채로운 사람들이 사는 곳, 윈난은 고대 중국인들에게는 무서운 야만인
과 맹수 들이 우글거리는 남만(南蠻)의 땅이었다. 그러나 오늘날에는 아름다운 자연과 독특한 소수민족들을 만날 수
있는 상그릴라로 이미지가 바뀌었고, 동남아·인도양 진출기지로서 발전에도 박차를 가하고 있다.

1월 말, 윈난성(雲南省, 운남성) 쿤밍(昆明, 곤명)에 사는 친구에게 초대를 받았다. 한국의 지독한 추위에 시달리던 나는 초대에 반갑게 응했다. 일기예보를 보니 한국은 맑은 날 최고기온이 섭씨 5도를 넘을까 말까 한데, 쿤밍은 최저기온이 6도, 최고기온은 20도를 넘나들었다. 이 정도면 한국의 가을 날씨니까 시원하게 보낼 수 있겠지?

그런데 웬걸, 쿤밍은 의외로 쌀쌀했다. 낮은 괜찮았으나, 밤이 문제였다. 남중국은 난방 없이도 겨울을 버틸 만하기 때문에 난방을 전혀 하지 않는다! 북방의 집은 난방을 잘하기 때문에 밖은 추위도 안은 따뜻하다. 춘절에 남방인과 결혼한 북방인이 남방집이 춥다고 가기 싫어하는 게 이해되었다. 그래도 따사로운 낮은 참 좋았다. '영원한 봄의 도시[春城]'라는 별명답게 날씨는 화창했고 꽃들이 도처에 만발했다.

윈난성의 약칭은 '구름 운(云, 정체자는 雲)' 자다. 아득히 먼 구름보다도 더욱 남쪽에 있는 곳. 속세를 벗어난 신비로운 느낌마저 주는 곳. 꽃구름이 피어오르는 남쪽 땅[彩雲之南]. 윈난성은 중국인에게 꿈과 낭만을 불러일으키는 곳으로, 소설 속에서 환상적인 무대로 곧잘 등장한다. 제갈량(諸葛亮)은 독천(毒泉)을 넘고 맹수부대와 등갑병을 격파하여 남만(南蠻)을 평정했고, 대리 단씨(大理段氏)는 절세무공인 육맥신검(六脈神劍)과 일양지(一陽指)를 구사하며, 오독교(五毒敎)의 먀오족(苗族, 묘족)은 맹독을 능수능란하게 다룬다.

윈난성은 지질학적으로 유라시아판과 인도판이 충돌한 경계 지대다. 히

윈난성 雲南省

말라야부터 바다로 가는 중간에 있어 해발 76.4미터부터 6740미터까지 다양한 지형이 펼쳐지고, 그 위로 북회귀선이 지나간다. 사시사철 어느 때고 열대부터 한대까지 모든 기후를 만날 수 있다. "산 하나에 사계절이 다 있고, 10리만 가도 날씨가 다르다[一山有四節, 十里不同天]."고 할 만큼 윈난의 기후는 변화무쌍하다.

아름답고 살기 좋은 맹독의 땅

윈난성의 성도 쿤밍과 대리국(大理國)의 근거지 다리(大理, 대리)는 윈구이고원(雲貴高原, 운귀고원)에 발달한 대표적인 도시다. 두 도시 모두 산과 호수를 끼고 있다. 북쪽의 산은 매서운 북풍을 막아주고, 남쪽의 호수는 뜨거운 남풍을 식혀준다. 여름은 선선하고 겨울은 따뜻해서 1년 내내 봄처럼 꽃이 피고 농사짓기도 좋다. 거대한 호수는 깨끗한 물과 풍부한 물고기를 선사한다.

살기 좋은 만큼 일찍부터 사람들이 모여들었다. 쿤밍의 뎬츠호(滇池湖, 전지호) 부근에서 발견된 위안머우원인(元謀猿人, 원모원인)은 약 200만 년 전에 살았을 것으로 추정된다. 그 유명한 베이징원인은 고작(?) 70만 년 전에 살았다고 여겨지니, 윈난의 역사가 얼마나 일찍 시작되었겠는가?

오랜 세월 동안 윈난은 중국과 영향을 주고받으면서도 독자성을 지켜왔다. 춘추전국 말기 초나라 장군 장교(莊蹻)의 정벌은 중국 세력이 윈난에 손을 뻗친 첫 사례였다. "장교가 전지(滇池)에 이르렀는데, 사방이 300리나 되고 일대는 평지였다. 비옥한 평야가 수천 리에 걸쳐 펼쳐져 있었다."[1]

장교는 윈난 정벌을 마치고 초나라로 귀국하려 했으나, 진(秦)나라가 초나라를 치는 바람에 돌아갈 수 없었다. "장교가 할 수 없이 부하들을 이끌고 전지에서 왕 노릇을 했다. 복장을 바꾸고 그곳 풍속을 따라 그들의 군장이

된 것이다."[2]

이때 장교는 전왕(滇王)을 자칭했다. 쿤밍 일대를 지칭한 '땅 이름 전(滇)' 자는 윈난의 또 다른 약칭이다. 전국시대 말기부터 헤아려봐도 2000년이 넘는 유구한 역사를 담은 이름이다. 또한 장교의 전(滇)나라는 위만조선, 조타의 남월처럼 중국의 장군이 토착 세력을 정복한 뒤 현지 문화를 받아들이고 지도자가 된 사례다.

윈난은 촉, 남월, 미얀마, 인도 등 인접 지역과 교역하며 부를 쌓았다. 한나라 현령 당몽(唐蒙)은 남월에서 촉의 구장(枸醬, 호깨나무의 열매로 담근 장)을 먹었고, 장건은 대하(大夏)에서 촉의 대나무 지팡이를 보았다. 두 물건 모두 쓰촨에서 윈난을 거쳐 각각 남월과 인도로 전해진 것이다. 한 무제는 윈난을 정벌해서 남월 공략의 전진기지로 삼고 서남 비단길을 장악하려 했다. 그래서 사마천(司馬遷)은 말했다. "남이(南夷) 정벌의 발단은 당몽이 반우[廣州]에서 구장을 맛보고, 장건이 대하에서 공(邛, 지금의 쓰촨성 충라이시)의 대나무 지팡이를 본 데 있다."[3]

한 무제는 윈난을 정복했지만, 전국(滇國) 왕의 지위와 자치권은 인정했다.

225년 제갈량의 남만 정벌도 비슷하다.《삼국지연의》의 팬들은 제갈량이 윈난의 우두머리 맹획(孟獲)을 일곱 번 잡고 일곱 번 풀어주었다는 칠종칠금(七縱七擒)이 진짜냐 아니냐를 두고 열띤 논쟁을 벌인다. 그러나 제갈량의 남만 정벌의 핵심은 유화정책에 있다. 오나라는 사섭(士燮)이 죽자마자 교주(交州, 지금의 베트남 북부와 중부, 중국 광시좡족자치구 일대)를 점령하여 적극적인 정복 정책을 펼쳤으나, 현지인들의 격심한 반발을 샀다. 이에 반해 제갈량은 촉나라의 국력이 절대 우위임을 현지인들에게 각인시키면서도, 관리 파견도 주둔군 배치도 없이 곱게 물러났다. 오히려 현지인들의 신망을 얻던 맹획을 어사중승(감사원 사무총장급)으로 중용하며 윈난의 자치권을 보장해주었다.

윈난의 독자적 발전은 당송 시대에 절정을 맞는다. 200년 남조(南詔,

윈난성 雲南省

738~937)와 320년 대리국(937~1253)이 윈난을 다스렸다. 520년 남짓한 독립 왕국의 시대다. 이들은 당나라와 토번(吐蕃, 당나라와 송나라 때 티베트족을 이르던 말) 사이에서 줄타기 외교를 하는 한편, 당 현종(玄宗)의 10만 대군 원정을 두 차례나 격파해 만만찮은 역량을 과시했다. 불교가 융성해 윈난의 대표적 문화재인 법계통령명도승탑(法界通靈明道乘塔)을 세웠고, 고유 문자를 만들며 문화의 꽃도 활짝 피웠다.

그러나 무적의 몽골군마저 이기지는 못했다. 1253년 쿠빌라이(Khubilai)는 남송을 포위 공격하기 위해 대리국을 멸망시켰다. 원나라 시대(1260~1368)에 윈난의 왕은 쿠빌라이의 서자계 혈통이었지만, 윈난 조정에 대리 단씨의 영향력은 여전히 남아 있어 연합 정권적인 면을 보였다.

원나라가 무너지자 윈난은 다시 독립하려 했지만, 윈난의 은광산을 탐낸 명 태조 주원장이 무력으로 복속시켰다. 이때부터 한족 이주민들이 많아지며 윈난은 중국에 흡수되었다. 조선 개국(1392) 무렵에도 독립성을 유지하던 지역이 결국 중국에 편입된 것이다.

그러나 명나라 이후에도 윈난의 독특한 자립성이 완전히 사라지지는 않았다. 청나라 초기와 말기, 윈난은 반란의 거점이었다. 평서왕(平西王) 오삼계(吳三桂)는 윈난에서 군사를 일으켜 순식간에 중국 대륙의 절반을 휩쓸었다. 윈구이·양광(兩廣, 廣東·廣西)·푸젠 세 지역의 반란, 즉 삼번의 난[三藩之亂]은 강희제 최대의 시련이었다.

또한 청나라 말기에 국정이 문란해지자 윈난 역시 가혹한 토지세와 금은 광 분쟁에 시달렸다. 후이족(回族, 회족) 두문수(杜文秀)는 처음에는 베이징에 가서 사정을 탄원했지만 받아들여지지 않자 후이족을 중심으로 반란을 일으켰다. 윈난 전체를 장악하지는 못했지만, 술탄 두문수는 16년 동안이나 후이족 독립국을 운영했다.

항일 전쟁 시기 장제스는 충칭(重慶, 중경)을 임시 수도로, 윈난을 후방 지원 기지로 삼았다. 후방 기지의 임무 중 하나는 인재 양성이었다. 서남연합 대학은 피난 온 베이징대·칭화대 등 당대 최고 명문대 교수와 학생이 한자리에 모인 인재의 요람이었다. 윈난 육군강무당은 중국의 주더·예젠잉(葉劍英, 섭검영), 한국의 이범석, 북한의 최용건, 베트남의 보응우옌잡(Vo Nguyên Giap) 등 4개국의 국방부 장관과 많은 전쟁 영웅을 배출했다.

윈난의 역사는 이처럼 만만찮은 투쟁의 기록이 가득하다. 멀고도 험한 변방, 사나운 이민족, 지독한 풍토병 등에 대한 중원인의 두려움은 소설에 적나라하게 투영되었다. 물이 피부에 닿기만 해도 죽는 독천, 창으로 찔러도 죽지 않는 등갑병. 야만인들은 맹수를 부리고, 오독교는 거미·지네·두꺼비·뱀·전갈 등 기괴망칙한 동물의 독을 쓴다. 사악한 독을 쓰는 윈난 먀오족은 광명정대한 검법과 권법을 쓰는 중원의 명문 정파와 근본적으로 다르다.

샹그릴라 vs 샹거리라

그러나 21세기 삭막한 현대화에 시달리는 중국은 사유의 전환을 겪는다. 윈난성은 잃어버린 인간미와 파괴된 자연을 되찾고 힐링할 수 있는 곳이 되었다. 이에 따라 야만은 때 묻지 않은 순수함으로, 이해 못할 차이는 신비로움으로, 독천으로 상징되던 거친 환경은 깨끗한 자연으로 이미지가 백팔십도 바뀌었다.

실제로 윈난성의 아름다운 자연과 독특한 문화는 일일이 열거하기 힘들 정도로 많다. 해발 5000미터가 넘는 위룽쉐산(玉龍雪山, 옥룡설산)과 하바쉐산(哈巴雪山, 합파설산), 그 사이에 긴 18킬로미터의 대협곡 후탸오샤(虎跳峽, 호도협), 히말라야(Himalaya)의 마지막 봉우리 창산(蒼山), 아름다운 호수 얼하이호(洱海湖, 이해호)와 루구호(瀘沽湖, 로고호). 유네스코 세계 자연유산인 싼장빙류

윈난성 雲南省

(三江並流, 삼강병류) 지역에는 창장의 원류 진사장(金沙江, 금사강), 메콩강의 원류 란창장(瀾滄江, 난창강), 중국과 미얀마를 관통하는 누장(怒江, 노강) 등 세 줄기 강이 나란히 흐른다.

다채로운 카르스트 지형은 바위의 창검이 도열한 듯한 스린(石林, 석림), 거대한 지하 세계를 방불케하는 지우샹동굴(九鄕洞窟, 구향동굴)을 빚었다. 대리석의 문양은 한 폭의 산수화를 보는 듯하다. 그래서 이런 중국 속담이 있다. "베이징에 가면 만리장성에 올라야 하고, 시안에 가면 진시황릉의 보물을 봐야 한다. 상하이에서 사람을, 쑤저우·항저우에서 여자를 구경해야 한다. 그리고 윈난에서는 돌을 감상해야 한다."4

변화무쌍한 기후와 복잡한 지형은 다양한 식생을 낳았다. 게다가 '민족 전시장'이라 불릴 만큼 많은 소수민족이 살고 있어 다채로움을 더했다. 윈난의 500년 중심지 다리에는 바이족(白族, 백족), 유네스코 세계 문화유산 도시인 리장(麗江, 여강)에는 나시족(納西族, 납서족), 루구호에는 모계사회의 전통을 이어가는 모쒀족(摩梭族, 마사족), 라오스와 접경지대인 시솽반나(西雙版納, 서쌍판납)에는 다이족(傣族, 태족), 다랑논으로 유명한 위엔양(元陽, 원양)에는 하니족(哈尼族, 합니족)이 산다.

그러나 이들이 옛날에는 없었나? 천하 정복을 위해 웬만한 풍광은 두루 섭렵했을 법한 쿠빌라이조차 황제가 아니라면 윈난 왕이 되고 싶다고 말하지 않았던가. 그렇다면 왜 최근에야 각광을 받는가? 윈난은 예전과 다름없으되 중국인들의 시선이 변한 것이다.

산업화에 신물 난 서양인들이 오리엔탈리즘의 시선으로 동양을 동경했듯이, 현대화된 중국인들은 윈난을 동경한다. 이런 시각이 잘 드러나는 것이 바로 샹그릴라다. 샹그릴라(Shangri-La)는 원래 소설가 제임스 힐턴(James Hilton)이 《잃어버린 지평선(Lost Horizon)》에서 창조한 가상의 공간이다. 애초에 가상의 공간이기에 실존 여부를 따질 수도 없건만, 중국은 대대적인 탐사대를 파견하더니 윈난의 중뎬(中甸, 중전)이 바로 샹그릴라라며 이름마저 샹거리라(香格里拉, 향격리랍)로 고쳐버렸다. 이를 두고 서울대 국문과 김윤식 교수는 탄식했다. "어째서 '무릉도원'의 나라에서 그 좋은 자기 것을 헌신짝 모양 버리고, 한갓 케임브리지 대학생이 지어낸 '샹그리라'에 매달리고 있는 것일까."[5]

이제 속세에서 벗어난 이상향 샹그릴라는 단체 관광객들로 바글대는 관광지가 되었다. 그러나 현지인들이 돈에 영혼을 팔아먹었다고 개탄하기도 힘들다. 중뎬은 낙후한 오지 마을로 사람들이 인근 신도시로 빠져나가 텅 빈 유령 마을로 변할 위기에 놓여 있었다. 샹거리라로 개명하고 관광지로 변질되긴 했지만, 어쨌거나 없어질 뻔한 마을이 화려하게 부활한 셈이다.

상업적인 샹거리라가 마음에 들지 않은 미국 작가 마크 젠킨스(Mark Jenkins)는 진정한 샹그릴라를 찾겠다며 관광객들의 발길이 닿지 않는 깊숙한 오지로 들어갔다. 이곳에서 그는 열일곱 살 소녀 스너를 만났는데, 그녀는 3개월 된 아기의 엄마였다. "한쪽 팔로는 아기를 안고 젖까지 먹이면서 동시에 화로에 땔감을 넣고, 밥이 잘되고 있는지 확인하고, 야크 버터차를 저으며, 감자 껍질을 난간 아래 돼지들에게 던져주고, 설거지를 하고, 고추를 고르면서 얘기까지 나눈다."[6] 스너는 깜깜한 새벽부터 과중한 노동에 시달렸고, 아기는 정체불명의 병을 앓았다. 스너는 '마크의 샹그릴라'를 떠나 샹거리라시에 가고 싶어 했다. 또래 친구들과 학교에 다닐 수 있는 곳, 주말에는 친구의 팔짱을 끼고 쇼핑할 수 있는 곳으로.

동부 티베트 직업훈련소를 운영하는 호주 국립대의 벤 힐먼(Ben Hillman) 교수는 서양인의 동양에 대한 환상이 얼마나 이기적인지를 꼬집었다. "경제 개발 덕분에 전통문화가 관심을 받기 쉽지만, 이런 관심이 결국은 문화를 왜곡시킵니다. 일종의 문화 엘리트주의입니다. 오지 여행을 즐길 수 있는 소수의 운 좋은 부자들이 동물원에 동물을 가두듯 지역색 담긴 볼거리가 보존

윈난성 雲南省

되기를 바라는 겁니다."[7]

"나시족 여인을 아내로 맞는 것이 노새 열 마리를 사는 것보다 낫다."는 리장 속담이 있다.[8] 그만큼 나시족 여성들이 과중한 노동에 시달린다는 말인데, 이런 걸 전통문화니 미풍양속이니 말하기도 힘들다.

동남아로 향하는 교두보

2013년 1월, 타이의 치앙마이(Chiang Mai)에서 겨울을 따뜻하게 보내고 있었다. 평소처럼 느긋하게 아침을 먹고 산책하다가 '云' 번호판을 단 원난 자동차들이 기차놀이하듯 줄지어 도로를 달리는 것을 보았다. 타이는 '여행자의 천국'인 만큼 전에도 중국 관광객들이 오긴 했지만 2012년 말부터 부쩍 많아졌다. 타이를 배경으로 한 중국 코미디 영화 〈로스트 인 타일랜드(Lost in Thailand, 人再囧途之泰囧)〉가 2012년 12월 12일 개봉해서 선풍적인 인기를 끌었기 때문이다. 영화 한 편이 히트하자마자 중국인들이 몰려오는 것을 보고 직감했다. '다음에 다시 타이에 오면 지금과는 달라져 있겠지.'

슬픈 예감은 왜 틀리는 법이 없나? 2014년 12월 다시 치앙마이를 찾았다. 채 2년도 안 되는 사이 치앙마이 풍경은 완연히 달라져 있었다. 거리 곳곳마다 중국인을 위한 여행사와 상점 들이 들어섰다. 작은 노점들도 중국어 팻말을 놓았다. 전에는 영어가 공용어였으나 어느새 중국어가 무섭게 치고 올라왔다. 중국인이 사랑하는 훠궈 식당도 곳곳에 보였다. 노천 무대에 선 타이 가수는 〈첨밀밀(甜蜜蜜)〉을 불렀다. 타이인이 중국인을 썩 좋아하는 편은 아니지만, 역시 지갑 앞에 장사 없다. 2011년에서 2013년 사이 타이 풍경은 별로 변하지 않았지만, 2013년에서 2014년 사이에는 크게 달라졌다. 중국이 움직이기 시작하면 주변국의 풍경까지 변한다. 중국이 무섭긴 무섭다.

중원의 관점으로 보면, 윈난은 세상 끝에 있는 변방이지만, 실상 새로운 세계가 열리는 곳이다. 미얀마·라오스·베트남과 국경이 맞닿아 있고, 인도도 멀지 않다. 다양한 사람과 다양한 나라가 만나는 곳이라 일찍부터 교역이 발달했다. 서남 비단길은 아시아의 양대 대국인 중국과 인도를 이었고, 차마고도(車馬古道)에서는 윈난의 보이차(普洱茶)와 티베트의 명마를 교환했다.

한 무제가 윈난을 정벌한 이유도 교역 때문이었다. 한 무제는 흉노(匈奴)를 견제하기 위해 장건을 대월지(大月氏, 지금의 아프가니스탄)로 파견했다. 장건은 현지에서 촉의 옷감을 발견하고 신기하게 여겼다. 흉노 때문에 교역로가 막혔는데 어떻게 중국 물건이 여기까지 흘러들어 왔을까? 알고 보니 윈난이 쓰촨과 인도를 잇는 중계무역지였고, 인도가 윈난에서 수입한 촉의 비단을 대월지로 재수출한 것이었다. 한 무제는 서남 비단길을 장악하기 위해 윈난을 정벌했다.

제국주의 시대 윈난의 가치는 더욱 커졌다. 동남아시아를 장악한 프랑스는 윈난을 중국 진출의 발판으로 여기고, 윈난성의 성도인 쿤밍과 베트남 하노이를 연결하는 뎬웨(滇越, 전월) 철도를 건설했다. 철도 개통식을 본 윈난 육군강무당 교장은 학생들에게 말했다. "전월 철도가 개통되었으니 이제 윈난은 프랑스 세력 범위 안에 들어가 재난이 코앞에 닥쳤다. 모두들 오늘을 잊지 마라."[9]

항일 전쟁 시기 영국은 인도와 미얀마에서 윈난으로 보급품을 지원했다. 이때 건설된 것이 미얀마의 라시오(Lashio)부터 쿤밍까지 장장 1000킬로미터에 이르는 버마 로드(Burma Road)다. 16만 명의 중국인이 투입되어 별다른 건설 장비도 없이 맨몸으로 산을 깎아 만들었다. 일본이 동남아를 장악하여 육로가 차단되자 미국은 인도에서 쿤밍까지 화물기로 보급품을 실어날랐다.

국공내전 시기 윈난의 국민당 패잔병들은 미얀마를 거쳐 타이 북부의 산

골로 도망쳤다. 이들은 살아남기 위해, 돈을 벌기 위해 마약을 재배했다. 이들이 만든 타이 속의 중국인 마을 도이 매 살롱(Doi Mae Salong)은 마약의 산지가 되었고, 이들이 기른 소년 장지푸(張記福, 장기복)는 골든트라이앵글(Golden Triangle, 동남아시아의 타이·라오스·미얀마 국경의 삼각형을 이루는 지역)을 지배한 마약왕 쿤사(Khun Sa)가 되었다. 훗날 타이 왕실은 강경책과 회유책을 병행하여 마약상을 토벌하는 한편, 마약밭을 녹차밭으로 바꾸게 했다. 아편전쟁으로 망한 중국을 되살리려던 국민당의 정규군이 마약 상인이 되었고, 마약으로 탄생한 마을은 오늘날 녹차 마을로 명성을 떨친다. 어떤 상황에서든 살아남으려는 인간의 분투는 역사의 아이러니를 낳는다.

역사의 아이러니는 계속된다. 근대 제국주의 열강은 동남아에서 중국으로 진출하기 위해 철도를 놓았지만, 오늘날에는 중국이 동남아로 진출하기 위해 동남아에 길을 닦고 있다. "길이 있으면 사람, 물건, 돈이 이 길을 따라 자연스럽게 흐른다."[10] 따라서 중국은 도로와 철도뿐만 아니라 전력망, 석유·가스 파이프라인 등의 인프라까지 설치하고 있다. 윈난과 싱가포르를 잇는 축을 중심으로 삼고 메콩강 유역과 광시성 베이부만(北部灣, 북부만) 경제권을 양 날개로 삼는 일축양익(一軸兩翼) 전략이 추진 중이다. 또한 윈난-미얀마 교통망 확충에도 공을 들이고 있다. 미얀마 회랑을 건설하면 인도양이 직접적인 세력권으로 들어오고 남중국해로 우회하던 물류비용을 크게 줄일 수 있다. 윈난과 동남아의 연계가 강해짐에 따라 동남아 진출을 노리는 많은 기업이 쿤밍에 진출하고 있다.

윈난이 급속하게 개발되면서 주변 국가들의 환경마저 크게 바뀌고 있다. 타이 북부 반팍잉 마을의 주민들은 중국의 일기예보를 본다. 중국 남부에 폭우가 내려 중국 댐들이 물을 방류하면 자기네 마을이 침수되기 때문이다. 이 마을은 원래 어업으로 먹고살았지만 중국의 댐 건설로 유량이 줄어들어 어선을 팔고 옥수수와 담배를 재배하고 있다. 원래 생업이 아니어서 경쟁력

이 신통치 않은 데다 홍수도 빈번해 살기 힘들어졌다.[11]

원난의 란창장은 바로 동남아의 젖줄 메콩강이다. 중국, 미얀마, 타이, 라오스, 캄보디아, 베트남 등 6개국을 흐르는 메콩강은 9000만 주민들의 생존과 직결된다. 중국은 20년간 란창장에 대형 댐 일곱 개를 건설했고, 다섯 개 댐을 추가로 건설하고 있다. 유엔환경계획(UNEP)은 경고했다. "중국의 댐 건설로 메콩강의 유량과 흐름이 변화하고 수질 악화와 생물 다양성 파괴가 일어날 가능성이 크다."[12] 중국이 동남아를 원조하는 데는 메콩강 유역국의 반발을 무마하려는 측면도 있다.

중국이 동남아에 영향력을 확대하는 영역은 과연 경제에만 머무를까? 2014년 7월 27일, 서울 신촌에서는 타이의 송크란 축제를 본뜬 물총 축제가 열렸다. 신촌 거리에서 사람들은 물총놀이를 하며 더운 여름을 시원하고 재미있게 보냈다. 중국의 SNS인 웨이신 펑요췐(微信朋友圈)에 "신촌 물총 축제는 태국의 포수제(潑水節)를 모방하긴 했지만 꽤 재밌었다."라고 글을 올리자, 한 중국 친구가 즉각 답을 달았다. "태국의 포수제가 아니라 다이족의 포수제야!" 중국인에게 포수제란 시솽반나 다이족들의 축제로 중국 소수민족의 문화다.

참으로 떨떠름했다. 물론 일리는 있다. 송크란은 중국 남부와 동남아 북부 일대의 주민들이 제일 더운 4월에 물을 뿌리며 한 해를 정화하고 시원하게 노는 새해맞이 행사다. 타이족이 중심인 타이에서 가장 크고 성대하게 펼쳐지기는 하지만, 타이족은 윈난·미얀마·라오스 등에도 널리 퍼져 살고 이들도 모두 송크란을 즐긴다. 따라서 송크란이 타이만의 전유물인 것은 아니다.

그러나 그렇다고 중국이 송크란의 소유권을 주장하는 것은 더욱 웃긴다. 다이족은 중국 소수민족 중에서도 존재감이 약한 편인데, 이들을 빌미로 포수제는 중국 것이라고? 소수민족도 곧 중국인이니, 이들의 문화도 모두 중

윈난성 雲南省

국 문화라고 주장하는 중화주의의 기상은 정말 기가 막힌다. '아리랑'이 중국 소수민족인 조선족의 문화라며 국가 문화유산으로 지정한 중국의 행보가 떠올랐다. 중국이 이웃 국가에 진출할 때 해당 지역 주민과 동족인 소수민족은 확실히 훌륭한 첨병이 되겠지.

상업화 속에서도 아직은 좋은 인심

복잡한 속사정이야 어떻건 간에 윈난은 중국에서 확실히 때가 덜 묻은 곳이다. "생활이 불만스럽고 지금 있는 곳이 싫어지면 다리로 가요."라는 노랫말대로 윈난을 찾는다. 더러는 코믹 영화 〈심화로방(心化路放)〉처럼 로맨스를 꿈꾸기도 하면서.

많은 이들이 찾다 보니 숙박업이 활성화되다 못해 부동산 과열로까지 이어졌다. 리장에서 객잔을 운영하는 다빙(大冰, 대빙)은 말한다.

> 2009년 이후, 그룹 단위의 많은 프랜차이즈식 객잔이 리장에 입주했다. 대거 자산을 투입하여 집을 사들였다. …… 집을 임대해서 대충 인테리어를 한후 장사를 며칠만 해도 양도비가 수십만 위안에 달하면서 엄청난 권리금을 챙길 수 있었다.[13]

리장은 이제 더 이상 옛 모습을 그대로 간직한 한적한 마을이 아니다. 엄청난 인파가 넘쳐나고, 중심가에 빽빽하게 들어찬 술집들에서는 경쟁적으로 음악을 시끄럽게 틀어놓는다.

그럼에도 불구하고 윈난은 여전히 매력적이다. 윈난 사람들은 순박하고 여행객들도 이곳에서는 마음이 열려 로맨스까지는 아니더라도 좋은 인연을 만나는 것이 어렵지 않다.

나는 어땠냐고? 쿤밍에서 다리로 가는 기차 침대칸에서 리장에 사는 자매를 만났다. 언니가 임신 3개월인데, 좀 더 정확한 진찰을 받기 위해 성도 쿤밍까지 왔다가 돌아가는 중이었다. 동생은 리장에 오면 꼭 연락하라고 연락처를 주었다. 다리를 먼저 여행하고 리장에 가서 그녀와 다시 만났다. 그녀는 약속 시간에 조금 늦게 도착한 것이 미안했는지 헐레벌떡 뛰어와서 가쁜 숨을 몰아쉬었다.

그녀는 하루 종일 리장 곳곳을 안내해주었고 저녁에 바에서 맥주를 함께 마셨다. 다리 특산 맥주인 펑화쉬에위에(風花雪月, 풍화설월)였다. 시원한 바람, 향기로운 꽃, 새하얀 눈, 아름다운 달. 아마 세상에서 가장 낭만적인 맥주 이름이리라. 바에는 가수가 있었는데 손님이 노래하고 싶다고 하면 반주를 해주기도 했다. 그녀는 류뤄잉(劉若英, 류약영)의 〈허우라이(後來, 나중에)〉를 부르고는 내게 말했다. "딱히 오빠 때문에 부른 거 아냐. 그냥 이 노래가 하고 싶었을 뿐이야." 누가 뭐랬나?

당시는 중국어를 모를 때였다. 노래 가사처럼, 나중에, 정말 나중에야 가사의 뜻을 알았다. "나중에서야 난 마침내 어떻게 사랑해야 하는지 알았어요. 안타깝게도 당신은 이미 멀리 떠나 사람들 속으로 사라져버렸죠. 나중에서야 마침내 눈물 속에서 깨달았어요. 누군가는 일단 놓치면 다시 찾을 수 없다는 걸."

오랜만에 가사를 음미하며 서정적인 노래를 들으니 여행의 추억, 아름다웠던 리장의 밤, 다정했던 그녀가 떠올라 가슴이 뭉클해졌다.

윈난에서는 돌을 봐야 한다고? 윈난에서도 보아야 할 것은 사람이었다. 만나야 할 것은 사람이었다.

귀할 귀

구이저우성

貴州省

가난한 오지, 소외된 이들의 고향

❶ 전산춘 구이양 근교의 작은 마을로 모자이크 타일 같은 벽과 기와가 아기자기한 느낌을 준다.
❷ 구이양 첸링산 공원 시내 공원 한복판에서도 원숭이가 흔하다. 구이저우의 풍부한 식생을 짐작케 한다.
❸ 칭옌구전 푸른빛이 감도는 돌로 지어져서 청암이라는 이름이 붙었다. 명초 구이저우 주둔군의 전초기지로서 발전하기 시작한 마을이다.
❹ 시장첸후먀오자이 제일 큰 먀오족 마을로, 오늘날 구이저우의 대표적인 관광지가 되었다.

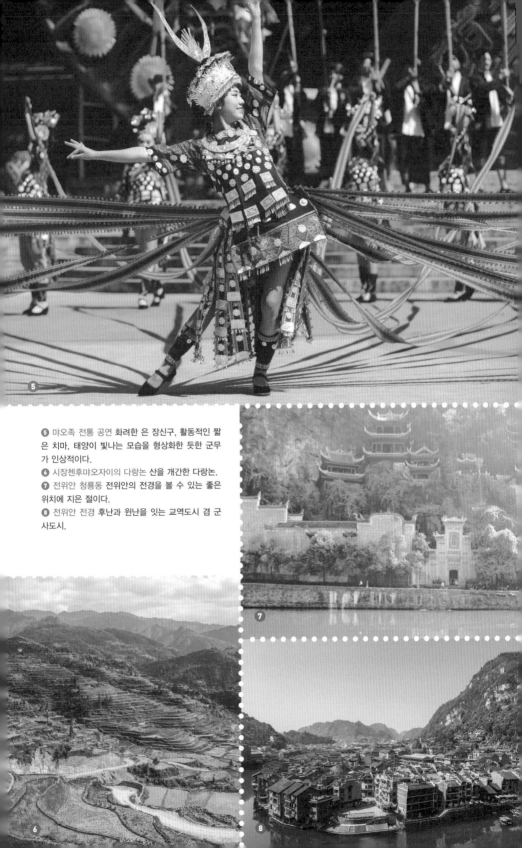

❺ 먀오족 전통 공연 화려한 은 장신구, 활동적인 짧은 치마, 태양이 빛나는 모습을 형상화한 듯한 군무가 인상적이다.

❻ 시장첸후먀오자이의 다랑논 산을 개간한 다랑논.

❼ 전위안 청룽둥 전위안의 전경을 볼 수 있는 좋은 위치에 지은 절이다.

❽ 전위안 전경 후난과 윈난을 잇는 교역도시 겸 군사도시.

구이저우성은 중국에서 가장 가난한 지역으로 손꼽힌다. 소외된 이들의 안식처였던 산골짜기는 원·명·청 700년 통치를 받으며 중국에 편입되었다. 억센 구이저우인들의 항거는 대제국을 쇠퇴의 길로 이끌기도 했으나, 거센 상업화의 물결 속에서 여러 소수민족들의 전통 문화는 관광상품이 되었고, 외지의 상품과 현대 문명에 대한 선망은 커져만 간다.

쓰촨성 청두(成都, 성도)에서 구이저우성(貴州省, 귀주성) 구이양(貴陽, 귀양)으로 가는 기차를 탔다. 오후 5시에 출발해서 다음 날 새벽 6시에 도착하는 밤기차였다. 저녁을 못 먹은 터라 도시락 판매원이 지나가기를 기다렸지만 오지 않았다. 6시쯤 되자 승무원들이 도시락을 들고 지나다녔다. 한 승무원에게 도시락을 어디서 사냐고 물었더니, 그녀는 귀에 낯선 말을 했다. 중국어가 아닌 것 같았다. 내가 못 알아듣고 멍하게 있으니까, 그녀는 표준어로 "이건 승무원 도시락이에요."라고 말했다. 그런데 한 음절 한 음절 힘주어 말해서 꼭 외국인이 말하는 중국어처럼 들렸다. 가무잡잡한 피부에 뚜렷한 이목구비를 가진 그녀, 구이저우의 소수민족 출신일까? 구이양에 가는 사람들은 어차피 구이저우 사람밖에는 없다고 여기고 구이저우 방언을 썼던 것일까?

구이저우성의 약칭은 '귀할 귀(貴)' 자다. 이름만 놓고 보면 매우 귀중한 곳처럼 보인다. 그러나 실제로는 아주 가난한 땅이다. 오히려 이곳에서는 모든 것이 귀하다고 해야 할까? 구이저우의 "하늘은 3일 맑은 날 없고, 땅은 3리 평탄한 곳이 없으며, 사람은 3푼 돈도 없다[天無三日晴, 地無三里平, 人無三分銀]." 천지인(天地人)이 모두 가난하다. 인구도, 면적도 보잘것없는 구이저우가 중국 최고라고 자랑할 수 있는 것은 1인당 GDP가 중국에서 가장 낮다는 거다. 그래서 구이저우는 '중국에서 가장 가난한 지역'으로 통한다. 오지를 좋아하는 서양 여행자들조차 흐린 날씨에 넌덜머리가 나는지 'Guizhou' 대신 'Greyzhou(잿빛의 주)'라고 부른다.

구이저우성 貴州省

광시의 습한 공기가 구이저우의 아열대 고원에서 비와 구름으로 변해, 구이저우의 날씨는 대체로 흐리다. 강수량은 많으나 땅속으로 사라지는 물이 많아 수리 시설을 잘 갖추지 않으면 실제로 사용할 수 있는 물은 풍족하지 않다. 무엇보다도 평지가 3퍼센트밖에 없어 농사짓기 힘들다. 드넓게 펼쳐진 카르스트 지형은 자못 아름답지만 윈난과 광시의 명성에 밀려 관광객도 적다. 국경 지대가 아니라서 교역의 이점도 없다.

그래서 이 지역은 오랫동안 버려진 땅이었다. 소외된 땅은 소외된 이들의 안식처가 되었다. 한족에게 내몰린 이민족들, 주류에게 밀려난 낙오자들이 이 땅에 모였다.

사나운 야만의 땅, 구이저우

그렇다면 구이저우는 왜 안 어울리게(?) '귀할 귀(貴)' 자를 약칭으로 갖게 되었을까? 답은 의외로 간단하다. 현지인들이 부르는 지명 '퀴(Kui)'를 음역한 것이다. 당나라는 이 지역을 '구주(矩州)'라고 불렀다. '곱자 구(矩)'는 '규칙, 법도'라는 뜻도 있다. 남쪽 오랑캐들이 자를 따르듯 법도를 따라 말썽을 부리지 않기를 바랐던 게 아닐까? 송나라는 문화국가답게 '구주(矩州)'를 듣기 좋은 '귀주(貴州)'로 고쳐 불렀다.

구이저우성의 대표적인 사자성어는 '야랑자대(夜郎自大)'다. 한 무제가 서남이(西南夷) 정벌에 앞서 사신을 보냈을 때, 구이저우 일대에서 가장 큰 나라인 야랑국의 왕은 사자에게 물었다. "한나라와 우리나라 가운데 어느 쪽이 큰가?"[1]

그래서 야랑자대는 '야랑국은 한나라가 얼마나 큰지도 모르고 스스로를 크다고 여긴다', '세상 물정 모르는 우물 안 개구리'라는 뜻이다. 이 질문은 전국(滇國, 윈난성) 왕도 똑같이 던졌다. 한나라가 압도적으로 컸던 것은 사실이지만, 한편으로는 그만큼 구이저우와 윈난의 토착 세력이 강성했던 데다가 독자적 주체성이 강했음을 보여주기도 한다. 한 무제는 서남이를 정벌한 뒤 100여 명이 넘는 서남이의 군장 중 야랑국과 전국에만 왕의 인수를 내려 자치권을 인정했다.

한나라의 통치 이후 구이저우는 상당 기간 독자성을 유지했다. 사나운 야만인이 사는 거친 땅 구이저우. 외부인들은 이들을 두려워하면서도 경멸했다. "사람이 거의 살 수 없는 구불구불한 만족(蠻族)의 동굴들은 끝이 없으며, 이토록 빽빽한 숲과 끝없는 대나무 숲은 일찍이 혼돈 이전에는 볼 수 없었다."[2]

구이저우는 중원(당·송)과 윈난(남조·대리) 사이에 끼인 땅으로 힘의 공백지대였다. 이 균형은 원나라가 등장하며 무너졌다. 원나라는 남송과 대리를 정복하며 그 사이에 끼인 구이저우도 자연스레 흡수했다. 그러나 중앙집권 세력이 있어 지배층만 교환하면 되었던 윈난과 달리, 구이저우는 이렇다 할 중앙집권 세력이 없어서 정복하기는 쉬웠지만 관리하기는 오히려 더 까다로웠다. 원나라는 일단 지역 유지들에게 관직을 주어 중앙 조정에 포섭하는 토사(土司) 제도를 실시했다.

원·명·청 700여 년에 걸쳐 구이저우는 중국에 소화되었다. 특히 명나라는 구이저우에서 한화(漢化) 정책을 적극 추진했다. 원래 토사 제도는 토착 지배층의 기득권을 보장하기 위해 세습을 허용했지만, 15세기 말에서 16세기 초에 명나라는 토사 세습 규정을 바꾸었다.

유학에서 책을 읽고 예를 익히지 않은 자는 세습을 허용하지 않는다.

토관은 응당 자제에게 세습하되, 모두 학교에 들어가게 하여 차츰 교화되도록 하라. 만약 학교에 들어가지 않는 자는 세습을 허용하지 않는다.[3]

구이저우성 貴州省

유학 교육을 중심으로 중국 문화를 받아들이게 해 비한족을 한화(漢化)시키는 전략이었다. 1313년 구이저우에 문명 서원이 설치되었다. 그 후 구이저우의 서원은 점점 늘어나 명나라 때 27개, 청나라 때 141개가 되었다.[4]

토사 지역과 중국 내지의 교류가 확대되면서 '한인(漢人)은 경계를 넘지 않고, 만인(蠻人)은 동굴 밖으로 나오지 않던[漢不入境, 蠻不出洞]' 지역에 한인이 대거 유입되었다.

중앙 조정은 구이저우가 어느 정도 한화되자, 토착 세력인 토사를 점차 중앙 조정에서 파견한 유관(流官)으로 바꾸었다. 이를 개토귀류(改土歸流)라 한다. 친중국 토착 세력을 통한 간접 지배에서 조정 관료의 직접 통치로 전환한 것이다. 구이저우의 한화는 더욱 빨라졌다. 개토귀류 전 구이저우에는 극소수의 한인만이 있었으나, 교류가 확대되면서 결국 한인이 주류 거주민이 되었다. 오늘날 3000만 구이저우 인구 중 62퍼센트가 한족이다.

말은 간단해 보이지만 통합의 과정은 순탄치 않았다. 먼저 명나라 조정은 구이저우에 대규모의 주둔군을 배치했다. 오늘날 구이저우에서 비교적 유명한 도시 중에는 군사도시로서 출발한 곳이 많다. 후난과 윈난을 잇는 길목에 위치한 전위안(鎮遠, 진원)과 칭옌구전(青岩古鎮, 청암고진), 안순(安順) 등이 대표적이다. 특히 안순의 톈룽툰바오(天龍屯堡, 천룡둔보)는 명 태조 주원장이 파견한 30만 둔전병(屯田兵) 중에서 현지에 눌러앉은 이들이 만든 마을이다. 툰바오인(屯堡人)이라고 불리는 이들은 한족이기는 하지만, 600여 년이나 명나라의 말과 옷, 생활 방식을 유지하는 바람에 현대 중국인과 큰 차이를 보인다. 농담 삼아 툰바오인을 중국의 '57번째 민족'이라 부를 정도다.

한편 구이저우의 토착민들은 명나라 조정의 강압적인 지배와 수탈에 끈질기게 맞섰다. 큰 반란들만 꼽아보자. 먀오족 토사 양응룡(楊應龍)의 반란은 임진왜란, 몽골족 보바이의 반란과 함께 명나라 '만력제의 3대 전쟁[萬曆三大征]'으로 꼽힌다. 청나라 건륭제(乾隆帝)는 1735년 구이저우의 반란을 진압할 때 조정의 집계로만 1만 8000여 명의 지방민을 학살했고, 1224개 마을을 불태웠다.[5] 악연은 끝나지 않았다. 청나라는 1795년 먀오족의 대반란과 1796년 백련교의 난을 연달아 겪으며 쇠퇴기에 접어들었다. 구이저우의 반란은 명·청 양대 제국을 쇠퇴기로 이끈 기폭제였다.

먀오족의 3000년 투쟁

호락호락하지 않고 단결력이 높은 먀오족은 대중매체를 통해 곧잘 희화화된다. 영화 〈쉬즈 더 원〉의 주인공 진분은 돈을 벌자 짝을 찾기 위해 연달아 인터넷 미팅을 한다. 그런데 그가 만나는 수많은 여자 중에서 가장 희한하게 나오는 게 먀오족 여자다. 그녀는 은 장신구를 치렁치렁 단 전통 의상을 입고 나와서 결혼하면 진분이 무조건 데릴사위로 자기 집에서 살아야 한다고 말한다.

"집에 어떻게 가요?"

"일단 비행기로 쿤밍에 도착해서 버스로 24시간 거리인 멍쯔(蒙自, 몽자)에 간 다음 다시 차를 바꿔 타고 빙볜(屏邊, 병변)까지 가요. 거기서 다시 하루 종일 경운기를 타고 소가 끄는 수레를 타고 가면 집이에요."

"혹시 살다가 사이가 안 좋아지면 이혼은 가능하겠죠?"

"오빠가 선생님 다리를 분질러놓고 말 거예요."

코믹 영화 특성상 별 악의 없이 연출한 장면이라고 말할 수도 있지만, 먀오족이 낙후한 오지에 살고, 희한한 전통을 고집하는 데다가, 야만적이라는 전형적 이미지가 있기에 가능한 연출이다.

그러나 한족이 먀오족의 습속을 비웃는 것은 부조리하다. 먀오족이 왜 오지에 사는가? 살기 좋은 땅을 한족에게 빼앗기고 숨어 살아야 했기 때문이

구이저우성 貴州省

다. 왜 은 장신구를 주렁주렁 매다는가? 한족이 침략할 때 쉽게 피난 가기 위해서다. 먀오족은 한족에게 밀려 계속 피난을 가야 했다. 피난 때마다 짐을 챙기기 힘들기에, 먀오족은 전 재산을 은 장신구로 만들어 항상 걸치고 다녔다. 언제 피난 가더라도, 극단적으로 아무 짐도 못 챙기더라도 제 한 몸만 건사하면 중요 재산을 보전하는 셈이니, 피난이 잦은 먀오족으로서는 합리적인 대안이었다.

먀오족과 한족 간 투쟁의 역사는 장장 3000년에 달한다. 고대 신화에 따르면, 중원의 황제(黃帝)는 동쪽의 치우(蚩尤)를 격파하고 천하의 패권을 차지한다. 이는 중원의 한족이 동이(東夷) 세력을 몰아냈음을 의미한다. 치우가 죽으며 피를 단풍나무에 쏟아 매년 가을 단풍나무가 붉게 물들게 된 후, 먀오족은 기나긴 이주의 역사를 시작한다. 동북쪽에서 정반대편인 서남쪽까지의 긴 여정. 황허(黃河, 황하)와 창장을 건너고 숱한 산을 넘었다. 정착해서 살 만하면 한족들이 와서 다시 밀려나고, 또 이주해서 살 만하면 다시 또 밀려나는 삶이 반복되었다.

밀려나고 밀려난 끝에 정착한 곳이 구이저우성이고, 그중에서도 산골짜기에 먀오족 최대의 마을인 시장첸후먀오자이(西江千戶苗寨, 서강천호묘채)가 있다. 구이저우 동남부의 중심지 카이리(凱里, 개리)에서 시장까지의 거리는 지도상 직선거리로 20킬로미터에 불과하지만, 총알택시로 거의 1시간이나 걸렸다. 굽이굽이 산길을 계속 빙빙 돌아서 가야 했기 때문이다. 포장도로가 잘 깔린 현재도 이토록 외지니, 길조차 제대로 없던 옛날에는 오지 중에서도 오지였을 것이다. 더 이상 외부에 시달리지 않고 피난 가지 않기 위해 이들은 이토록 깊은 산속에서 살았던 것일까?

척박한 환경에서 정체성을 지키다

울창한 숲으로 뒤덮인 척박한 땅에서 살아남기란 만만찮다. 구이저우 소수민족들의 문화에서는 척박한 환경에서 살아남기 위한 몸부림의 흔적을 쉽게 찾아볼 수 있다. 먀오족은 커다란 은관(銀冠)이나 나무 소뿔을 머리에 쓴다. 먀오족의 조상이며 전쟁의 신인 치우의 머리에 소뿔이 있었음을 기리기 위해서라고 한다. 그러나 한편 먀오족의 머리 장식은 호신용이기도 하다. 숲속의 동물들이 먀오족을 머리 큰 괴물로 여기고 달아나게 만드니까.

제한된 자원으로 살아남아야 하기에, 소수민족의 삶은 매우 자연 친화적이다. 환경과 인간의 삶이 균형을 이루어 지속 가능한 생활을 이어가는 데 초점이 맞추어져 있다.

둥족(侗族, 동족)의 삶을 잘 그려낸 영화 〈군라라의 총(滾拉拉的枪)〉을 보자. 바사(岜沙, 파사) 마을의 둥족은 멜대 한 짐만큼만 나무를 베어 나를 수 있다. 소년 군라라가 수레로 나무를 옮기자 촌장은 일장 훈계를 한다.

"수레로 나무를 나르다 보면 트럭으로 나르고 싶어지고, 트럭으로 나르다 보면 결국 기차로 나무를 나르고 싶어질 게다. 그렇게 욕심이 커지면 나무를 마구잡이로 베어내서 결국 우리 삶의 보금자리인 숲은 사라지고 말게야."

결국 군라라는 첩첩산중 산골에서 읍내까지 멜대로 나무를 지고 걸어서 운반한다. 그리고 그 대가로 고작 5위안을 받는다. 전통을 따르는 소수민족의 삶은 고단하다.

그나마 이들은 사정이 나은 편이다. 잔리(占里, 점리) 마을의 둥족은 대대로 철저하게 산아제한을 실시해왔다. 전통 사회에서는 보통 노동력을 투입하는 만큼 살림이 나아지기에 다산을 장려하지만, 잔리 마을은 가용 자원이 너무 모자라 700명이 넘는 인구를 부양하기 힘들다. 맬서스의 덫이 불과 700명부터 작동하기에, 이들은 160호 700명의 인구를 철저히 지키기 위해

구이저우성 貴州省

피임과 낙태술을 발전시켰다.

잔리 마을의 서사시에 따르면, 이들은 원래 광시에 살았다. 인구가 점차 늘어나자 "총각들이 골목에 가득 차고 처녀들이 마을에 가득 차게 되었다."[6] 인구가 증가하며 식량이 부족해지자 안으로는 분쟁, 밖으로는 전쟁이 일어 났다. 고향을 떠나 피난 끝에 잔리에 정착한 이들은 오늘도 "아들 많으면 경 작할 논이 없으니 며느리 얻지 못해. 딸 많으면 은이 없으니 시집 못 보내 지."[7]라고 노래하며 작은 마을을 지키고 있다.

또한 환경이 열악할수록 함께 힘을 합해야 할 필요성도 커진다. 없는 살 림 속에서도 단결의 중요성을 강조하는 단적인 예가 바로 먀오족의 흘고장 (吃牯臟) 행사다. 흘고장은 13년에 한 번 열리는 지역 마을들의 연합 제사다. 적게는 30~40마리, 많게는 200~300마리 소를 잡고 조상들에게 "여기 당 신의 자손이 있습니다. 우리를 부디 보호해주세요."라고 부탁한다. 이때 먀 오족은 전통 의상을 입고 여러 먀오족을 만나며 먀오어로 이야기한다. "우 리는 모두 같은 조상의 후손이잖아요."라며 친밀하게 소고기를 함께 나누어 먹는다.[8] 제사를 주관한 마을은 허리가 휠 지경이지만, 먀오족의 정체성을 확인하고, 문화를 보존하며, 평소 흩어져 살던 다른 먀오족들과의 유대감을 확인하는 중요한 행사이기에 오늘날에도 계속 이어지고 있다.

전통의 위기, 현대 문명에 대한 갈망

전통문화와 정체성을 지키려는 노력은 아름답지만 얼마나 지속될지는 미지 수다. 외부의 압력, 소수민족이 아닌 중화민족으로 살아가라는 강요도 있지 만 더 큰 문제는 인간의 욕망이다. 자원은 제한되고 욕망은 충족시키기 힘 든 전근대 사회에서는 정치·종교·철학·사회규범 등을 통해서 인간의 욕망을 제어해왔다. 그러나 생산력이 발달한 자본주의 체제는 인간의 욕망을 긍정할 뿐만 아니라, 오히려 없던 욕망마저 생기도록 부추긴다. 갈증이라는 본능을 코카콜라라는 상품을 소비하는 욕구로 전환시키는 것이 자본주의의 요체다. 물신화나 상품화 등 자본주의의 문제점이야 이미 많은 이들이 공감하지만, 아직까지도 자본주의 체제가 가장 성공적인 이유는 인간의 욕망을 가장 효율적으로 만족시켜주기 때문이 아닐까?

전통 가옥은 나무 집이다. 주변에서 가장 조달하기 쉬운 건축자재가 나무이기 때문이다. 그러나 나무 집은 화재에 취약하다. 〈군라라의 총〉에서 집에 불이 났는데도 마을 사람들은 끌 생각을 전혀 못한다. 물이 없기 때문이다. 사람들은 위험을 무릅쓰고 살림살이 몇 가지만 옮긴 후, 정든 집이 불타서 무너져가는 것을 속수무책으로 바라볼 뿐이다.

실제로 디먼(地捫, 지문) 둥족 마을에서 큰 화재가 일어나 마을의 중심인 "고루(鼓樓)와 가옥 60채가 잿더미로 변했"고, 44채가 망가졌다.[9] 전통 방식의 나무 집을 지으면 정부 보조금이 나오지만, 마을 주민들은 벽돌집을 짓고 싶어 했다. 왜 안 그렇겠는가? 내구성, 안전성, 생활 편의성이 나무 집과 비교할 수가 없는데.

2008년 디먼을 방문한 미국 작가 에이미 탠(Amy Tan)은 10대 소녀 둘이 둥족 서사시를 배우기 싫어하는 것을 본다. "그 노랜 지루해요. 할 일도 많은데 싫어하는 것까지 어떻게 배워요?"[10]

민족의 유래를 담은 서사시는 소중한 문화유산이지만, 소녀의 관점에서는 시험에도 나오지 않고 만화처럼 재밌지도 않으며, 가요처럼 신나지도 않은 옛날 노래일 뿐이다. 당시 디먼의 2372명 주민 중 절반이 넘는 1200명이 이미 외지에서 일하고 있었다. 소녀들에게는 서사시를 외우는 것보다 외지에서 많은 월급을 받는 데 필요한 지식을 배우는 게 더 필요했을 것이다.

지역 문화는 현지인들이 지역 환경에서 가장 잘살 수 있는 방법을 궁리해

구이저우성 貴州省

온 결정체다. 현지인들은 단순한 미적 이유가 아니라 실용적 이유로 자신의 문화를 지켜왔다. 그저 외부인들 보기 좋으라고 문화를 고수해온 것이 아니다. 그런데 시대가 바뀌고 환경이 변했다. 소를 치고 농사를 짓는 것보다 관광객을 상대로 장사하는 편이 훨씬 편하고 수입도 좋다. 내가 여기서 태어나 살고 있다면 장사를 하지 않았을까?

중세 독일의 천문학자 케플러(Johannes Kepler)가 "딸인 점성술이 빵을 벌어오지 않았다면, 어머니인 천문학은 굶어 죽었을 것이다."라고 말했듯이, 현대사회에서는 딸인 관광업이 돈을 벌지 않으면 어머니인 전통문화는 굶어 죽을 위기에 처하는 것이다.

다만 여기서 문제가 발생한다. 동도서기(東道西器) 운동은 당초 주창자들의 예상과 달리 단순히 서양의 기술만을 수입하는 데서 끝나지 않고 서양의 문화와 정신, 사회 제도까지 받아들이게 되었다. 오늘날 소수민족 역시 용품을 새것으로 바꾸는 것에서 끝나지 않는다. 외부인의 눈에는 색다른 전통 의상이지만, 현지 아이들은 촌스럽다고 여긴다. 인구 통제를 엄격히 해온 잔리 마을의 어른들은 이성 교제를 하지 말라고 잔소리하지만, 청소년들은 사춘기 때부터 연애하고 싶어 한다. "부모님은 성인이 되기 전까지는 여자아이의 손도 잡지 말라고 하지만 TV 드라마처럼 여자 친구도 사귀고 사랑도 나누고픈 충동을 억누르기 힘들 때가 있다."[11]

2007년 《오마이뉴스》의 모종혁 기자는 열두 살 둥족 소녀를 만났다. 소녀는 멋진 옷을 입고 첨단 전자 제품을 갖고 다니는 관광객을 부러워한 나머지, 초등학교 4학년 때 가출해 광둥성 식당에서 일하다 아버지에게 끌려온 경험이 있었다. "내년 초등학교를 졸업하면 다시 광둥에 가서 돈을 벌어 원하는 물건을 모두 살 것"[12]이라던 소녀는 이제 20대 여성이 되었으리라. 지금 그녀는 어디서 어떻게 살고 있을까? 원하던 대로 광둥에서 열심히 돈을 벌어 멋쟁이 처녀가 되었을까?

소득은 아프리카, 소비는 유럽

많은 관광객이 구이저우를 며칠 여행하고 '구이저우 사람들은 가난하지만 소박한 삶에 만족할 줄 아는 사람들'이라는 속 편한 결론을 내린다. 그러나 사람이란 그리 단순하지 않다.

삼국시대 오나라의 마지막 군주 손호(孫皓)는 정치를 돌보지 않고 사치에 열을 올렸다. 진주와 옥으로 장식한 큰 궁전을 새로 지었고, 한여름에 백성들을 부역에 동원해 농사를 망쳤으며, 이로 인해 창고는 텅텅 비어갔다. 그런데 백성들은 빈곤에 시달리면서도 오히려 상류사회의 사치스러운 생활을 선망했다. 화핵(華覈)은 당시의 망국적 세태를 개탄하는 상소를 올렸다. "백성은 빈곤하나 세속은 사치스러우며, 집 안에는 쌓아놓은 쌀이 없는데도 밖으로 나올 때는 비단옷을 입습니다."13

1800년 전이나 오늘날이나 사람의 욕망은 변하지 않는다.

2014년 현재 구이저우의 1인당 GDP는 4297달러다. 남미의 파라과이나 몽골과 비슷한 수준이고 태평양의 작은 섬 통가 왕국이나 아프리카의 튀니지보다 떨어지며, 톈진의 25퍼센트에 불과하다. '중국에서 가장 가난한 성'이라는 낙인은 구이저우인에게 큰 열등감을 안겨준다. 가난하기에 사치에 대한 욕망이 오히려 더욱 커지고 변두리에 있기에 외지에 대한 선망이 더욱 크다.

구이저우의 성도 구이양 사람들은 '소득은 아프리카 수준, 소비는 유럽 수준'이라고 자조적으로 말한다. 3000위안의 월급을 받으면서도 30위안의 비싼 커피를 보란 듯이 마신다. 자동차나 명품백 등 사치재 소비 열풍은 어디에도 뒤지지 않는다. '구찌' 구이양 매장은 2010년 처음 문을 연 날에 400만 위안의 매출을 올려 관계자들을 깜짝 놀라게 했다. 도로가 확충되기도 전에 자동차 구매가 폭증해서 교통량을 감당할 수 없게 되자, 구이양은

구이저우성 貴州省

베이징에 이어 중국에서 두 번째로 자동차 구매를 제한하는 도시가 되었다.

스스로 '구이저우의 베이징'이라 여기는 구이양 사람들은 베이징과 같은 생활을 꿈꾼다. 2004년 월마트가 구이양에 문을 열었다. 당시 토착 상점인 다창룽(大昌隆, 대창륭)은 월마트보다 가격도 싸고 교통도 편리했지만 월마트에만 사람들이 몰렸다. 다창룽은 영업을 중지할 정도로 상황이 악화되었다. 시민들은 "월마트는 세계적으로 유명한 브랜드여서 베이징, 상하이 지역에 일찍이 들어왔다. 지금까진 구이양이 가난해서 들어오지 않았는데, 마침내 구이양에도 들어왔으니, 물건을 사지 않고 그냥 가서 둘러보는 것만으로도 충분히 가치 있을 것"[14]이라 여겼다. 결국 구이양 사람들이 월마트에 열광한 까닭은 합리적 소비라기보다는 외지에 대한 선망 때문이었다.

사치하지 않는다면 살림이 나아질까? 2015년 10월 구이양에 처음 와서 우육면을 먹었을 때 다소 놀랐다. 싼 음식의 평균 가격이 10위안 정도로 시안이나 청두 등 쟁쟁한 대도시와 차이가 없었다. 1인당 GDP가 낮으니까 물가가 쌀 거라는 예상이 빗나갔다. 나중에 현지인과 이야기를 해보니 구이양은 소득은 적으면서도 물가는 결코 싸지 않았다.

이 식당에서 만난 활달한 종업원이 마음에 들어 SNS 웨이신 친구를 맺었다. 그녀는 얼마 뒤에 웨이신에 이런 글을 썼다. "며칠 뒤면 생일이다. 그치만 손 안에 마오 할아버지가 없다." '세종대왕님이 지갑에 없다'는 말처럼 '돈이 없다'는 뜻이다. 그녀는 한 달 내내 부지런히 일해도 마음에 드는 옷한 벌 사기에도 빠듯하다며, 활달한 첫인상과 달리 삶의 고충을 토로했다.

구이저우의 저력은 뭘까? 산이 많은 만큼 광물자원이 풍부하다. 경제개발이 늦은 탓에 자연과 소수민족의 전통이 비교적 잘 남아 있어 관광업에 유리하다. 구이양은 시내의 공원에서도 원숭이를 볼 수 있을 만큼 삼림이 많고 여름에 에어컨이 필요 없을 정도로 선선해서 중국 제1의 피서 도시로 손꼽힌다. 그래서 '삼림의 도시, 피서의 도시[森林之城, 避暑之都]'라는 별명을 얻었다.

황귀수(黃果樹, 황과수) 폭포는 일찍이 대여행가 서하객이 "흰 물이 저절로 하얀 꽃으로 변하고, 아름다운 무지개가 직포기도 없이 수놓아지네."라고 찬탄한 아시아 최대의 폭포다. 남미의 이과수, 북미의 나이아가라, 아프리카의 빅토리아와 함께 세계 4대 폭포의 반열에 들어간다.

75킬로미터의 마링허대협곡(馬嶺河大峽谷, 마령하대협곡)은 너비 50~150미터, 높이 150~200미터의 웅장함을 자랑한다. 두 봉우리가 유방 같은 쌍유봉(雙乳峰)은 '대지의 어머니', '세상에서 가장 아름다운 유방'이라는 별명을 갖고 있다. 거리와 각도에 따라 모양이 달라져 "도로변에 만들어놓은 관봉정에서 보면 20대 여인의 유방같이 단단해 보이고, 300미터 거리에서 보면 30~40대 유부녀의 성숙한 유방처럼 보이며, 500미터 거리에서 보면 60대 할머니의 유방처럼 보인다."[15] 매년 9월에 가슴왕 선발 대회도 연다.

다양한 민족문화와 축제로 이벤트 달력도 풍성하다. 랑더(郞德, 랑덕) 먀오족 마을은 '1년 중 100일이 축제'로 유명하며, 부이족(布依族, 포의족)은 장탁연(長桌宴)을 벌인다. 짧게는 몇 미터, 길게는 200미터에 이르는 긴 탁자에 모여 음식을 나누어 먹는 축제다. 개를 즐겨 먹어 "부이족의 말소리가 들리면 개가 도망간다."는 속담도 있다.

둥족 마을은 '시의 고향, 노래의 바다[詩之鄕, 歌之海]'로 유명하다. '말할 줄 알면 노래하고, 걸을 줄 알면 춤을 춘다'고 할 만큼 춤과 노래를 즐긴다. 젊은 남녀들의 목소리가 청량하고 높아 '하늘의 퉁소 소리처럼 들린다[天籟之音]'는 명성을 얻었다.

구이저우의 가장 유명한 특산물은 단연 마오타이주(茅臺酒, 모대주)다. 1972년 마오쩌둥이 닉슨과 함께 마신 '국주(國酒)'로 유명하다. 마오쩌둥은 대장정 중에 마신 마오타이주를 잊지 못해 국가 행사에서 쓰도록 했다. 선조가 임진왜란 피난길에서 먹은 도루묵을 잊지 못했다는 이야기처럼, 마오쩌둥이 마오타이주를 즐긴 것은 단순히 술맛 때문만은 아니었을 것이다. 마

오쩌둥은 대장정 중 구이저우의 쭌이(遵義, 준의)에서 비로소 당권을 장악했으니, 그에게 마오타이주를 마시는 것은 인생에서 가장 빛나는 승리의 순간을 돌이켜보는 것이었으리라.

속사정이야 어쨌건 마오쩌둥 덕분에 마오타이주는 '중국 최고의 술'이라는 명성을 얻게 되었으며, 비싼 값에도 불구하고 없어서 못 팔았다. 손호철 교수는 구이저우의 마오타이 판매점에서 80년산 한 병이 12만 위안인 것을 보고 반문했다. "한 병에 1700만 원짜리 술, 누가 마시는 것일까?"[16]

마오타이주는 뇌물과 재테크 수단으로 변질되었다. 부패 척결 과정 중, 한 중국군 장성의 집에서 1만 병의 마오타이주가 발견되자 시진핑(習近平, 습근평)은 진노했다. "전쟁 준비에 이런 물자가 필요한가?" 2012년 이후 사정의 된서리를 맞아 마오타이의 가격은 폭락했다.[17]

주위의 여론에 따라 좌지우지된 마오타이의 운명은 고향 구이저우와 묘하게 닮았다. 중국사의 배경에 불과했던 구이저우는 앞으로 역사의 전면에 나서는 모습을 보여줄 수 있을까?

멀 료

랴오닝성

遼寧省

멀고도 멀어 랴오닝,
대문도 마당도 없는 경계

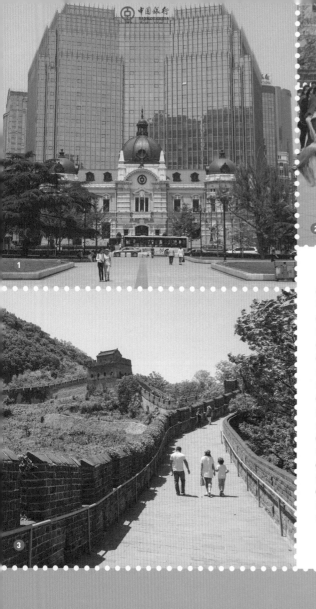

❶ 다롄 중산광장 러시아가 설계한 원형 광장 주위에 근대식 건물들이 배치되어 있다.
❷ 다롄 싱하이 공원 서양 관광객에게 춤을 가르쳐주는 중국인.
❸ 후산 장성 압록강변을 지키는 요지.
❹ 다롄의 위런마터우 20세기 미국 동부 해안 마을 분위기로 지어진 곳으로, 1853년 독일 브레멘항 등대 복제건물이 랜드마크다.
❺ 구 일본·러시아 감옥 옛터 중국의 애국투사뿐만 아니라 안중근 의사, 단재 신채호 선생 등 숱한 선열들이 순국한 역사의 현장이다.
❻ 안중근 의사 순국 장소 뤼순 구 일본·러시아 감옥 옛터. 안중근 의사가 순국한 장소.
❼ 압록강 너머 북한 땅 압록강 너머 북한 땅을 물끄러미 보고 있는 관광객.
❽ 단동과 북한 중국에서는 작은 도시이지만 빌딩들이 즐비한 단동과 허허벌판이 많은 북한이 양국의 국력 차이를 보여준다.

중원과 한반도, 몽골고원과 만주평야를 잇는 지점에 있는 랴오닝은 예로부터 다양한 민족들이 만나던 곳이다. 산과 바다로 막혀 중원의 손길이 닿기 힘든 이곳을 두고 온갖 세력이 각축전을 벌였다. 옛날에는 고조선과 고구려·거란·여진이 활약했고, 근대에는 러시아와 일본이 마수를 뻗쳤다. 그러나 평화로울 때에는 각국의 외교 사절과 상인들이 오가는 만남의 길이기도 하다. 동북아의 정세가 개방과 신뢰의 분위기로 바뀌면, 랴오닝도 밝은 미래를 기대할 수 있을 것이다.

랴오닝성(遼寧省, 요녕성) 단둥(丹東, 단동)은 작은 도시다. 전체 인구는 244만 명, 도심 인구는 86만 명이지만, 중국은 행정구역을 넓게 잡기 때문에 중심가는 매우 작고 사람도 적다. 사람 많고 땅 넓은 중국을 돌아다니다 단둥에 오니 도시라기보다 시골 읍내 같았다.

시 중심에서 남쪽으로 조금만 내려가니 바로 압록강(鴨綠江)이 나왔다. 강 건너편에 북한의 신의주가 보였다. 순간 촌동네 단둥이 뉴욕처럼 보였고, 신의주는 캄보디아 같았다. 중국에서는 매우 작고 초라한 도시가 북한에 비하니 빌딩숲이 즐비한 초현대적 도시로 보였다. 그나마 신의주는 중국과 교류하며 발전된 국경 관문도시라서 당의 우수한 인재들이 견학과 관광을 하는 곳이라는데.

밤이 되니 양국은 더욱 극단적인 대조를 이루었다. 단둥의 압록강변은 가로등이 휘황찬란하게 빛났다. 떠들썩한 것을 좋아하는 중국인들은 큰 음악소리에 맞추어 춤을 추고 와자지껄하게 떠들며 산책을 했다. 반면 신의주 쪽은 불빛 몇 개만이 성글게 켜졌고, 지독히 적막하고 고요해서 유령 마을처럼 보였다. 내 어설픈 수영 실력으로도 마음만 먹으면 헤엄쳐 건널 수 있을 듯 가까운 압록강 사이로 그토록 다른 세상이 펼쳐져 있었다.

조선과 중국의 사신단이 오갔던 길도 바로 이곳이다. 연암 박지원은 명색이 국가의 공식 사절단이었지만, 넉넉지 않은 출장비를 쪼개 쓰느라 그리 풍족하게 먹지는 못했나 보다. 박지원은 만상(灣商, 의주 상인)의 밥상을 부러

운 듯 묘사했다. "만상 패거리는 자기들끼리 한곳에 자리를 잡았는데, 시냇가에서 닭 수십 마리를 씻고 투망으로 물고기를 잡아 국을 끓이고 나물을 볶으며 밥알은 자르르 윤기가 나는 것이 일행 중에서 가장 푸짐하고 기름졌다."[1]

만상은 청나라와 무역하며 큰돈을 벌었다. 그들의 밥상은 공무원인 연행사(燕行使)보다 훨씬 더 풍성했다. 이토록 부유했던 이들의 후예, 의주보다도 더 중국에 가까운 신의주가 오늘날 저토록 초라한 것을 보니 한숨이 절로 나왔다. 한반도와 중국을 잇는 랴오닝에 오니 만감이 교차했다.

멀고도 멀어 랴오닝(遼寧)이라네

랴오닝성의 약자는 '멀 료(辽, 정체자는 遼)' 자다. 얼마나 먼 곳이기에 이런 이름이 붙었을까? 고대 중국의 중심 허난성 뤄양(洛陽, 낙양)에서 랴오닝의 중심 랴오양(遼陽, 요양)까지는 1600여 킬로미터나 된다.

랴오닝으로 가는 길은 멀 뿐만 아니라 험하다. 조조의 참모 유엽(劉曄)의 말처럼 "수로(水路)로 가려 하면 바다가 있고, 육로(陸路)로 가려 하면 산으로 막혀 있"다.[2] 대싱안링산맥(大興安嶺山脈, 대흥안령산맥)과 발해(渤海)가 중원과 랴오닝을 갈라놓는다. 거대한 랴오허(遼河, 요하)가 랴오시(遼西, 요서)와 랴오둥(遼東, 요동)을 나누고, 강 주변에는 광활한 늪지대 요택(遼澤)이 펼쳐져 있어 지극히 험난한 길이었다. 수양제가 고구려(高句麗)를 정벌하느라 요택을 건널 때 "종군한 병사들의 해골이 끝없이 이어져 벌판에 널리"게 되었으며, 당 태종이 고구려를 원정할 때도 동서 200리의 진창을 메워 길과 다리를 만드는 토목공사를 한 후에야 진군할 수 있었다.[3]

이처럼 중원의 손이 닿기 힘든 이곳에 여러 부류의 종족들이 살았다. 고조선·부여·고구려를 세운 예맥계(濊貊系), 발해·금·청을 세운 숙신계((肅愼

系, 말갈·여진), 삼연(三燕)·요(遼)·원을 세운 동호계(東胡系, 오환·선비·거란·몽골), 중국계(한족) 등 온갖 부류의 사람들이 섞여 살았다. 이들은 작게는 랴오둥과 만주(滿洲, 중국 둥베이 지방을 이르는 말. 랴오닝·지린·헤이룽장의 둥베이 삼성으로 구성되어 있다)의 패권을 장악했고, 크게는 중원을 차지했다.

랴오닝은 중국 밖의 세력에게는 중원의 간섭을 받지 않고 힘을 키우다가 중원을 휩쓸기 좋은 근거지였고, 중국에게는 중원을 지키고 랴오둥을 장악할 수 있는 요충지였다. 자연스레 이 땅에서는 수많은 공방전이 일어나며 주인이 수시로 바뀌었다. 그래서 박지원은 말했다.

진실로 천 리가 일망무제로 툭 터진 이 평원과 광야를 지키자니 힘을 모으기 어렵고, 버리자니 오랑캐들이 몰려들어 그야말로 대문도 마당도 없는 경계인 것이다. 이것이 중국에겐 반드시 전쟁을 치러야 하는 땅이 되는 까닭이며, 천하의 힘을 다 기울여서라도 지켜야만이 천하가 안정되는 까닭이다.[4]

그러나 랴오닝이 전쟁터이기만 한 것은 아니었다. 여러 민족이 만나는 교류의 길이었고, 조선과 중국의 사신이 오가는 외교의 길이었으며, 의주 상인 만상(灣商)이 큰 부를 축적하는 무역의 길이었다.

이처럼 랴오닝은 거리·지형·민족·문화적으로 중원과 다른 독자적이고 역동적인 역사를 만들어왔다. 5500년 역사의 랴오허 홍산 문화(紅山文化, 홍산문화)는 4000년 역사의 황허 문명보다도 앞선다.

랴오닝의 선두 주자는 고조선이었다. 고조선은 평안도와 랴오둥반도(遼東半島, 요동반도)에 걸쳐 살던 여러 부족이 연합한 국가로, 제나라와 교역하면서 기원전 4세기경에는 연(燕)나라와 겨룰 정도로 성장했다.

랴오닝에 처음으로 손을 뻗은 중국 세력은 연나라였다. 연 소왕(昭王)의 명장 진개(秦開)는 동호의 1000리, 고조선의 2000리 영토를 정복했다. 연나

라의 압박에 밀린 고조선은 중심지를 랴오닝에서 평양으로 옮겼다. 고조선이 한반도의 역사에 더 깊이 들어온 것이다.

중국의 진·한 교체기는 고조선의 운명을 바꾸었다. 진승·오광의 난, 유방·항우의 초한 전쟁 등 전란이 연달아 일어나자 중국계 이주민들이 고조선에 급증했다.

한 고조 유방이 천하를 차지한 후 한신(韓信)과 영포(英布) 등 일등 개국공신들을 숙청하는 것을 보자, 다른 제후들도 목에 칼이 들이닥친 듯 두려워했다. 연왕 노관(盧綰)이 고민 끝에 흉노로 도망치자, 그의 부관이던 위만(衛滿)은 고조선으로 도망쳐 고조선의 장군이 되었다. 한나라의 뛰어난 철기와 전략·전술을 지닌 위만 세력은 고조선 최강의 외인부대였으리라. 기원전 194년 위만은 쿠데타를 일으켜 준왕(準王)을 몰아내고 왕위에 올라 위만조선(衛滿朝鮮)을 탄생시켰다.

한나라는 오랜 전란의 후유증을 수습하느라 고조선과 화친 관계를 유지했다. 그사이 고조선은 중국 문물을 받아들이고 철기 문화와 관료제를 발전시키며 흉노와 제휴할 정도로 성장했다. 그러나 한나라의 국력이 충분히 쌓이자, 한 무제는 오랜 원수인 흉노를 쳤다. 이때 흉노의 파트너 고조선은 눈엣가시였다. 기원전 109년 가을 한 무제는 수륙 양면으로 고조선 원정군을 파견했다. 고조선은 처음에는 잘 맞서 싸웠지만, 전쟁이 오래 지속되면서 싸우자는 강경파와 항복하자는 온건파 사이에 내분이 일어났다. 결국 왕검성(王儉城)을 지키던 대신 성기(成己)는 백성들의 손에 죽었다. 기원전 108년 여름 고조선은 멸망했고, 사방에 흩어진 유민은 고구려와 삼한에 흡수되었다.

한나라의 물량은 고조선을 압도했고, 소모전으로 고조선에 내분을 일으킨 결과, 고조선을 정복하는 데 성공했다. 그러나 사마천은 한나라 군대가 전공도 변변히 못 세우면서 큰 고생만 했음을 증언한다. "(한나라) 두 장군의 군사 모두 곤욕을 치렀다. 휘하 장수 가운데 열후에 봉해진 자가 아무도 없다."[5]

랴오시의 공손찬과 오환족

한 무제는 고조선 영토에 한사군(漢四郡)을 설치해 한나라의 지배력을 과시했다. 그러나 달도 차면 기우는 법. 후한 말 조정의 기강이 문란해지자 탐관오리는 백성을 쥐어짰고 군대는 약해졌다. 머나먼 변경에서 착취에 시달리던 이민족들은 자연스레 반란을 일으켰고, 조정은 토벌군을 보냈다. 이 과정에서 변방 지역부터 군벌들이 등장했다. 서량(西涼, 지금의 간쑤 서부와 신장 일부)에 동탁(董卓)·마등(馬騰)·한수(韓遂) 등의 군벌이 나타났듯, 랴오시에는 공손찬(公孫瓚), 랴오둥에는 공손도(公孫度)가 실력자로 등장했다.

공손찬은 여러 유목 부족을 기마부대 '백마의 종'으로 제압할 정도로 무용이 탁월했고, 랴오시와 유주(幽州, 지금의 베이징을 포함한 허베이성 북부 일대)를 장악한 북방의 최강자였다. 사세삼공의 후예 원소(袁紹)도 8년에 걸친 전쟁 끝에야 겨우 공손찬 세력을 평정할 수 있었다.

여기에는 오환족(烏桓族)의 도움이 컸다. 공손찬이 이민족을 가혹하게 탄압하자 오환의 답돈(踏頓)은 원한을 갚기 위해 원소를 도왔다. 공손찬을 격파한 후 원소는 유주를, 오환은 랴오시를 나누어 가졌다. 이후로도 원소는 답돈 등 이민족의 우두머리에게 선우의 인수를 내리고 친척의 딸을 시집보내는 등 후하게 대접했다.

원소와 오환의 제휴는 굳게 이어졌다. 조조가 관도(官渡) 전투로 원소를 격파한 후 업성(鄴城, 지금의 허베이성 한단시 린장현과 허난성 안양시의 경계에 위치함)을 차지했을 때 원상(袁尙)·원희(袁熙) 형제가 랴오시의 답돈에게 도망치자 유주·기주(冀州, 지금의 허베이성 중남부 일대)의 관리와 백성 10만 호가 따랐다. 그만큼 원씨 일가는 허베이와 오환에서 두루 인심을 얻고 있었고, 원상은 이들에 의지해 다시 재기를 시도했다.

조조의 참모들은 유표가 유비(劉備)를 보내 후방을 공격하면 위태로우니

랴오닝성 遼寧省

철수하자고 했다. 그러나 곽가(郭嘉)만큼은 원상과 답돈이 더욱 위험하며, 특히 답돈이 중원을 넘본다면 청주(靑州, 지금의 산둥성)·기주도 지킬 수 없을 것이라고 경고했다.

조조는 곽가의 진언을 받아들여 장성을 넘는 정복 사업에 나섰다. 오환족 토벌을 위해 206년 미리 운하를 두 개나 파두었지만, 207년 여름 장마철 무종현(無終縣)의 길은 진군이 불가능했다. "바다에 연해 있는 도로는 지세가 낮은데다 숱한 웅덩이에 진흙과 물이 가득 차 있어 갈 수가 없었다."[6] 전주(田疇)는 우리가 철수할 수밖에 없을 거라고 적들이 방심할 것이니, 험한 길로 질러가면 적들을 칠 수 있다고 말했다. 그래서 조조는 "500여 리에 걸쳐 산을 파고 계곡을 메워 백단을 지나 평강을 거쳐" 오환족의 근거지를 급습할 수 있었다.[7] 대대적인 토목공사를 하고도 강행군과 급습을 해야 할 만큼, 랴오닝은 멀고도 험해 정벌하기 힘든 땅이었다.

랴오둥의 공손도와 고구려

조조의 선봉장 장료(張遼)가 오환족 선우 답돈을 베었다. "답돈과 왕을 자칭한 부락 추장 이하의 적군을 참하자 호인과 한인 등이 모두 투항하였는데 그 수가 무려 20여만 명에 달했다."[8] 오환의 위세가 매우 대단했음을 알 수 있다.

오환을 격파하자 원상 형제는 랴오둥의 공손강(公孫康)에게 도망친다. 공손강은 공손도의 아들로 대를 이어 랴오둥을 지배하고 있었다. 공손도는 대단한 야심가였다. 190년 동탁의 전횡에 맞서 원소와 조조 등 제후가 일어서자, 공손도는 스스로 왕위에 오를 것을 선언했다. "한 왕조의 운명이 끝나려 하므로 나는 여러분과 함께 왕업을 도모하기로 결정했소."[9]

196년 조조가 공손도를 무위장군과 영녕향후로 겸하게 하자, 공손도는 기뻐하기는커녕 노발대발했다. "나는 요동의 왕인데, 어찌 일개 고을의 후 [鄕侯]란 말인가!" 그러고는 조조가 내린 인수를 창고에 처박아버렸다.

조조가 랴오둥을 견제하기 위해 심복 양무(凉茂)를 낙랑 태수로 파견하자, 공손도는 조조의 속셈을 간파하고 양무를 억류했다. 조조가 관도 전투에서 승리하고도 원씨 세력을 평정하느라 동분서주할 때 공손도는 조조의 뒤를 칠 생각까지 했다. "조조는 원정하느라 업에 수비가 없다고 한다. 지금 내가 3만 보병과 1만 기병으로 업을 친다면 누가 그것을 막을 수 있겠는가?"

공손강은 아버지만 한 야심은 없었지만, 독립 왕국이나 다름없는 랴오둥의 지배자였다. 외부 세력이 달가울 리 없었다. 조조가 랴오둥을 친다면 원상과 연합해 대항해야겠으나, 조조가 오지 않는다면 오랫동안 눈엣가시였던 원씨 일가를 처단하는 게 나았다. 조조는 랴오둥의 정치적 역학 관계를 귀신처럼 꿰뚫어보았다. 조조가 랴오둥을 치지 않자, 공손강은 원상 형제의 목을 베어 조조에게 보냈다.

모든 목적을 이룬 조조는 이제 회군했지만, 그 과정도 극히 힘들었다. 추위는 지독했고, 음식도 다 떨어졌다. 말을 수천 마리 죽여 주린 배를 채웠고, 땅을 100여 미터나 밑으로 판 끝에 간신히 물을 구했다.[10]

아찔한 위기를 겪고 돌아온 조조는 원정을 말린 사람들에게 후한 상을 내렸다. 운이 좋아 간신히 성공했을 뿐, 원정을 가지 않는 게 정답이었음을 인정한 것이다. 이처럼 초세지걸(超世之傑) 조조에게도 랴오닝은 하늘이 도와야 정벌할 수 있는 땅이었다.

이후 위·촉·오가 중원에서 난전을 벌이자, 랴오둥의 공손씨 정권은 독립 왕국이나 다를 바 없었다. 그러나 제갈량이 죽고 삼국 간의 전쟁이 소강상태에 접어들자 랴오둥에 전운이 감돌았다. 위나라는 후방의 공손연(公孫淵)이 적국 오나라와 교류하는 것을 좌시할 수 없었다.

공손연은 오나라의 국력이 위나라에 미치지 못함을 깨닫고 오나라 사신의 목을 베어 위나라 조정에 바쳤다. 나름 화해의 제스처를 취한 것이지만, 양국의 불신과 불화는 커져만 갔다. 237년 관구검(毌丘儉)이 공손연을 쳤지만 별 소득 없이 물러났다. 대담해진 공손연은 아예 연왕을 칭하며 독립한다.

끝내 위나라는 최강의 카드를 꺼냈다. 238년 사마의(司馬懿)가 4만 군대를 이끌고 랴오둥을 쳤다. 사마의는 순식간에 공손연을 제압하고 공손연뿐만 아니라 공경(公卿) 이하 관원과 장군 2000여 명, 15세 이상 장정 7000여 명을 죽였다.[11] 공손씨 정권은 50년 반세기의 역사를 비참하게 끝냈고, 랴오둥은 위나라에 귀속되었다.

이제 위나라는 고구려와 국경을 맞닿게 되었다. 한편 고구려 입장에서도 대륙과 해양으로 모두 진출할 수 있는 랴오둥은 탐나는 땅이었다. 242년 고구려의 동천왕(東川王)은 서안평(西安平, 지금의 단둥 동부)을 쳤다. 위나라의 관구검은 비류수(沸流水)의 첫 싸움에서 1만 병사 중 6000명이나 잃는 참패를 당했지만, 침착하게 두 번째 싸움에 임해 압승을 거두었다. 관구검은 여세를 몰아 고구려의 수도 국내성(國內城)을 함락하고 불을 질렀으며, 8000여 명을 죽이거나 포로로 잡았다. 동천왕은 산골짜기로 피해 간신히 목숨을 구했고, 수도가 파괴된 고구려는 한동안 힘을 전혀 쓰지 못했다.

그러나 강한 자가 살아남는 것이 아니라 살아남은 자가 강하다던가? 위·진이 망하고 5호16국이 명멸하는 와중에도 고구려는 끝내 살아남아 더욱 강해졌다. 수(隋)·당(唐)이 중국 천하를 통일했을 때, 고구려는 이미 랴오둥의 패자로 군림하고 있었다. 그래서 수·당에는 '랴오둥=고구려'였다. 수·당은 고구려를 멸망시키기 위해 막대한 국력을 쏟아부었지만, 수나라는 제풀에 먼저 망했고, 희대의 영웅인 당 태종 이세민(李世民)도 안시성(安市城)에서 무릎을 꿇었다.

결국 당 고종은 신라(新羅)의 도움을 받은 끝에 668년 고구려를 멸망시키고 안동도호부를 설치했다. 그러나 고구려를 멸망시킨 후에도 당나라는 랴오둥을 얻을 수 없었다. 안동도호부는 고구려 부흥운동 등 극심한 반발로 곧 유명무실한 기관이 되었고, 755년 안사의 난이 일어나자 756년에 폐지되었다.

유목민족의 주 무대, 랴오닝

고구려·말갈의 연합 세력이 세운 발해는 랴오닝의 새 주인이 되어 해동성국(海東盛國)으로 불릴 만큼 세력을 과시했다. 그러나 여러 유목민족이 잇달아 일어났다. 발해는 거란족(契丹族)의 요나라에 망했고, 요나라는 여진족(女眞族)의 금나라에 망했으며, 금나라는 몽골족의 원나라에 망했다. 중국 세력인 당이 물러간 후 랴오닝은 유목민족이 발흥하는 주 무대가 되었다.

역사상 세계 최대의 육상 제국인 원나라는 고려를 사실상 속국으로 삼으며, 랴오둥에 고려총독부라 할 수 있는 정동행성(征東行省)을 세웠다. 훗날 명나라가 원나라를 중원에서 몰아낼 때 고려의 공민왕(恭愍王)은 랴오둥을 정벌했다. 신궁 이성계는 편전(片箭) 70여 발을 쏘아 모두 적군의 얼굴을 명중시키는 대활약을 펼치며 오녀산성(五女山城)과 요동성(遼東城)을 점령했다. 보급 문제로 점령하자마자 퇴각해서 랴오둥을 영토로 삼지는 못했으나, 랴오둥 정벌은 총독부가 있던 랴오둥을 공격함으로써 고려가 더 이상 원의 속국이 아님을 밝힌 정치외교적 사건이었다.

명나라는 원나라를 축출하여 한족의 통일 왕조를 재건했고, 이성계는 제2차 랴오둥 정벌을 가던 중 위화도에서 회군해 고려를 멸망시키고 조선을 열었다. 명 태조 주원장은 신생국가 조선을 경계했고, 정도전도 맞불 작전으로 랴오둥 정벌론을 주장하여 초기 양국 관계는 상당히 험악했다. 그러나 결국

라오닝성 遼寧省

명나라가 랴오둥을 차지하고 조선이 화친 정책으로 돌아선 이후, 양국은 명나라가 멸망할 때까지 친선 관계를 유지했다.

그러나 명나라는 랴오닝을 독자적인 성(省)으로 취급하지 않았다. 랴오둥 도사는 산둥성 소속이었으며, "단지 위소만을 세워 군대로써 그곳을 둔수(屯戍)할 뿐이었다."[12] 명나라에게 랴오닝은 수도 베이징과 워낙 가까우니 반드시 지켜야 할 요충지이기는 했다. 그러나 랴오닝을 적극적으로 개발하려는 의지는 없었다.

명나라도 조선도 손을 뻗지 않은 랴오닝은 자연스레 다시금 유목민족들이 활약하는 터전이 되었다. 여진의 여러 부족은 원나라에 망했던 좌절을 딛고 만주 일대에서 새롭게 일어났다. 그중에서도 특히 랴오닝의 건주 여진(建州女眞)이 선두 주자였다. 건주 여진은 중국·조선과 가까운 이점을 살려 양국의 선진 문물을 받아들이며 활발하게 교역했다. 그 결과 "주거와 경작을 좋아하고 옷감짜기를 잘해서, 음식과 복식이 모두 화인(華人)과 같았"[13]으며, 매년 500명이 명나라로 들어가 조공 무역을 했다.

다만 가까운 만큼 양국의 혜택도 많이 받았지만 견제도 많이 받았다. 명나라는 여진 부족들 사이를 이간질시켜 서로 싸우게 만드는 이이제이(以夷制夷) 전략을 폈다. 건주 여진 지도층들도 이간질에 희생되어 그 후손인 누르하치(努爾哈赤, 노이합적)는 명나라에 강한 반감을 품었다. 명나라가 건재했을 때는 감히 저항할 수 없었지만, 명나라에 암군이 연달아 등장하여 기강이 문란해지고 임진왜란으로 막대한 손실을 입으며 쇠퇴의 길을 걷자 비로소 여진족이 날개를 폈다.

누르하치는 1615년 사냥 조직을 사회·군사 조직으로 일원화시킨 팔기(八旗) 제도를 정립했다. 팔기군은 "나아가면 병사가 되고 들어가면 백성이되어, 경작과 전투 둘 가운데 어느 하나도 게을리 하지 않았다."[14] 누르하치는 1616년 후금(後金)을 세워 금나라가 다시 찬란하게 부활했음을 선포했고, 만주의 여러 부족이 단결했다는 의미로 만주족(滿洲族)이란 이름을 썼다. 1619년 만주군은 사르후(薩爾滸, 살이호) 전투에서 명의 10만 대군을 3~4만 병력으로 대파하고 여세를 몰아 만주 전체를 통일했다.

명나라의 명장 원숭환(袁崇煥)은 영원성(寧遠城) 전투에서 누르하치를 꺾고, 영금(寧錦) 대첩으로 홍타이지(皇太極, 황태극)를 격파해 한동안 청나라가 랴오시를 넘지 못하게 막았다. 그러나 청나라는 반간계를 써서 원숭환을 제거했고, 병자호란으로 조선을 굴복시켜 배후의 근심마저 없앴다. 거칠 것이 없는 청나라는 허베이의 산하이관(山海關, 산해관)을 넘어 천하를 통일했다.

오랫동안 전란에 시달린 랴오닝은 많은 지역이 초토화되었다. 만주족이 산하이관 밖 관외(關外)에서 살 때 중국인들은 변경의 위험지역에 가는 것을 꺼렸다. 그러나 청나라가 중원에 들어오자 랴오닝은 더 이상 변경이 아니었고, 주인 없는 넓은 땅은 많은 중국인을 유혹했다. 만주족의 중국 정복은 역설적으로 한족의 랴오둥 정착을 도왔다.

관외에 한족 인구가 폭증하자 강희제는 만주가 만주족의 색채를 잃어버리고 한화(漢化)되는 것을 경계해서 봉쇄령을 내렸다. 그러나 인구의 이동은 황제의 힘으로도 막을 수 없었다. 건륭제는 경기인(京旗人, 베이징에 살던 만주족)에게 랴오둥 땅을 주며 정착케 했지만, 이미 농사짓는 법을 잊은 만주족은 한족 이주민을 소작인으로 고용했다. 근면성실한 한족은 소작하던 땅을 사들여 그 땅의 주인이 되었다. 점차 랴오닝은 만주족의 땅에서 한족의 땅으로 변했다.

그러나 외세가 중국에 진출하는 교두보인 랴오닝을 둘러싼 각축전은 끝나지 않았다. 갑오전쟁은 우리에게는 동학농민운동이지만, 중국인에게는 청일전쟁을 의미한다. 1894년 일본은 동학농민운동을 진압하여 조선에 대한 지배력을 확고히 했고, 청일전쟁에서 승리하여 랴오닝을 차지했다. 이 모든 일이 단 1년 안에 일어났다.

이때 의외의 복병 러시아가 나타났다. 동북아로 진출할 기회를 호시탐탐 노리던 러시아는 프랑스·독일과 함께 일본이 랴오닝을 포기하도록 종용했다. 삼국간섭 끝에 러시아는 랴오둥반도 끝의 요충지를 군항으로 확보했다. 랴오닝은 러시아에도 머나먼 땅이었다. 러시아는 새 항구의 이름을 '달리니(Dal'nii, 러시아어로 '멀다'라는 뜻)'라고 지었다.

훗날 러일전쟁에서 이긴 일본은 이 항구의 이름을 '다롄(大連)'으로 고쳤다. 산하이관의 동쪽, 즉 '관동(關東)' 랴오닝은 일본 관동군의 핵심 근거지로서 중국과 동아시아 침략의 선봉이 되었다.

이 와중에 랴오닝을 근거지로 일어난 군벌 장쭤린(張作霖, 장작림)은 '동북왕'으로 군림했으나, 일본의 공작으로 폭사한다. 그의 아들 장쉐량(張學良, 장학량)은 동북군을 이끌며 장제스의 일등 공신이 되었다. 그러나 장제스가 항일 전쟁보다 공산당 토벌에 열을 올리자, 장쉐량은 시안사변을 일으켜 장제스가 국공합작을 하도록 종용했다. 훗날 공산당은 장제스의 국민당을 타이완으로 몰아넣었으니, 장제스에게 장쉐량은 공도 으뜸이지만 죄도 으뜸인 애증의 존재였다.

일본이 패망하자 1945년 8월 24일 소련은 중국공산당에게 만주를 넘겨주었다. 중국공산당은 이때 비로소 국민당을 넘어설 수 있는 전력과 근거지를 갖추었다. 랴오닝의 파란만장한 역사는 중국의 흥망성쇠를 고스란히 보여준다.

둥베이 프레임

청나라 이후 둥베이(東北) 지역이 중국에 편입된 지 이미 300년이 넘었다. 그럼에도 불구하고 중원은 아직까지 둥베이를 진심으로 받아들이지 못하고, 둥베이 역시 중원과 일체감을 느끼지 못한다. 왕하이팅(王海亭)의 《넓은 땅 중국인 성격지도》나 천관런(陳冠任)의 《중국 각지 상인》 등은 중국 각 지역의 특색을 성(省)별로 서술하고 있지만, 유독 랴오닝성·지린성·헤이룽장성 세 지역만큼은 한데 묶어 '둥베이' 지역으로 다루고 넘어간다. 중원에게 산하이관 밖 관외(關外)는 그저 다 똑같아 보이고 차이점이 보이지 않는 것일까?

랴오닝의 작가 쑤쑤(素素)는 에세이 《쑤쑤, 동북을 거닐다》에서 둥베이 출신 한족이 느끼는 소외감을 표출하고 있다. 쑤쑤는 만리장성을 보며 "한쪽 밖으로 내몰려 있으면서 안으로 들어가고 싶어도 들어갈 수 없는 그런 느낌"[15]을 받고, 둥베이와 중원을 가르는 거대한 장애물 만리장성의 목소리를 듣는다.

> 동북이여, 너는 중원이 영원히 걱정하고 기억하고 있으며, 또한 항상 방어를 취하는 곳이며, 문밖에 내보내 놓고도 억지로 품안으로 끌어들이려고 하는 존재이다.[16]

산둥성 이주민의 후손인 쑤쑤는 랴오닝에서 태어나고 자랐으면서도 오히려 중원을 고향으로 여기는 이민자의 정서를 갖고 있다. 그런데 중원이 둥베이를 받아들이지 않으니 중원의 인정을 받기 위해 애쓴다. 둥베이에 대한 중원의 편견을 무비판적으로 수용해서 둥베이인은 체격만 클 뿐 나약하고 어리석다고 말한다. 누르하치부터 강희제·옹정제(雍正帝)·건륭제에 이르는 청나라 초기의 황제들은 역대 중국 황제 그 누구와 비교해도 능가하면 능가했지 결코 떨어지지 않는데, 이들은 둥베이인이 아니었나?

금나라 때 전쟁 포로로 끌려온 송나라 사람들이 둥베이에 문화의 꽃을 피웠다고 말하는 부분에서는 한족 특유의 중원 중심적 사고방식을 적나라하

게 보여준다. "한때 유명한 가문 출신이었던 한족들이 지금은 마치 씨를 뿌리듯이 북방 벌판에 들어왔고, 척박한 오랑캐의 땅이었던 북방 벌판은 이렇게 중화민족의 번영을 누릴 수 있게 되었다."[17]

쑤쑤의 이야기는 둥베이의 소외감을 드러낸다. 둥베이 삼성(東北三省) 중에서 중원과 가장 가깝고 가장 발전된 랴오닝조차 예외가 아니다. 랴오닝은 면적 14만 8400제곱킬로미터(한반도의 66.4퍼센트), 인구 4390만 명으로 인구·크기 면에서는 중국에서 중간 정도의 성이지만, 2015년 명목 GDP 4614억 달러, 1인당 GDP 1만 달러로 경제적으로는 중국 본토 내(홍콩·마카오·타이완 제외) 10위권에 든다.[18] 외관상으로는 부유한 동부 연해 지역과 어깨를 나란히 하고 있다. '북방의 홍콩' 다롄은 컨테이너 물동량 기준으로 세계 15위의 무역항이고, 자체 기술력으로 최대 배수량 6만 5000톤급 항모(영국의 퀸엘리자베스 항모급)를 건조 중이다.

그러나 내실을 따져보면 이야기가 달라진다. '둥베이 삼성'은 노후 중화학공업 위주의 산업구조를 갖고 있고, 랴오닝 역시 예외가 아니다. 둥베이 삼성은 중앙정부의 전폭적인 지원으로 2003년부터 10년간 고속 성장을 했으나, 2013년부터는 약발이 떨어졌다. 게다가 공무원들은 실적을 과장하기 위해 경제 통계를 부풀려 발표했다.[19] 2015년 랴오닝은 GDP 성장률 3퍼센트로 전국 최악의 성적을 기록했다.

제조업 특성상 노동자를 확보하는 것도 중요한데, 노동자들이 임금과 복지가 더 좋은 광둥성 등 외지로 나가기 때문에 노동력 유출도 심각하다. 이를 메꾸기 위해 북한의 노동자를 수입해야 한다는 목소리가 높다.

경제에 정치까지 겹쳐보면 상황은 더욱 미묘하다. 2015년 7월 27일 시진핑은 랴오닝을 방문해 경제 부흥을 독려하고 부정부패를 척결하라고 했다. 사람들은 '경제 부흥'에 방점을 찍었으나, 시진핑의 속내는 '부정부패 척결'에 방점을 찍은 듯하다. 2016년 9월 랴오닝성에서 선출된 전국인민대표대회(약칭 전인대) 대표 102명 중 45명과, 랴오닝성 인민대표(광역의회 의원에 해당)의 3분의 2가 넘는 452명이 금품 수수 및 부정선거 혐의로 자격이 박탈되었다. 전인대의 자격 박탈은 '신중국 건국 이래 초유의 일'이다. 랴오닝성은 중국 공산주의청년단(약칭 공청단) 출신 리커창(李克强, 이극강) 총리가 당서기를 지낸 곳이니, 리커창의 지지 기반인 랴오닝방을 와해시키기 위한 것이 아니냐는 추측이 나왔다.[20] 중국공산당 18기 6중전회가 끝나자 시진핑·왕치산(王岐山) 사단의 약진과 공청단의 몰락이 엇갈렸다.[21]

그렇다면 침체된 랴오닝을 어떻게 살릴 수 있을까? 절반의 해답은 한반도에 있다. 랴오닝은 중원과 한반도를 잇는다. 여진족은 명나라와 조선 사이에서 교역을 하며 축적한 부를 바탕으로 청나라를 세울 수 있었고, 만상 역시 대청 무역을 통해 큰 부자가 될 수 있었다.

현재 북한의 쇄국정책과 폐쇄 경제는 동북아시아 전체의 원활한 교역을 가로막고 있다. 이는 북한뿐만 아니라 한국과 중국, 더 나아가 러시아와 일본에도 손실이다. 빗장이 풀리고 사람들이 자유롭게 오가며 교류를 할 때, 랴오닝은 다시 활기를 찾을 수 있으리라.

이것은 바로 우리 자신의 이야기다. "오늘은 중국 드라이브하러 갈까?" 하고 기분이 내키면 서울에서 출발해 압록강의 다리를 건너 중국을 오갈 수 있기를, 짧게는 중국과 러시아를 돌아보고, 멀게는 중앙아시아를 지나 서유럽의 끝 포르투갈의 파고곶까지 달려볼 수 있기를, 그런 날이 어서 빨리 오기를 간절히 기원한다.

길할 **길**

지린성

吉林省

만주의 중심, 중국과 한국이
함께 키워낸 사과배

❶ 백두산 천지 천지는 한민족뿐만 아니라 동북 여러 민족이 모두 신성하게 받들던 장소다.
❷ 장군총 화강암을 쌓아 만든 돌무지 돌방무덤.
❸ 환도산성 고구려가 전쟁 시에 썼던 난공불락의 요새다. 주변에 돌무지무덤군이 분포되어 있어 고구려의 생활상을 엿볼 수 있다.

④ 국내성 지안시에 있는 국내성의 성벽은 위풍당당한 옛 모습을 잃고 아기자기한 돌담길처럼 보인다.
⑤ 광개토왕릉비 6.39미터 높이의 응회암에 고구려의 역사와 광개토대왕의 업적이 1775자로 적혀 있다.
⑥ 고구려 유지 공원 거대한 바위는 옛 국내성의 위풍을 떠올리게 한다.
⑦ 엔지 시내 건물의 표어 한글로 쓰인 중국식 표어가 생경하게 다가온다.

지린성은 만주의 지리적 중심이다. 고대왕국 부여·고구려부터 근대 일본제국의 만주국까지, 만주를 차지하려는 이들은 모두 지린성을 중심으로 삼았다. 지린성은 중국과 한반도의 접경지대로서 중국과 한국이 긴밀하게 엮여 있음을 보여준다. 고구려는 오랫동안 지안을 수도로 삼았고, 구한말 만주로 이주했던 조선인은 오늘날 조선족 자치구를 꾸리고 있다. 지난날 지린은 일제 침략의 교두보였지만, 오늘날은 북한의 나진·청진항을 빌려 태평양으로 나아가려 하는 도전의 땅이다.

"둥베이 삼성을 왜 여름에 가?"

중국 친구는 내 여행 계획을 듣고 의아하게 여겼다.

"둥베이는 겨울에 '눈과 얼음의 축제[冰雪節]'를 보러 가는 곳이라고. 여름에 가면 재미없어."

나는 속으로 생각했다.

'그래. 너희 중국 한족들에게 둥베이는 눈 구경을 하러 가는 곳이겠지. 하지만 나는 고구려 사람들이 어떤 땅에서 살면서 말을 달렸는지 보고 싶어. 너희는 결코 이해하지 못할 거야. 고구려가 우리 한민족에게 어떤 울림을 주는지, 어떤 의미를 갖는지를.'

지린성(吉林省, 길림성)은 고구려 초기의 근거지였던 국내성이 있던 곳이다. 광개토대왕비가 있고, 민족의 성산(聖山) 백두산이 있는 곳이기도 하다. 이런 곳을 돌아다니려면 추운 겨울보다는 북방의 바람이 상쾌한 여름이 제격 아닌가!

지린성의 약칭은 '길할 길(吉)' 자다. 지린성의 한복판에 있는 지린시는 쑹화장(松花江, 송화강)이 흐르는 구릉지대다. 만주어로 '강기슭'을 '지린우라'라고 불렀고, 이 말을 한자로 음차한 '吉林烏拉(길림오랍)'을 줄여 지린이 되었다.[1] 현지어를 음차해서 중국식 지명을 지었다는 점에서 구이저우성과 유사하다. 두 지역 모두 한족의 손이 미치지 못하고 원주민들이 세력을 떨치던 변경이었다.

지린성 吉林省

랴오닝의 대싱안링산맥, 헤이룽장의 소싱안링산맥(小興安嶺山脈, 소흥안령산맥), 지린의 창바이산맥(長白山脈, 장백산맥). 이 세 산맥이 그리는 삼각형 안에 랴오허와 쑹화장이 흐르고 만주 벌판이 펼쳐져 있다. 지린은 만주의 지리적 중심이다. 고대 왕국 부여에서 근대 일제의 만주국에 이르기까지, 만주를 장악하려는 이들은 반드시 지린을 중심으로 삼았다.

지린 북쪽의 평야는 남쪽으로 내려올수록 점점 높아져 중국과 한반도의 지리적 경계선을 이루는 창바이산맥이 된다. 창바이산맥의 최고봉 창바이산, 즉 백두산은 2750미터 높이에서 만주 벌판을 위풍당당하게 내려다보고 있다. 백두산의 천지(天池)는 압록강·두만강·쑹화장이 발원하는 삼강지원(三江之源)이다. 하늘에 닿을 듯 위엄 있고, 생명 같은 물을 아낌없이 보내주는 백두산은 한민족뿐만 아니라 동북아 여러 민족 모두의 성산(聖山)이요 영산(靈山)이었다.

부여, 고구려, 발해

부여(夫餘)는 지린 북부 평야 지대의 첫 주인공이었다. "동이 지역에서는 가장 평평하고 앞이 탁 트여 있"고 "오곡을 심기에 적당"한 2000리 땅에 8만 호(戶)의 주민을 거느린 강국이었다.[2] 부여는 기원전 2세기 초반에서 3세기 중반까지 500여 년 동안 동북의 왕자였으며 494년 멸망할 때까지 700여 년을 존속했다.

부여의 전설적인 명성은 한반도까지 흘러들어 고구려와 백제(百濟) 모두가 부여의 후손임을 자처했다. 특히 백제는 왕의 성씨도 부여씨였다. 예컨대, 근초고왕(近肖古王)의 이름은 부여구(扶餘句), 의자왕(義慈王)의 이름은 부여의자(扶餘義慈)다. 백제 성왕(聖王)은 국호를 '남부여(南扶餘)'로 바꾸고 사비성(泗沘城)을 수도로 삼았다. 사비성은 오늘날 충청남도 부여군 부여읍이 되었으니, 부여의 명성은 21세기에도 살아 있는 셈이다.

한편, 부여의 한 무리가 남쪽으로 내려와 현지 토착 세력과 함께 세운 나라가 바로 고구려다. 고구려는 "산하의 형세가 험하고 견고"[3]한 졸본(卒本, 지금의 랴오닝성 환런현)을 첫 도읍으로 삼았다가, 압록강 유역의 국내성(지금의 지린성 지안현)으로 옮겼다.

고구려의 터전은 부여와 크게 달랐다. 고구려는 진수의 기록에 따르면 "높은 산과 깊은 계곡이 많고, 평원과 호수는 없다. 산과 계곡을 따라 거주하고 계곡물을 마신다. 좋은 밭이 없으므로 비록 힘써 농사지어도 배불리 먹기에는 부족"한 곳이었다.[4]

진수(陳壽)는 부여인과 고구려인에 대해 크게 다른 평가를 내렸다. 부여인은 "키가 크고 성격이 강인하고 용맹하지만 조신하고 순후하여 다른 나라를 침략하여 약탈하는 일이 없"[5]는 반면, 고구려인은 "성격이 사납고 급하며 약탈과 침략을 좋아한다."[6] 이는 양국의 자연환경이 크게 달라 부여는 자체 생산력이 높아 자급자족하기에 충분하여 안으로 지킬 뿐 밖으로 원정을 나가지 않아도 되었던 반면, 고구려는 주변 지역을 정복해 물자를 확보하는 것이 중요했기 때문이리라.

따라서 고구려는 초창기부터 대외 정복을 중요한 사업으로 삼았다. 도읍을 선정할 때는 "산과 물이 깊고 험"[7]하여 방어에 유리한 것이 최우선 고려 사항이었고, 도성을 지을 때도 평지성 하나, 산성 하나로 두 개씩 지었다. 고구려인은 평시에는 평지성에서 살다가, 전쟁 시에는 산성에서 농성했다. 이처럼 고구려는 철저하게 전쟁을 염두에 둔 국가였다.

그러나 정복 전쟁을 성장의 원동력으로 삼은 것은 위험성이 매우 컸다. 초창기에 주변의 만만한 소국을 정복할 때는 문제가 없었지만, 어느 정도 성장하자 강한 상대를 만날 수밖에 없었다. 242년 위나라의 관구검이 국내

지린성 吉林省

성을 함락해 불을 질렀고, 342년 5호16국 시대 전연(前燕)의 모용황(慕容皝)
이 또다시 국내성을 파괴했다. 전연에게 참패한 고국원왕(故國原王)은 백제
를 쳐서 고구려를 중흥시키려다 역풍을 맞았다. 백제의 전성기를 이끈 근초
고왕은 371년 고구려군을 격퇴하고 평양성(平壤城)을 공격해 고국원왕을 전
사시켰다.

급박한 위기 속에서 왕위에 오른 소수림왕(小獸林王)은 율령을 반포하고
불교를 공인하는 등 일대 개혁을 수행했다. 고구려는 삼국 중 가장 먼저 고
대 국가 체제를 정비하여 반전의 기틀을 마련했다. 때맞추어 광개토대왕(廣
開土大王)이 나타났다. 광개토대왕은 불과 열여덟 살의 소년으로 즉위해서
20여 년간 남으로 백제, 북으로 거란·숙신, 서로 후연, 동으로 동부여 등 동
서남북을 종횡무진으로 정벌했다. 장수왕(長壽王)이 427년 평양으로 천도하
고 475년 백제의 수도 한성(漢城)을 점령하며 고구려는 전성기를 맞았다.

그러나 전성기 다음은 내리막길이다. 영토가 확장되자 귀족들은 자기들
끼리 정벌의 성과를 두고 다툼을 벌였고, 왕권은 통제력을 잃고 약화되었다.
이때쯤 중국은 5호16국 시대가 끝나고 남북조시대가 되면서 다소 안정을
찾았다. 또한 백제와 신라는 동맹을 맺고 고구려의 한강 유역을 빼앗았다.

바보 온달과 평강공주 이야기는 낭만적인 사랑 이야기 같지만, 뒷이야기
에 주목할 필요가 있다. 온달 장군은 '한강 유역을 되찾지 못하면 돌아오지
않겠다'며 비장하게 출전했지만, 결국 한강 탈환 작전에 실패하고 전사한다.
사람들이 온달의 시신을 관에 넣고 돌아가려 했으나, 여러 장정이 들려 해
도 관은 꼼짝하지 않았다. 평강공주가 와서 관을 쓰다듬으며 "죽고 사는 것
이 이미 결정되었으니 어서 돌아가시라."고 말하자 비로소 관이 움직였다.
이 설화는 고구려의 전성기가 끝났음을, 고구려인들이 한강도 지키지 못하
게 된 처지를 원통해했음을 알려준다.

외부의 도전은 더욱 거세졌다. 중국에서는 통일 제국 수·당이 등장했고

한반도에서는 백제와 신라가 성장했다. 그러나 고구려의 내분은 끊이지 않았다. 고구려의 권력 다툼은 끝내 연개소문의 살육으로 이어졌다. 연개소문은 반대파 귀족 180여 명을 죽이고, 영류왕(榮留王)까지 죽이고는 시체를 토막 내어 도랑에 버렸다. 당시 고구려의 귀족 연립 체제는 3년마다 최고의 귀족이 '대대로(大對盧)'가 되어 나라를 다스렸지만, '태대대로(太大對盧)' 연개소문은 평생 철권통치로 반대파를 탄압하고 막강한 권세를 누리며 아들들에게 높은 자리를 주었다.

고구려가 초강대국 수·당의 침공을 연달아 막아낸 것은 경이롭기는 하지만, 한편으로는 상처뿐인 영광이었다. 방어전에는 성공했지만, 오랜 전란에 시달려 나라는 만신창이가 되었고 백성들의 삶은 피폐해졌다. 연개소문이 죽자 억눌려온 모순이 폭발했고, 아들들끼리 권력 다툼을 벌였다. 때마침 당나라와 신라가 연합해서 내분에 시달리던 고구려를 공격했다. 668년 고구려는 끝내 멸망했다.

그래도 700여 년 동북의 강자였던 고구려의 위명은 쉽게 사라지지 않았다. 고구려 부흥 운동이 잇따라 일어나자, 당나라는 고구려 유민을 영주(營州)에 끌고 와 살게 했다. 영주는 지금의 랴오닝성 차오양(朝陽, 조양)으로, 베이징과 랴오닝성의 성도 선양(瀋陽, 심양)의 중간에 있다. 당나라는 만주를 장악하며 고구려인·말갈족·거란족 등 여러 북방 민족을 이곳에 수용했다. 영주 관리가 무거운 세금을 거두는 것에 반발하여 거란족이 반란을 일으키자, 대조영도 자신을 따르는 고구려인·말갈족과 함께 반란에 동참했다.

그러나 당나라의 정예군을 상대하기에는 역부족이었다. 정면 대결에서 패배한 대조영은 동쪽으로 도망치다가 중간에 천문령(天門嶺)에서 당의 추격군을 격파한 후 다시 동쪽으로 피해 지린성 둔화(敦化, 돈화)에서 발해를 건국했다. 영주에서 장장 2000리, 현대의 도로망으로도 800여 킬로미터에 달하는 대장정이었다. 발해는 "고려(고구려)의 옛 거주지를 회복하고 부여가 남긴

지린성 吉林省

풍속을 갖게 되었다."[8]며 부여와 고구려의 후손임을 자처했다.

발해 이후 만주는 요·금·원이 돌아가며 차지하다 명나라 때는 여진족의 주 무대가 되었다. 여진족의 성장에는 조선도 본의 아니게 한몫했다. 성종 (成宗) 때 전성기를 맞이한 조선에서는 점점 사치 풍조가 만연하며 담비 모피옷이 유행했다. 여진족은 만주의 특산물인 담비를 팔고 대신 조선의 소·말·철·농기구·소금 등을 사들였다. 이 물품들은 생활필수품인 동시에 전략 물자였다.

연산군(燕山君) 때 이미 "조선 양도의 소가 모두 담비 모피를 사들이는 데 사용되었고, 그 결과 조선민은 말에 멍에를 메어 경작하는 경우도 있게 되었다." 중종(中宗) 때에 이르면 소뿐만 아니라 말도 많이 유출되어서 "예전에는 기병이 천여 명이나 되었지만 지금은 겨우 사오십 명밖에 되지 않아, 변방에 사변이 생겨도 어떻게 막을 방법이 없는 지경에까지 이르렀다."[9]

국방력이 약화되며 북방에서 여진족이, 남방에서 왜구가 기승을 부려 '변방의 일을 대비한다'는 비변사(備邊司)가 설치되었다. 비변사는 처음에는 일시적인 비상 조직이었지만 외부의 침략이 많아지자 나중에는 아예 상설 기구가 되었다.

이렇듯 조선은 약해지는 반면 여진족은 강해졌다. 여진족은 조선의 소와 농기구로 농업생산력을 발전시켰고, 말과 철제 화살촉을 쓰며 군사력도 크게 강화했다. 임진왜란 때문에 명나라와 조선이 만주 지역의 감시·통제에 소홀해지자, 누르하치가 만주를 석권했다. 이후 만주족의 청나라는 중국을 정복하여 명나라의 뒤를 잇는 대제국이 되었다.

만주족은 만주를 신성시하여 외부인이 들어오지 못하도록 봉쇄했지만, 외부인들은 만주족이 만주의 보물인 인삼·모피·녹용 등을 독점하려는 수작이라고 여겼다. 엄격한 인구 통제에도 불구하고 많은 한족과 조선인이 만주로 들어갔다. 중원과 조선에 흉년이 들 때마다 만주의 인구가 부쩍 늘어났다.

'공존공영'의 '왕도낙토' 만주국

만주족과 한족, 조선인 들은 함께 만주를 일구며 만주의 주민이 되었다. 그러나 청나라가 망하며 만주를 차지한 것은 일본이었다. 일본은 한발 빠른 근대화 덕분에 '아시아에서 벗어나 유럽이 되자[脫亞入歐]'던 목표를 어느 정도 달성했다. 1894년 청일전쟁, 1904년 러일전쟁에서 승리하며 아시아 최강국으로 떠올랐다. 1918년 일본은 1차 세계대전의 승전국이 되면서 독일의 조계지였던 산둥성 칭다오를 얻고 전쟁 특수로 호황을 누렸다.

그러나 1929년 대공황이 전 세계를 덮쳤다. 선진국이던 미국과 유럽도 큰 혼란에 빠졌으니, 기초 체력이 훨씬 약한 일본은 두말할 필요가 없었다. 1931년 일본은 파국으로 치달았다. 가난한 농촌은 딸을 팔아 '딸지옥'이 되었고, 전국에 온 가족의 동반 자살이 잇달았다. 일본인들은 쌀을 요구하며 시위를 벌였고, 노동쟁의도 최고조에 이르렀다. 아시아 최고의 인재라고 자타가 공인하던 도쿄 제국대학 법학부 졸업생조차 겨우 26퍼센트만 취업할 수 있었을 정도로 실업률이 악화되었다.

당시에 일본 군부의 엘리트로서 '지략의 이시와라'로 불리던 이시와라 간지(石原莞爾)는 만주·몽골 지역을 차지하는 것만이 "일본이 살아날 유일한 길"[10]이라고 주장했다. 만주·몽골의 광활한 영토와 자원을 차지해 위기에서 벗어날 수 있고, 이 지역을 발판 삼아 더 큰 땅과 더 많은 자원이 있는 중국 대륙을 침략할 수 있기 때문이었다.

1932년 일본은 만주국(滿洲國)을 세웠다. 만주국은 중국의 통제를 받지 않는 '독립국'이면서도, 식민지 조선처럼 일본의 뜻대로 움직여야 했다. 이를 위해 일본은 청나라 최후의 황제 푸이(溥儀, 부의)를 만주국의 황제로 세웠다. 이미 중국은 장제스가 이끄는 중화민국의 천하였다. 푸이는 아무런 힘이 없으면서도 만주에서 창업한 청나라 황실의 적통이므로, 일본이 찾던 '바지

지린성 吉林省

사장' 역할에 적합했다. 힘이 없으니 일본에 의존할 수밖에 없고, 청나라의 천자였으니 만주국을 대표하기에 완벽했다.

푸이는 청나라 황실을 중흥하고자 자충수를 두었다. 푸이는 자신과 일본 천황이 '정신 일체'라고 주장했다[11]. 푸이는 관동군이 일본 천황에게 충성하듯 자기 자신에게도 충성하길 요구했으나, 관동군이 푸이에게 충성할 리가 없었다. 오히려 푸이는 중국인들의 자존심을 긁으며 '매국노'가 되었다. 안팎의 지지를 모두 잃은 패착이었다.

만주국의 이상은 매우 화려했다. 만주에 사는 모든 민족이 협력하고 화합하여[五族協和] '공존공영'하는 '왕도낙토'를 꿈꾸었다. 만주국 홍보처는 자화자찬을 아끼지 않았다. "만주국의 건국이상과 건국정신은 세계역사에 그 유례를 찾아볼 수 없을 정도로 숭고한 것이어서 …… 세계의 정치학자는 만주국을 위해 새로운 정치학설을 만들지 않으면 안 된다."[12]

어이없는 자화자찬이지만, 비참한 현실에 염증을 느낀 많은 일본인들이 환호했다. 많은 이상주의자들이 새로운 땅에서 새로운 세상을 만들 꿈을 품고 만주 동토에 뼈를 묻었다. 오늘날 적지 않은 진보적 일본인들조차 '그래도 만주국은 특별했다'며 만주국의 이상이 좌절되었음을 안타까워하는 이유다.

그러나 이상과 현실은 비참할 정도로 달랐다. 모든 일은 관동군에 의해서 결정되었다. 한 프랑스 작가는 만추리아(Manchuria, 만주)를 만캉추리아(Mannequinchuria, 마네킹 왕국)로 불렀다. 프랑스어로 '만캉(mannequin)'은 '자기 의지대로 움직이지 못하고 남의 말에 고분고분 따르는 사람'을 은유한다.[13]

실권을 쥔 일본인들은 만주 현지의 사정을 무시하고 독단적으로 일을 처리했다. 만주국은 후진국이므로 선진국 일본의 표준을 따라야만 한다고 주장했다.

민족 차별은 일상까지 파고들었다. 전차를 탈 때 특등칸에는 일본인만 탈

수 있었고, 중국인은 보통칸에 타야 했다. 만주국은 일본에서 온 이주민들에게 땅을 주려고 현지 중국인과 조선인 농민들이 애써 일군 땅을 강제로 헐값에 매수했다. 농민들은 울부짖었다. "비적은 금품을 약탈하지만 땅까지 빼앗지는 않는다."

만주가 병참기지화되면서 수탈은 더욱더 가혹해졌다. 만주국은 생산비의 반값도 안 되는 가격으로 곡식을 사들였고, 온갖 물자를 징발했다. 많은 농민들이 집뿐만 아니라 옷과 이불까지 빼앗긴 채 영하 40도의 혹한을 맞아야 했다. "눈[雪]은 칼과 같이"[14] 벌거숭이 알몸을 난자했다. 온 천지에 원성이 가득했다. "토비(土匪, 도적)보다 더 무서운 것이 관비(官匪)·법비(法匪)다."

일본과 다른 민족의 불화 앞에 한 관동군 막료들은 토로했다. "만주는 일·만 제휴의 나라가 아니라 일·만 투쟁의 나라다." "지금 만약 일·러 전쟁이 일어난다면 일본군 가운데 10개 사단 정도는 만주인을 상대로 싸워야 한다."[15]

그런 상황에서도 일본은 만주국의 자원에 의지해 2차 세계대전을 수행했다. "1932년부터 1944년 사이에 일본은 2억 2300여만 톤의 석탄, 1100여만 톤의 선철, 580여 톤의 철강을 동북에서 약탈했다."[16] 그러나 끝내 일본은 패망했고, 1945년 8월 17일 만주국은 해체되어 13년의 짧은 역사를 마쳤다.

"낮에는 관동군 사령부가 만주국을 지배하고, 밤에는 아마카스가 지배한다."던 막후의 실력자 아마카스 마사히코(甘粕正彦)는 유언과 같은 한 마디를 남기고 청산가리를 마셨다. "큰 도박, 원금도 이자도 없이 빈털터리."[17] 한판 도박에 모든 것을 잃은 만주국과 일본의 처지를 정확히 꼬집은 말이었다.

지린성 吉林省

일제가 낳은 부산물, 조선족

일제가 낳은 부산물 중 하나는 조선족이다. 일제강점기 전후로 많은 조선인들이 만주로 갔다. 더러는 흉년의 배고픔을 이기지 못해, 더러는 만주국에서 출세하기 위해 갔다. 더러는 일제에 맞서 싸우려고 갔으며, 더러는 일제가 만주를 개발시키기 위해 노예처럼 강제로 끌고 갔다.

"지난날 강가에서 말 달리던 선구자"가 "일송정 푸른 솔" 아래에서 "한 줄기 해란강은 천 년 두고 흐"르는 풍경을 지켜보던 곳도 지린성이고, 대한민국 독립운동사에서 길이 빛나는 청산리(靑山里) 전투와 봉오동(鳳梧洞) 전투가 벌어진 곳도 지린성이다. 악에 받힌 일제가 대학살(간도 참변)을 벌인 곳도 지린성이다.

조선족이 일제의 수탈에 시달리다 간신히 해방되자마자 한국전쟁이 터졌다. 중국은 한국전쟁을 제2의 임진왜란으로 보았다. 해양 세력이 한반도를 발판으로 대륙에 진출하려고 하니, 대륙이 아닌 한반도를 전장으로 삼아 해양 세력을 축출하는 것이 중국에 유리하다고 판단했다. 이에 따라 중국은 임진왜란을 '항왜원조(抗倭援朝) 전쟁'이라 부르듯이, 한국전쟁을 '항미원조(抗美援朝) 전쟁', 즉 미국에 대항하고 조선을 돕는 전쟁으로 규정하고 조선족에게 "조국이 미제의 침략을 당하고 있으니 전쟁에 지원하라."고 호소했다. 많은 조선족 청년들이 중국 인민지원군으로 참전했다. 통역이 가능한 조선족은 비전투 요원으로도 매우 중요한 자원이었다.

전쟁이 끝난 다음에도 살아남는 것은 만만치 않았다. 조선족이 고생하여 허허벌판 황무지를 간신히 푸른 논으로 만들었더니, 인민공사가 모든 땅을 접수했다. 문화대혁명이 일어나자 한국전쟁에 참전한 조선족은 '북한 간첩'이나 '남조선 특무'라는 누명을 쓰고 인민재판을 받았다. 조선족 대다수가 가난을 못 이겨 만주에 온 빈농 출신이었는데, '조선에서 지주였던 반동분자'라는 모함을 받기도 했다.

혹독한 시련 속에서도 조선족은 고유의 문화와 언어를 꿋꿋하게 지켰다. 언젠가는 '조국'의 품에 안겨 행복하게 살 수 있으리라는 희망을 간직해서 였을까? 조선족 작가 리혜선의 표현대로 "고국 문이 처음 열렸을 때만 해도 사람들의 트렁크 속에는 그리움 외에는 아무것도 들어 있지 않았다." 그런 데 점차 경제에 눈을 뜬 조선족은 청심환을 팔거나 일해서 돈을 벌려고 한 국에 오기 시작했다. "1989년부터는 뽕도 따고 님도 보고의 식으로 그들의 마음속에 그리움 외에도 비즈니스 계획이 더 들어 있었다."[18]

재회의 감동은 순식간에 끝나고, 어느새 미움과 갈등이 자라났다. 초창기 에 일하러 온 조선족은 상당수가 불법체류자여서 기본적인 인권을 보호받 지 못했다. 노동량에 비해 턱없이 낮은 임금을 제때 받기라도 하면 그나마 다행이었다. 임금 체불은 다반사고 아예 떼어먹히는 일도 흔했다. 불법체류 자의 신분이어서 권리를 박탈당하고도 오히려 죄를 지은 듯 숨어 살아야 했 다. "병들어 죽어도 묻힐 곳이 없고, 임금 체불을 당하고도 신고할 곳이 없 고, 산재 피해를 당해도 법을 이용해 자신을 보호할 수 없고, 검문당하면 빚 더미를 진 채 강제 출국을 당하고, 차별을 당해도 감내하기만 해야 한다."[19]

조선족은 빈부 갈등, 노사 갈등을 겪을 뿐만 아니라 기본적인 인권도 없 어 숨조차 편하게 쉬며 살 수 없었다. '고국이고 동포인데 너무한다'는 원망 이 자랐다. 조선족은 한국과의 첫 만남인 출입국 심사대부터 차별을 느꼈다. 심사관이 미국 교포가 오면 반색을 하면서, 중국 조선족이 오면 인상을 찌 푸린다며 불만을 토로했다.

"중국 조선족이나 미국 조선족이나 다 똑같은 사람인데 차별하지 마세요!"

"부잣집에 시집간 딸만 딸이고, 가난한 집에 시집간 딸은 딸도 아닌가요?"

그런데 실제로 대한민국은 조선족을 말로만 동포라고 했을 뿐 현실적으 로 동포로 여기지 않았다. 한국의 재외동포법은 '1948년 대한민국 수립 후

에 나간 사람'만을 동포로 인정했기에 일제강점기에 이주한 조선족은 법적으로 동포가 아니었다. "재외동포법이냐? 제외(除外)동포법이냐?"는 비판이 나왔다. 2001년 헌법재판소의 헌법 불일치 판정에 따라 2004년 법이 개정되었으나, 정작 법무부의 시행령은 '불법체류 다발 국가' 동포들의 자유 왕래를 제한했기 때문에 이름뿐인 법 개정이었다. 2007년 방문취업제와 2008년 재외동포법 개정을 통해서야 비로소 조선족은 동포로 인정받은 셈이다.

2017년 현재 한국에 체류 중인 외국인은 약 218만 명이고, 그중 거의 절반인 101만 명이 중국인이다. 또 중국인 중 한국계 중국인은 67만 명으로 전체 외국인 중 31퍼센트를 차지한다.[20] 즉, 한국에 사는 외국인 세 명 중 한 명은 한국계 중국인이다. 어느새 우리와 함께 살아가는 이웃이 되었다.

그러나 그 이웃에 대한 우리의 시선은 여전히 곱지 않다. 검색엔진에서 '조선족'이라고 입력하자마자 화려한 자동 검색어들이 튀어나왔다. 조선족 여자, 조선족 범죄, 조선족 도우미, 조선족 살인, 조선족 사건사고……. 조선족이 한국을 본격적으로 찾아온 지 어언 20여 년이 넘었지만, 조선족에 대한 시선이 여전히 곱지 않음을 여실히 보여주는 연관 검색어들이었다.

조선족은 법적으로나 현실적으로나 동포 취급을 제대로 받지 못했다. 조선족 소설가 금희는 조선족이 중국인·한국인 양자 모두와 느끼는 이질감을 토로한다.

(한국인과 조선족은) 아주 많이 닮아 있었지만, 같은 배경 속에서 살고 있지 않은, 곧 분화의 위기에 놓인 두 마리의 도룡뇽 같아서 도무지 같은 시각으로 함께 현실을 해석할 수 없었다. 반면 …… (중국인과 조선족은) 애초부터 한 배경 속에서 살고 있는 오리와 닭이었다. 우리는 우리의 시대와 배경을 충분히 공감할 수 있었지만, 그럼에도 불구하고 가장 개인적인 습관과 취향을 송두리째 공유할 수는 없었다.[21]

한국과 중국 중에서는 그나마 중국이 더 포용력이 있다. 한국인은 조선족더러 '중국 사람 다 됐다', '중국 냄새난다'고 비난한다. 그러나 "정작 중국냄새의 진원지인 이곳(중국)에는 하나가 아니라 몇십 개의 냄새가 뒤죽박죽섞여 있어서 사람들은 누구의 냄새가 어떠한지 별로 신경을 쓰지 않았다. 냄새가 어딘가 자기의 것과 다르다고 여기면서도 어차피 '중국' 냄새라는것에서는 동일하다고 생각하기"22 때문이다. 무엇보다도 조선족은 법적으로 '중국 공민'이다.

개혁개방 이후 조선족 사회는 큰 전환기를 맞고 있다. 개혁개방 전에는이동이 자유롭지 못해서 오히려 조선족 사회를 유지하기 쉬웠다. 그러나 개혁개방 이후 이동이 자유로워지자 젊은 층은 더 나은 기회를 찾아 중국 대도시나 해외로 나가는 반면, 옌볜(延邊, 연변) 등 조선족이 많이 살던 지역에한족이 대거 이주해오면서 조선족의 입지는 점점 더 좁아지고 있다. 2015년 현재 옌볜 조선족 자치주의 227만 인구 중 80만 명이 조선족이다. 자치주가 되기 위해서는 소수민족의 인구 비율이 30퍼센트 이상이어야 하는데, 옌볜은 조선족 비율이 35퍼센트에 불과해 아슬아슬하게 자치주의 자리를지키고 있다. 더욱이 이 비율은 계속 감소 중이다.

또한 중국 각지로 흩어진 조선족은 예전처럼 조선족끼리 뭉쳐 조선족 사회를 이루기보다는 중국인과 함께 어울려 살아간다. 이런 가정에서 태어난아이들은 조선족임을 자각하지 못하고 중국인으로서 산다. 그중 한 명의 이야기를 들어보자.

전 껍데기만 조선족이에요. …… 저는 저의 민족 정체성을 한족들과 다른 의미에서 생각해본 적이 없어요. …… 저는 자신을 본질적으로 소수민족이라고생각해본 적도 없었어요. 한족 애들과 아무런 갈등도 없이 지내왔고 한족 애들도 저를 자신들과 다르게 대해준 적이 없어요. 그 문화 속에서 아무런 이질

지린성 吉林省

감도 느껴보지 못했어요.[23]

중국이라는 거대한 바다 안에서 조선족은 곧 흔적도 없이 사라질지도 모른다.

항구를 빌려 바다로 나가라

중국이 약했을 때 둥베이는 외세 침략의 교두보였지만, 중국이 강해진 지금은 세계로 뻗어갈 수 있는 무대다. 그러나 지린성은 크나큰 취약점을 갖고 있다. 동해와 매우 가깝지만 항구가 없다. 부동항을 탐내던 러시아가 2차 아편전쟁에서 승리하고 1860년 베이징조약을 체결해 옌하이저우(沿海州, 연해주)를 빼앗았기 때문이다. 러시아는 옌하이저우에 블라디보스토크를 세워 태평양 진출의 거점으로 삼았다. 반면, 지린성은 항구가 없어 랴오닝의 다롄을 이용해야 한다. 만주 한복판에서 항구까지 가는 물류비가 만만치 않아 오늘날 지린은 둥베이 삼성 중에서도 가장 낙후한 지역이 되었다.

중국은 이 난관을 타개하기 위해 '항구를 빌려 바다로 나간다[借港出海]'는 전략을 수립했다. 북한의 나진항과 청진항을 빌려 동해로, 태평양으로 나가겠다는 뜻이다. 이에 따라 중국은 '창지투(長吉圖, 장길도) 개방 선도구' 사업을 진행 중이다. 지린성에서 북한으로 가는 교통로인 창춘(長春, 장춘)-지린-두만강 지역을 개발하는 사업이다.

우선 중국·북한·러시아 3자 교역이 기대된다. 2011년 두만강의 국경도시인 지린성 훈춘(琿春, 혼춘)을 방문한 김연철 인제대 통일학부 교수는 말했다. "러시아는 광학이 발달돼 있어, 망원경이나 현미경 등이 싸고 질이 좋다. 우리 일행 모두 러시아제 군용 망원경을 하나씩 샀다. 북쪽 지역(북한)을 잘 관찰하려고 중국 땅에서 러시아제 망원경을 사니, 이곳이 세 나라가 얽혀 있는 국경도시라는 것이 실감났다."[24]

여기에 한국과 일본, 동남아까지 가세한다면 나진항은 동북아에서 손꼽히는 항구가 될 수 있고, 지린성 역시 비약적으로 발전할 수 있을 것이다.

2016년 이종석 세종연구소 연구위원은 북·중 국경 지대를 답사한 후, 국제연합(UN)의 대북 경제 제재에도 불구하고 북·중 교역은 활발하고, "특히 사드 배치 결정 이후 북·중 교역이 현저하게 늘어나는 추세라는 것이 현지 무역 관계자들의 공통된 평가"였으며, "단순한 외부 관찰만으로도 북한 경제 상황의 호전 추세를 분명하게 감지할 수 있었"다고 밝혔다.[25] 중국과 북한의 정치·경제·안보적 관계는 매우 끈끈하고, 지린성과 나진항은 그 관계의 중심축이다.

리혜선의《사과배 아이들》은 조선족 이주민들이 만주에서 사과배를 키워내는 사연을 담은 동화다. 조선의 사과나무는 만주와 풍토가 맞지 않았다. 그러나 조선족은 중국의 배나무와 조선의 사과나무를 접지하여 사과배를 탄생시켰다. 사과배는 "사과같이 예쁘고 달고, 배같이 물이 많고 시원"한 "이 세상에 둘도 없는 새 과일"이 되었다.[26] 리혜선은 사과배에서 조선족 자신의 모습을 발견한다. 조선족은 중국의 풍토에서 조선의 문화를 품고 자란 독자적인 존재임에 긍지를 느낀다. 사실은 조선족의 고향인 지린성 자체가 중국과 한국이 함께 길러낸 사과배와 같은 땅이리라.

지린성 吉林省

黑

헤이룽장성

黑龍江省

검은 용이 휘도는 백산흑수의 땅

❶ 헤이룽장 평야 헤이룽장성은 추운 북방이지만 강과 기름진 평야가 있어 농·어업이 가능하다.

❷ 하얼빈역 모스크바, 블라디보스토크, 다롄 등을 잇는 교통의 요지.

❸ 731부대 유적지 엄동설한에 물을 붓고 동상 진행 상황을 관찰하는 731부대원을 표현한 조각상.

❹ 하얼빈 스탈린 공원 러시아식 건물과 중국식 용 조각이 묘하게 어우러진다.

❺ 중국 어린이 고풍스러운 건물과 전혀 어울리지 않는 21세기 첨단 로봇 놀이기구에 탑승한 중국 어린이.

❻ 유대인 회당 결혼식을 준비하고 있는 하일빈 유대인 회당.

❼ 안중근 의사 의거지 안중근 의사가 이토 히로부미를 사살한 하얼빈역 현장.

❽ 성 소피아 성당 1907년 건축된 러시아 정교회의 성당으로 하얼빈의 대표적 랜드마크다.

○ 모허

우다렌츠 ●

치치하얼 ●   헤이룽장

하얼빈 ○
자오위안 ●   쑹화강

               무단장

닝안 ●

헤이룽장성

우수리강

싱카이호

중국의 최북단 헤이룽장성은 검푸른 헤이룽강(黑龍江)이 흑토대지를 적시는 땅이다. 이 땅을 근거로 발해는 해동성
국이 되었고, 여진족은 중국을 제패했다. 러시아의 시베리아 횡단철도, 일본의 악명 높은 731부대, 안중근 의사의 의
거 등 숨가빴던 근대사의 후유증일까? 중국에서 가장 일찍 발전했던 중화학공업단지는 오늘날 가장 낡은 공업지대
로 변했고 산업구조 선진화는 쉽지 않다. 만주의 주인이었던 여러 부족들은 '문명중국의 소수민족'이 되었고, 헤이룽
장성의 분위기는 중·러 관계에 따라 냉탕과 열탕 사이를 오간다.

론리 플래닛은 헤이룽장성(黑龍江省, 흑룡강성) 여행지 중에서 중국의 최북단 마을 모허(漠河, 막하)를 첫손으로 꼽았다. "좀처럼 보기 힘들지만 장엄한 오로라를 볼 수 있길 기대해보라." 하지 무렵에 오로라를 볼 확률이 가장 높고, 이때 오로라 축제(北極光節)가 열린다고 했다.

생애 처음 오로라를 보길 기대하며 한번 가보려 했다. 그런데 여행 도중에 모허에 갔던 친구를 만나게 되었다. 마침 이 친구는 모허에 하루 이틀 머무른 게 아니라 제법 오래, 한 달이나 있었다고 했다.

"그럼 오로라 봤어?"

"못 봤어."

"한 달이나 있었는데도 못 봤단 말야?"

"내 친구의 아버지는 모허에서 평생 사셨어. 그분은 사오십 년을 모허에서 사시는 동안 오로라를 딱 두 번 보셨대."

"그런데 매년 하지에 모허에서는 오로라 축제가 열리잖아?"

"거짓말이지."

그는 친절하게 조언을 계속했다.

"오로라를 보고 싶으면 캐나다나 러시아, 북유럽에 가. 중국에선 보기 힘들어."

생각해보니 론리 플래닛도 오로라를 '좀처럼 보기 힘들다'고 했다. 그러면서도 '오로라를 볼 수 있길 기대해보라'며 사람을 현혹시키다니……. 가이드

북의 대명사 론리 플래닛도 결국 중국의 상술과 타협한 걸까?

헤이룽장성의 약칭은 '검을 흑(黑)' 자다. 세계에서 열 번째, 중국에서 창장과 황허 다음으로 긴 헤이룽장(黑龍江, 흑룡강)에서 따온 약칭이다. 헤이룽장은 이름 그대로 검은 용처럼 동북아시아를 휘감고 양대 대국인 중국과 러시아의 국경을 가른다. 중국인들은 이 강을 '헤이룽장'이라 부르고, 러시아인들은 '아무르강(Amur江)'이라 부른다.

프랑스 작가 아멜리 노통브(Amelie Nothomb)는 '아무르'가 프랑스어로 '사랑'을 뜻한다며, 아무르강을 '사랑의 강'으로 해석한다. "강과 사랑의 닮은 점 중에 가장 놀라운 건, 결코 마르지 않는다는 점이야. 가뭄이 들면 얕아지고 심하면 없어져 버린 것처럼 보이기도 하지. 하지만 강은 절대로 사라지지 않아. 옛사람들이 왜 강을 신으로 섬겼는지 알 만하지."[1]

감수성이 남다른 노통브답게 매우 아름답고 낭만적으로 표현했지만 실제와는 동떨어진 해석이다. 아무르는 '큰 강' 또는 '검은 물'이란 뜻의 퉁구스어에서 나온 이름으로 추정된다.[2]

추운 북방, 산은 항상 눈에 덮여 있어 희고, 차디찬 강은 검푸르다. 백산흑수(白山黑水). 만주 남쪽의 백두산과 북쪽의 헤이룽장은 동북의 자연환경을 상징한다. 중국인은 찬탄한다. "흰 산이여, 높고도 높구나! 검푸른 강이여, 흐르고 또 흐르는구나[白山兮高高, 黑水兮滔滔]!"

대싱안링과 소싱안링이 둘러쳐진 헤이룽장성에는 헤이룽장과 쑹화장, 우수리강(Ussuri江)이 흐르며 좋은 토지를 만든다. 나선정벌(羅禪征伐)에 참가한 조선 무장 신류도 만주 땅의 비옥함에 감탄했다. "이달 6월은 지난 5월보다 가뭄이 더 심했다. 그런데도 밀, 보리, 수수, 조 등 밭곡식이 말라 죽지 않는다. 이곳 땅이 얼마나 기름진지 알 만하다."[3]

흑수(黑水)가 흑토(黑土)를 적셔주는 흑색의 헤이룽장은 황허(黃河)와 황토(黃土)가 어우러지는 황색의 중원과 색채부터 선명한 대비를 이룬다. 중원과 이질적인 이곳에는 누가 살았을까? 중국 역사책은 만주 북부에 살던 이들을 '숙신(肅愼)'이라고 기록하고 있다. 숙신계는 읍루(挹婁), 물길(勿吉), 말갈(靺鞨), 여진(女眞) 등 쟁쟁한 종족을 포괄한다. 남부의 예맥계(고조선·고구려), 서부의 동호계(거란·몽골)와 팽팽하게 겨루던 세력이다.

숙신은 단일한 집단이 아니다. 오늘날에도 헤이룽장에는 다우르족, 허저족, 오로첸족, 에벤키족 등 다양한 소수민족이 산다. 중국의 소수민족 분류는 엄밀한 문화인류학적 분류라기보다 행정 편의적 분류의 성격이 강한데도, 이처럼 여러 집단으로 나눈 것은 동북방 일대의 여러 민족이 그만큼 다양하다는 뜻이다. 따라서 옛날에는 부족마다 성격이 상당히 다르고 독립성역시 더욱 강했을 것이다. 그러니 '숙신'이란 말은 '북만주 일대에 살던 온갖 사람과 세력'을 통칭한다고 생각하자.

삼림이 빽빽한 추운 북방의 산에 살던 이들은 생존을 위해 농사·채집·수렵·어로·목축 등 매우 다양한 활동을 했다. 만주 삼림의 유목민은 몽골 고원의 유목민과는 크게 달랐다. 몽골 유목민이 소·양·말 등을 키우며 초원의 풀을 뜯게 했다면, 만주의 에벤키족은 순록을 키우며 삼림의 리트머스이끼를 먹게 했다.

숙신의 용맹함과 뛰어난 궁술은 멀고 먼 중원까지 알려졌다. 공자는 새에 꽂힌 정체불명의 화살을 보고 숙신의 화살임을 알아맞혔고, 진수도《삼국지》〈동이전〉에서 숙신의 후예인 읍루 사람들은 대부분 용감하고 힘이 세며 활쏘기에 뛰어나다고 했다.

헤이룽장의 첫 국가, 발해

숙신의 땅은 부여보다 훨씬 추웠고, 인구가 적었으며, 통일국가를 이루지 못

했다. 진수는 읍루에 "대군장(大君長)은 없고, 마을마다 대인(大人)이 있다."[4]고 말했다. 즉, 통일된 지도자가 없고 마을 단위로 족장이 있었다. 국가 체제를 정비하지 못하고 군소 부족들이 여기저기 흩어져 살았다. 훗날 부여와 고구려가 헤이룽장까지 영향력을 미치기는 했지만, 헤이룽장을 중심으로 삼은 것은 아니었다.

헤이룽장을 중심으로 삼은 첫 국가는 발해다. 고구려가 멸망한 후 만주는 당·돌궐(突厥)·신라의 세력이 미치지 못해 힘의 공백 지대가 되었다. 698년 대조영(大祚榮)은 고구려 유민과 말갈족을 규합해 랴오둥에서 탈출한 후 지린성 둔화시 동모산에 이르러 발해를 건국했다. 발해가 동북의 왕자 고구려를 계승한다고 선언하자 만주 일대가 호응했다. 727년 무왕(武王)은 일본에 국서를 보내 발해가 만주를 통합했음을 알렸다. "무예가 외람되이 열국(列國)을 주관하고 제번(諸蕃)을 거느려, 고려(고구려)의 옛 땅을 회복하고 부여의 유속(遺俗)을 잇게 되었습니다."[5]

발해는 흑수말갈·당·신라의 도전을 물리치고 동북의 새로운 주인으로 자리를 굳혔다. 동북아시아의 정세가 안정되자 발해는 당나라의 선진 문물을 적극적으로 수용하고 제도를 정비해 내실을 다졌다.

755년 당나라에서 안녹산(安祿山)의 난이 일어나자, 756년 문왕(文王)은 상경용천부(上京龍泉府, 지금의 헤이룽장성 닝안현 동경성 일대)로 천도했다. 안녹산은 3개 절도사를 겸해 허베이·랴오닝·산시(山西) 일대를 장악하고 있었다. 발해는 안녹산의 습격을 우려해서 방어에 좀 더 유리한 상경으로 천도한 것으로 보인다.

상경용천부는 넓은 평야 지대에 무단장(牡丹江, 목단강)과 징푸호(鏡泊湖, 경박호)를 끼고 있다. 무단장은 쑹화장 최대의 지류이고, 징푸호는 95제곱킬로미터 면적에 오늘날에도 40종의 물고기가 사는 천연의 저수지다. 이처럼 상경용천부는 강·호수·산으로 둘러싸여 농·어업과 방어에 유리했다.

마침 8세기는 온난기여서 추운 만주에서도 농경과 목축을 하기에 좋았다. 안녹산의 난 이후 기운이 크게 쇠퇴한 당나라는 더 이상 위협적인 존재가 아니었다. 대내외적 호재가 겹쳐 발해는 '동방의 풍요로운 나라[海東盛國]'가 되었다. 발해의 영토는 고구려의 두 배에 달했고, 상경용천부는 당시 아시아에서 당나라 장안성(長安城, 지금의 산시성 시안시, 한나라와 당나라 때 도읍지) 다음으로 큰 도시였다. 상경용천부의 둘레는 16킬로미터. 600년 뒤에 세워진 조선의 한양(漢陽, 둘레 18킬로미터)보다 조금만 작을 정도로 규모가 컸다.

이런 재원은 어디서 나왔을까? 발해가 특산품인 가죽·모피·인삼·꿀을 수출한 덕분일 것이다. 920년 일본 왕자가 담비 모피옷을 여덟 벌이나 겹쳐 입고 발해 사신을 맞이했을 정도로 모피는 고귀함의 상징이었다.

국력이 강해지자 문화도 발전했다. 발해는 당나라에 60번 이상 사신을 파견해 중국의 문물을 받아들였으며, 빈공과 급제자도 신라 다음으로 많이 배출했다. 당나라 시인 온정균(溫庭筠)은 당나라를 방문한 뒤 귀국하는 발해 왕자를 전송하며 노래했다. "그대의 나라는 비록 바다 너머에 있으나, 수레 타고 글 읽는 문물은 본디 한집안이네[疆理雖海重, 車書本一家]."

국력이 신라보다 강해졌다고 생각한 발해는 당나라에 발해 사신이 신라 사신보다 윗자리에 앉을 수 있게 해달라고 요청했다. 하지만 당은 거절했다. "국명의 선후는 (국력의) 강약에 따라 칭하는 것이 아니니, 조제의 등급을 어찌 지금의 성쇠(盛衰)로써 바꿀 것인가. 마땅히 옛 관례에 따르도록 하라."

이에 신라의 최치원은 '발해에 윗자리를 허락하지 않는 것에 감사하는 표문[謝不許北國居上表]'을 올렸다. 최치원은 당대 최고의 명문장가답게 발해에 신랄한 조롱을 아끼지 않았다.

최치원은 발해가 본래 말갈족 오랑캐의 무리로 "(고)구려가 아직 멸망하지 않았을 때는 본래 사마귀처럼 보잘것없는 부락이었는데 …… 올빼미 같은 자들이 백산에서 소란스럽게 모여들고 솔개 같은 무리는 흑수에서 떠들썩

하게 울어대" 천하를 혼란케 했으니, "만약 폐하의 뛰어난 생각과 외로운 결단이 신필로 내려지지 않았다면, 근화향(槿花鄉, 신라)의 염치와 겸양의 기풍이 가라앉고 호시국(楛矢國, 발해)의 독통(毒痛)이 더욱 성하게 되었을 것"이라고 감사를 표했다.[6] 신라를 아름다운 '무궁화의 나라'로 칭하고, 발해를 사나운 '화살의 나라'라고 칭한 대목도 눈여겨볼 만하다. 발해와 신라 사이의 치열한 라이벌 의식을 엿볼 수 있다.

그러나 해동성국 발해의 최후는 어이없을 정도로 허망했다. 925년 12월 16일 요 태조 야율아보기(耶律阿保機)가 출격한 지 한 달도 안 되어 926년 1월 12일 발해는 멸망했다. 발해 국경의 부여부가 함락된 지는 열하루, 수도 상경용천부가 포위된 지는 고작 사흘 만이었다. 역사책에 전하는 바가 없어 속사정은 상세히 알 수 없다.

다만 역사가들이 추측하기로 발해는 당나라의 제도를 받아들였지만 중앙 집권력은 크게 떨어졌다. 수많은 토착 세력이 각 촌락의 군사·행정적 권한을 갖고 있어 이들의 합의와 지지가 매우 중요했다. 그런데 발해 말기에 기강이 해이해지고 내분이 일어났을 때, 요나라가 발해의 토착 세력들을 포섭하며 진격하여 순식간에 제압한 듯하다.

《요사(遼史)》는 태조 야율아보기가 20여 년이나 힘껏 싸워 동경 요양부(東京 遼陽府)를 얻었으며[7], 발해 사람들의 분열을 틈타 출정해 '싸우지 않고 이겼다'고 기록했다.[8] 동북의 신흥 강자 요나라는 오랫동안 집요한 공세를 펼친 끝에 랴오둥과 만주를 얻었고, 쇠약해진 발해는 내분 끝에 멸망했다.

만주의 해동청, 여진족

요나라는 유목민족 최초의 대제국이었다. 몽골, 만주, 화베이(華北, 화북)의 요지를 장악한 요나라는 송나라에 막대한 세폐를 받고 교역을 장려하며 부강한 나라가 되었다. 헤이룽장 일대에 살던 흑수말갈(黑水靺鞨)은 고구려와 발해도 제압하지 못했으나, 요나라는 헤이룽장까지 손을 뻗쳐 흑수말갈에 조공을 요구했다. 그러나 과도한 조공 요구는 스스로 무덤을 판 격이었다.

흑수말갈의 하나로 여진족이 있었다. '여진(女真)'은 여진족의 말로 해동청(海東青)이라는 뜻이다. 날래고 용맹한 해동청은 여진족의 이상형이었고 만응지신(萬鷹之神)이었다. 요나라는 여진족에 해동청을 공물로 바치기를 강요했다. 해동청은 10만 마리의 매 중에 하나 있을까 말까 할 정도로 희귀한데다 여진족의 자존심을 상징하는 터라, 요나라의 처사는 여진족의 공분을 샀다. 흑수말갈이 동북의 왕자 부여·고구려·발해에도 굽히지 않았듯이, 그 후에 여진족도 거란족에 결코 굴복하지 않았다.

이때 영웅 완안아골타(完顔阿骨打)가 등장해 여진족을 규합하고 요나라에 반기를 들었다. 요나라 역시 막강한 대제국이었지만, '1만 명이 뭉치면 천하가 당할 수 없다'던 여진족 앞에서는 무력했다. 1114년 아골타는 요의 10만 대군을 출하점(出河店, 지금의 헤이룽장성 자오위안현)에서 격파하고, 1115년에 영원한 제국을 꿈꾸며 금(金)나라를 건국했다. "요나라는 '빈철(賓鐵)'을 국호로 정하고, 그것의 강인함을 취할 것이다. 그러나 철이 비록 강하다 할지라도 언젠가는 변할 것이다. 오직 금(金)만이 변하지 않는다."[9]

요 황제는 20만 대군을 이끌고 친정했지만, 아골타는 겨우 2만 명으로 요나라 군대를 궤멸시킨다. 이후 금나라는 거칠 것 없이 1122년에 베이징을 함락하고 3년 뒤에는 요나라를 멸망시킨다. 송나라도 "자고로 융적의 흥기함이 여진만큼 빨랐던 적이 없었다."[10]며 혀를 내둘렀다.

금나라는 아골타의 희망처럼 영원한 제국이 되지는 못했다. 금나라는 요나라의 전철을 정확히 그대로 밟았다. 금나라는 용맹한 몽골족을 쥐어짰고, 희대의 영웅 칭기즈칸(Chingiz Khan)이 몽골족을 규합해서 금나라를 멸망

시켰다.

그러나 금나라는 화베이·만주 일대를 100여 년 지배하며 여진족의 정체성을 확립했다. 비록 금나라는 몽골족에 망했지만, 훗날 여진족은 그 몽골족을 쫓아낸 명나라를 멸망시키고 중국 천하를 제패한다. 청나라는 첫 국호를 후금(後金)이라고 지었을 만큼 금나라를 계승하려는 의지가 뚜렷했다.

청나라의 중국 정복은 역설적인 결과를 낳았다. 중국이 만주를 정복한 것이 아니라 만주를 근거지로 삼은 청나라가 중국을 정복하며, 만주가 중국의 세력권에 들게 되었다. 한족 역사가 백양(栢楊)은 말한다.

흑룡강은 중국 고대사에서는 특별히 중요한 지위를 차지하지는 못했다. 14세기가 되어서야 비로소 중국과 접촉했고, 17세기에 만주인이 세운 청 왕조가 중국의 주인이 됨으로써 마치 혼수품처럼 중국 판도에 편입되었다.[11]

러시아, 만주에 손을 뻗다

그런데 청나라가 중국을 삼키고 있을 때, 저 멀리 서방에서 라이벌이 나타났다. 또 하나의 대제국으로 비상하고 있던 러시아였다. 몽골의 압제에 시달리던 러시아는 부지런히 힘을 키워 마침내 몽골을 몰아냈다. 이반 4세(Ivan Ⅳ, 이반 뇌제)는 대외 정복 사업을 활발히 벌였다. 그의 주요 관심사는 발트해를 둘러싸고 있는 북유럽 일대였지만, 러시아는 아직 '북방의 사자' 스웨덴을 제압할 만큼 강하지 못했다. 치열한 전투에 비해 실익은 크지 않았다.

그러나 동쪽은 달랐다. 몽골의 잔여 세력을 제외하고는 큰 세력이 없어 러시아의 질주를 막을 수 없었다. 더욱이 시베리아의 풍부한 담비 모피는 러시아의 큰 수입원이 되었다.

아메리카 대륙의 은이 쏟아져 들어오자, 유럽에서는 상업혁명이 일어났다. 막대한 부를 쌓은 귀족·상인 계급은 부유함을 과시하기 위해 사치에 열을 올렸다. 그중에서도 "어둠보다 까맣고, 백설보다 부드러운 담비 모피는 유사 이래 절대적 지위의 상징이었다."[12]

러시아는 모피를 찾아 끝없이 동쪽으로 진군했다. 1650년대 러시아 총수입의 10~30퍼센트가 모피 무역에서 나왔다. 러시아는 시베리아 정복으로 영토 대국이 되었을 뿐만 아니라, 담비·물고기·소금 등 시베리아의 특산물로 막대한 수입을 올렸다.[13] 이렇게 축적한 재원으로 러시아는 근대화 개혁을 추진하며 막강한 군대를 조직했다. 시베리아 정복을 통해 대제국 러시아가 탄생했다.

거침없이 동진하던 러시아는 시베리아의 동쪽 끄트머리에서 처음으로 강력한 맞수 청나라를 만났다. 만주와 시베리아가 교차하는 헤이룽장성에서 양대 제국 청나라와 러시아는 교전을 벌였다. 다만 이 땅은 양국 모두에게 변방이었기에 대규모 전쟁이 일어나지는 않고 소규모 교전에 그쳤다.

이때 청나라는 주력이 중국 본토를 평정하느라 바빴기 때문에 조선에 지원군을 요청했다. 마침 당시 효종(孝宗)은 병자호란의 치욕을 씻어내자며 북벌(北伐)의 기치를 높이 들고 정예 포수들을 육성했다. 효종은 1654년과 1658년 두 차례 지원군을 보내 청군과 함께 러시아 원정대를 격퇴했다. 이 때문에 청·러 국경 분쟁 사건은 우리에게는 '나선정벌'로 유명하다. 청나라를 치자는 대의명분으로 양성한 군대가 오히려 청나라를 도와 러시아를 친 것은 분명 아이러니지만, 조선 포수의 탁월한 사격술은 러시아군의 간담을 서늘케 했다. 신류도 현지에서 조선군의 명성을 들었다.

지난 갑오년(1654년) 조선 군대가 처음 출동했을 때, 여러 차례 싸움이 붙지도 않았건만 적들은 버티지 못하고 많은 사상자를 낸 채 도망쳤다. 그 뒤 적

헤이룽장성 黑龍江省

들은 말끝마다 "머리 큰 사람들이 두렵다."고 했다는데, '머리 큰 사람' 곧 '대두인(大頭人)'이란 조선 병사들이 벙거지를 쓴 모습을 가리킨 말이다.[14]

이후 청나라는 중국 전역을 장악하고, 삼번의 난을 평정하며, 타이완의 정씨 왕조를 정복해 중국 지배를 공고히 했다. 내부가 안정되자 청나라는 러시아의 알바진(雅克薩, 아극살) 요새를 공략하고 1689년 네르친스크조약을 맺어 북만주의 국경 분쟁을 끝냈다. 이때 만주는 태평양까지 이어진 광활한 땅이었다.

그러나 청나라와 러시아의 국력이 역전되면서 국경선도 변했다. 아편전쟁으로 청나라가 위기에 몰린 틈을 타서 러시아는 태평양으로 나갈 수 있는 옌하이저우를 확보했다. 니콜라이 1세(Nikolai I)는 의기양양하게 말했다. "러시아 국기는 올라가면 다시는 내려오지 않는 법이니라."[15]

1860년 베이징조약을 체결한 러시아는 본격적으로 만주에 영향력을 확대했다. 러시아의 남하 정책은 동쪽의 블라디보스토크, 서쪽의 랴오닝성 다롄을 양 날개로 삼았다. 블라디보스토크는 '동방을 정복하라'는 뜻. 러시아의 야심을 적나라하게 보여주는 이름이다.

이때 러시아는 하얼빈(哈爾濱, 합이빈)을 동북의 허브로 삼았다. 하얼빈은 시베리아 횡단철도로 블라디보스토크, 다롄을 잇는 북만주의 중심이었기 때문이다.

이에 심각한 위기를 느낀 것은 일본이었다. 러시아의 남하 정책은 일본의 북진 정책과 정면으로 충돌했다. 일본은 시간이 흐를수록 불리하다고 판단했다. 대국 러시아가 '제국의 통로'인 시베리아 횡단철도를 완비하고 나면 막대한 물량을 순식간에 만주로 투입할 수 있기 때문이었다. 그래서 1940년 일본은 러시아를 선제공격했고, 1년 반 동안 전쟁을 한 끝에 힘겹게 승리했다.

안중근, 이토 히로부미를 쏘다

지금 돌이켜보면 희한한 일이지만, 러일전쟁에서 일본이 승리했을 때 많은 아시아인들이 환호했다. 당시 아시아는 영국·미국·러시아 등 서양 열강의 침략과 수탈에 시달리며 열등감을 느꼈다. 황인은 제아무리 애써봤자 백인에게 안 된다는 자조가 퍼졌다. 그런데 일본이 러시아를 이기자, 아시아인들은 "우리도 하면 된다!"는 자신감이 생겼다. 인도의 간디, 인도네시아의 네루도 일본의 승전에 기뻐했고, 쑨원은 "일본의 승리는 우리 자신의 승리"[16]라고 극찬했다.

조선의 청년 안중근도 처음에는 일본의 승리에 기뻐했다. 그러나 당시의 정세로 보면 큰 오판이었다. 조선의 고종(高宗)과 명성황후(明成皇后)는 신진 강호 러시아로 청나라와 일본을 견제한다는 전략을 갖고 있었다. 일본은 1895년 청나라를 꺾고 명성황후를 살해하며 조선을 장악하려 했지만, 이듬해 고종은 궁에서 빠져나와 러시아 대사관으로 도망쳐[俄館播遷] 친일 내각을 견제했다. 러시아와 일본이 팽팽하게 대립할 때에는 '러시아를 끌어들여 일본을 견제하는 전략[引俄拒日]'이 효과가 있었다. 그러나 러일전쟁에서 일본이 이기자 유일한 견제 세력인 러시아가 사라졌다. 이제 일본이 조선을 식민지로 삼는 데 방해될 것이 없었다.

1905년 9월 5일 러일전쟁에서 승리하자마자, 11월 17일 이토 히로부미(伊藤博文)는 을사조약을 강제로 체결했다. 이로써 조선은 정식으로 외교권을 박탈당했고, 이토 히로부미는 조선 통감부 초대 통감이 되어 조선의 내정에 깊숙이 관여했다. 고종이 지푸라기라도 잡는 심정으로 헤이그 만국평화회의에 특사 이준과 이상설, 이범진을 파견해 을사조약의 부당함을 알렸지만, 동정만 샀을 뿐 변화를 일으킬 수는 없었다. 1907년 고종 황제는 퇴위당했고, 조선의 군부와 무관학교가 폐지되어 외교안보권이 모두 사라졌다.

2년 뒤인 1909년 10월 26일, 안중근은 하얼빈에서 이토 히로부미를 사살했다. 청나라 영토지만 러시아 동청철도(하얼빈 철도)가 관할하는 하얼빈 역에서 조선 독립군의 참모중장이 일본의 추밀원 의장을 벨기에제 권총 FN M1900으로 사살하며 에스페란토어로 외쳤다. "코레아 우라(대한제국 만세)!" 안중근 의사의 의거는 하얼빈이 얼마나 다양한 세력과 이해관계가 얽혀 돌아가는 땅이었는지를 생생하게 보여준다.

안중근은 먼저 러시아 관헌에게 체포되어 심문을 받았으나, 조선 국적을 가졌기에 러시아 재판에 회부되지 않고 일본에 인계되었다. 일본은 '한국 신민과 일본 제국 신민을 동등하게 대'하는 을사조약과 일본 제국의 형법에 의거하여 안중근을 사형했다.[17]

1910년 8월 29일 일본이 대한제국의 통치권을 받아내며 대한제국은 멸망했다. 조선총독부가 조선을 다스리는 일제강점기가 되었다. 한반도를 식민지로 삼은 일본은 푸이의 괴뢰정부를 내세워 만주국을 사실상 식민통치했다.

일본 제국은 미국·영국과 적대하며 교류·유학이 모두 끊어졌고 서양 문명을 만날 곳이 없었다. 이때 하얼빈은 "일본인이 접할 수 있는 가장 가까운 서양"[18]이었다. 1917년 러시아 혁명 후 많은 백계(반공) 러시아인, 유대인, 동유럽의 폴란드인, 중앙아시아의 무슬림까지 하얼빈에 망명했다. 하얼빈은 30여 민족이 섞여 사는 국제 도시로서 '바다 없는 상하이'이자 '서양 문명의 프론티어'였다.

731부대, 중소대립, 국경분쟁

그러나 일본의 기고만장함은 오래갈 수 없었다. 중국은 연이은 패전에도 불구하고 항일 의지를 결코 꺾지 않았다. 소련은 힘겨운 내전과 혼란을 극복한 뒤 5개년 계획으로 경제를 추스르고 다시금 대국의 저력을 보여주었다. 군사모험주의에 맛들인 일본은 소련을 공격해보았으나 연달아 패했다. 1939년 노몬한(Nomonhan) 사건(할힌골 전투)에서 참패한 일본은 소련과 불가침조약을 맺었다. 이로써 2차 세계대전에서 소련은 독일과의 전쟁에, 일본은 중국과의 전쟁에 집중할 수 있었다.

그러나 전력을 집중한다 해도 광활한 중국 대륙을 정복하는 것은 버거운 일이었다. 일본은 물량 부족을 만회하기 위해 세균전 무기를 개발했다. 당시 일본군 수뇌부는 주장했다. "일본은 철·광물 등 무기를 만들 수 있는 원자재가 부족하므로 새로운 무기를 개발해야 한다. 세균전 무기가 그중 하나다."

하얼빈에 설치된 731부대는 사람을 통나무(마루타) 취급하며 잔학한 생체실험을 했다. 또한 일본은 '다 죽이고, 다 태우고, 다 뺏는[殺光, 燒光, 搶光]' 삼광작전(三光作戰)을 수행하며 중국을 잔혹하게 지배했다.

그럼에도 불구하고 일본은 결국 전쟁에서 졌다. 일본은 끝내 중국을 제압하지 못했고, 미국은 일본 본토에 원자폭탄을 투하했으며, 소련은 만주로 진격했다. 소련의 명장 알렉산드르 바실렙스키(Aleksandr Vasilevsky)는 '8월의 폭풍' 작전을 시작한 지 한 달도 안 되어 만주 전역을 점령했다.

국민당에 비해 절대적으로 열세였던 공산당은 역전의 순간이 온 것을 직감했다. 마오쩌둥은 말했다. "만약 우리가 모든 근거지를 다 잃는다 해도 동북만 있다면 중국 혁명의 기초는 견고한 것이다. 물론 다른 근거지도 잃지 않고 동북도 있다면 중국 혁명의 기초는 더욱더 공고한 것이다."[19]

국민당의 장제스도 만주의 중요성을 잘 알고 있었지만, 공산당의 주력이 북방에 있는 반면, 국민당의 주력은 남방에 있었다. 더욱이 소련은 다롄항을 폐쇄하여 국민당의 수송선을 들여보내 주지 않았고, 철도도 이용하지 못하게 했다.

국민당의 발이 묶인 사이에 공산당은 재빨리 만주의 요지를 장악했다. 소

련은 일본으로부터 노획한 항공기 925대, 전차 369대, 야포 1226문, 소총 30만 정 등 막대한 무기와 탄약·식량·군수품을 대부분 홍군에게 넘겨주었다.[20] 1948년 린뱌오가 만주 전역에서 국민당 군대에게 승리를 거두면서, 공산군은 확실히 승기를 잡기 시작했다. 결국 공산당은 만주를 기반으로 천하를 통일한 청나라의 정복을 재현했고, 압도적 우위에 있던 장제스는 거짓말처럼 마오쩌둥에게 밀려 타이완으로 도망치는 신세가 되었다. 중국은 전통적으로 "중원을 얻어야 천하를 얻을 수 있다."고 말해왔지만, 청나라 이후로는 "만주를 얻어야 천하를 얻을 수 있다."는 말이 생겼다.

공산혁명 초기에 중국과 소련의 관계는 매우 굳건했다. 그러나 하늘에 두 개의 태양이 있을 수 없다던가. 소련이 사회주의 진영의 맹주로 나서며 '사회주의 형제국'들의 내정에 간섭하자, 중국은 크게 반발했다. 양국의 긴장은 헤이룽장성 지역의 국경분쟁으로 이어졌다.

츠쯔젠의 소설 〈돼지기름 한 항아리〉는 중국과 소련의 미묘한 관계 변화에 휘둘리는 헤이룽장 사람들의 일면을 그려냈다. 중국과 소련의 관계가 좋았던 시절에 헤이룽장의 한 산촌에서 살던 여자가 출산을 앞두고 극심한 진통을 겪었다. 산촌에서 중국 읍내까지 가기보다 차라리 강 건너편 소련 읍내에 가는 게 훨씬 빨랐다. 그래서 가족은 얼어붙은 강을 썰매로 건너 소련의 병원에서 무사히 아이를 낳았고, '소련에서 태어났다'는 뜻으로 아이의 이름을 '쑤성(蘇生, 소생)'이라고 지었다. 그러나 문화대혁명이 일어나고 양국 관계가 험악해지자, 쑤성 가족 전체가 소련 스파이로 몰려 고초를 겪었다. 모든 광풍이 지나가고 난 다음 그녀는 "날개를 활짝 펴고 강 양안 사이를 날아다니는 새들의"[21] 자유로움을 부러워한다.

외교에는 영원한 친구도 적도 없다. 중국은 1970년대에 소련을 견제하기 위해 미국을 끌어들였지만, 오늘날에는 미국을 견제하기 위해 러시아와 협력하고 있다.

헤이룽장 소수민족의 어제와 오늘

중국 전체로 보면 공산당이 중국을 통일하며 점차 안정을 찾았다. 그러나 헤이룽장 일대에 살던 소수민족에게는 오히려 큰 변화의 시작이었다.

츠쯔젠의 소설《어얼구나강의 오른쪽》을 통해 소수민족의 삶의 변화를 살펴보자. 러시아가 시베리아를 정복하며 어얼구나강(額爾古納河, 액이고납하)을 경계로 청나라와 영토를 나누었다. 그래서 동쪽은 중국어로 어얼구나강이고, 서쪽은 러시아어로 아르군강(Argun江)이 되었다. 국경이라는 개념이 없던 에벤키족은 자유로이 강을 넘나들며 살아왔지만, 청나라와 러시아가 국경을 나눈 후 한쪽 지역에만 살 수 있게 되었다. 에벤키 소녀는 이를 납득할 수 없었다. "내 눈에 강은 그저 강일뿐이었다. 어디가 왼쪽이고 오른쪽인지 구분할 수 없었다. 강 언덕에 모닥불을 피우면 불이 오른편에서 타고 있다 하더라도 왼편 설야까지 붉게 물들었다."[22]

러시아는 아르군강 밖으로 에벤키족을 몰아냈고, 일본은 만주축산주식회사를 설립해 에벤키족의 사냥감을 헐값에 가로채며 열네 살 이상의 남자를 징병했다. 그러나 이런 변화는 오히려 중화인민공화국 이후의 변화보다 훨씬 작았다.

중국은 만주를 개발하려고 만주 이주를 장려했다. 수많은 외지인들이 만주에 와서 살게 되었다. 나무를 베어 집을 짓고 외지에 내다 팔았으며, 철도를 놓았다. 삼림이 파괴되자 순록의 먹이인 이끼와 친칠라의 먹이인 잣이 사라지며 에벤키족의 생활이 파괴되었다.

중국 정부는 에벤키족이 "예의범절이 넘치는 문명 사회주의의 새로운 수렵민족으로 거듭나야 된다."[23]며 정착 생활을 종용했다. 정착 1.5세대들은 숲과 도시, 어느 쪽에도 적응하기 힘들었다. 도시는 어지러웠지만, 숲은 단조롭고 따분했다.

에벤키족은 태곳적부터 숲과 공존해왔다. 그러나 중국 정부는 단기간에 숲을 모조리 베어내더니 이제는 숲을 보호하겠다며 에벤키족의 유목 생활도, 사냥도 금지시켰다. 숲의 민족 에벤키는 이렇게 중국식 생활에 동화되며 '문명 민족'이 되어갔다.

츠쯔젠이 한족이면서도 에벤키족의 입장에서 말했다면, 랴오닝 작가 쑤쑤는 철저하게 한족 공산당의 입장에서 말한다. 쑤쑤는 "문명은 항상 야만적인 것을 이기는 법"[24]이라며 '산 위의 사람들' 오로첸족의 동화 과정을 문명의 필연으로 본다.

그러나 오로첸족이 한족에 완전히 동화되어 아름다운 '문명 민족'으로 거듭나는 과정은 험난하다. 오로첸족 학자 우야즈(吳雅芝, 오아지)는 지금의 오로첸족이 "상인도 아니고, 농민도 아니며, 노동자도 아니고, 유목민도 아닌[不像商人, 不像農人, 不像工人, 不像牧人]" 사불상(四不像)이 되었다고 자조한다.[25]

재미있는 것은 중화주의자 쑤쑤마저도 헤이룽장의 변화에 대해서는 곳곳에서 마뜩찮은 감정을 내보인다는 점이다. 많은 철도공과 벌목꾼 들이 몰려들면서 '원인 불명'의 대형 화재에 시달리는 대싱안링의 삼림을 보며 쑤쑤는 말한다. "열차가 개통된 그날부터 대흥안령은 더 이상 단순한 산봉우리도 숲도 아닌 존재가 되었다. 단지 이곳은 위대한 조국의 부유함과 화려함의 상징이 되었다."[26]

쑤쑤는 백야를 보러 베이지춘(北極村, 북극촌)에 가서 너무 상업적으로 변한 모습에 실망하고, 눈이 내리지 않는 하얼빈의 '빙설제(冰雪節)'를 보며 또 한 번 실망한다.

오늘날 헤이룽장성은 다소 모순적인 상황에 빠져 있다. 중국에서 중화학공업이 가장 먼저 발달한 곳이지만, 오늘날에는 가장 낙후한 공업지대가 되었다. 중국·러시아·몽골·한반도를 잇는 동북아의 허브지만, 인근 지역의 경제가 그리 발달하지 못했고 경제 교류가 제한적이라 물동량이 부족하기 때문에 허브 구실을 제대로 하지 못한다. 대(對)러시아 창구지만, 러시아는 중국과 협력·친선 관계를 유지하면서도 어마어마한 중국 인구가 엔하이저우를 잠식할 것을 우려해 극동 교류에는 소극적이다.

헤이룽장의 경제는 과거의 덫에 사로잡혀 있다. 1차 산업은 쌀·옥수수·콩 위주이고, 2차 산업은 노후한 중화학공업이며, 3차 산업은 유통·요식·교통 등 전통 서비스업 위주다. 헤이룽장도 스스로의 약점을 잘 알기에 산업구조를 선진화하고, 금융·물류업·IT 서비스 분야(클라우드 컴퓨팅) 등을 육성하며, 러시아·몽골 등과의 교류를 촉진하려고 노력하고 있다. 그러나 오랜 시간 동안 성과가 쉽게 나타나지 않는다.

헤이룽장을 둘러싸고 있는 중국·러시아·몽골·남북한·일본·미국 등 여러 나라가 화해 협력하고 공존공영을 추진할 때 헤이룽장에 진정한 번영이 찾아오지 않을까? 과거 긴장의 땅이었던 헤이룽장이 미래에는 협력의 땅이 되기를 바란다.

깊을 오

마카오

澳門

동방무역의 중심에서 카지노 왕국으로

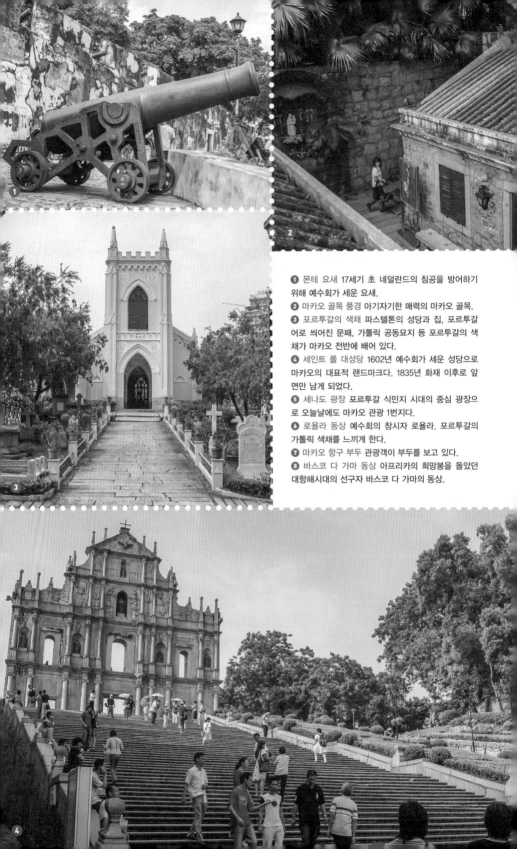

❶ 몬테 요새 17세기 초 네덜란드의 침공을 방어하기 위해 예수회가 세운 요새.

❷ 마카오 골목 풍경 아기자기한 매력의 마카오 골목.

❸ 포르투갈의 색채 파스텔톤의 성당과 집, 포르투갈어로 씌어진 문패, 가톨릭 공동묘지 등 포르투갈의 색채가 마카오 전반에 배어 있다.

❹ 세인트 폴 대성당 1602년 예수회가 세운 성당으로 마카오의 대표적 랜드마크다. 1835년 화재 이후로 앞면만 남게 되었다.

❺ 세나도 광장 포르투갈 식민지 시대의 중심 광장으로 오늘날에도 마카오 관광 1번지다.

❻ 로욜라 동상 예수회의 창시자 로욜라. 포르투갈의 가톨릭 색채를 느끼게 한다.

❼ 마카오 항구 부두 관광객이 부두를 보고 있다.

❽ 바스코 다 가마 동상 아프리카의 희망봉을 돌았던 대항해시대의 선구자 바스코 다 가마의 동상.

기아산
△

세인트 폴
대성당

마카오
특별행정구

유럽의 후발주자 포르투갈은 아프리카의 희망봉을 돌고 인도를 지나는 긴 항해 끝에 중국을 찾아왔다. '서양 최대의 동방 무역항' 마카오에서 세상 부러울 것 없던 명나라의 황제들도 용연향과 대포를 찾았고, 건달 정지룡은 서양의 노하우를 배워 '바다의 제왕'이 되었다. 그러나 신진 강호 영국이 홍콩을 키우자, 마카오는 급속히 쇠락하며 도박장을 열었다. 오늘날 세계 10대 카지노 중 8개가 있는 마카오. '카지노 경제'의 늪에서 탈출하기란 아득해 보인다.

1990~1991년에 KBS에서 방영한 〈야망의 세월〉은 어렸을 때 무척 재미있게 본 드라마다. 격동의 한국 근현대사를 살아가는 인물들은 어린 나에게도 흥미진진했다. 가난한 일제강점기에 사업가 박만석이 어느 날 흰 모자에 흰 재킷, 흰 바지에 흰 구두로 쫙 빼입자 아내가 감탄하며 말했다. "와, 마카오 신사 됐수다!"

신사의 대명사인 마카오(Macao), 이름도 이국적인 마카오, 그곳은 어떤 곳일까? 카카오가 자란다는 남미 브라질에 있을까? 그레이스 켈리 공비(公妃)가 살았던 모나코 근처에 있을까? 마카오는 그 이름만으로도 호기심과 상상력, 탐험심을 자극했다. 서양 모험가들의 혼이 은연중 전달된 것일까?

훗날 마카오가 중국이라는 것을 알고서 적잖이 실망했다. 그래도 마카오 산책은 어릴 적의 환상을 아쉽게나마 달래주었다. 대항해의 선구자 바스코 다 가마(Vasco da Gama)와 예수회의 창시자 로욜라(Ignatius Loyola)의 동상이 시내에 서 있었다. 꽃밭 이름도 '바스코 다 가마 화원'이었고, 제습기 이름도 '로욜라'였다. 희고 노란 파스텔톤 건물 사이를 걸으며 맛있는 에그 타르트와 푸딩을 먹었다. 중국 속에 배어든 유럽의 정취는 아직 살아 있었다.

마카오의 약칭은 '깊을 오(澳)' 자다. '오'는 배가 정박하기 편하게 해안선이 움푹 들어간 곳을 말한다. 마카오는 중국어로 '아오먼(澳門, 오문)', 천혜의 항구임을 뜻한다. 그러나 세계적으로는 '마카오'라는 이름이 훨씬 더 친숙하다. 식민지의 이름이 대체로 그렇듯, 마카오라는 이름도 제국주의자와 현지

마카오 澳門

인의 대화로 만들어졌다.

중국의 뱃사람들은 바다의 수호여신 마조(媽祖)를 섬기는 사원을 지었다. 포르투갈인이 마카오의 마조 사원 근처에 정착을 시작하며 현지인에게 이 땅의 이름을 물었다. 현지인은 사원의 이름을 묻는 것으로 착각해서 "아마 까오(마조 사원)."라고 알려주었다. 이때부터 이곳은 '마카오'라는 이름으로 세계에 널리 알려졌다.

포르투갈인들은 왜 하필 마카오에 자리를 잡았을까? 광둥성의 중심 광저우(廣州, 광주)는 명청 쇄국정책에도 유일하게 개방된 대외무역항이었다. 중국과 교역하길 원하는 전 세계의 배들이 광저우에 몰려들어, "강을 따라 떠들썩한 번화가, 순식간에 수천 척의 배가 솟아난다."[1]는 장관을 연출했다. 광둥성의 젖줄 주장(珠江, 주강)은 광저우의 남쪽으로 흘러 남중국해로 들어간다. 주장과 남중국해가 만나는 지점, 중국 대륙의 땅끝에 마카오 반도가 있다. 즉, 마카오는 당시 세계 최대의 항구였던 광저우와 매우 가까우면서도, 중국 조정의 삼엄한 감시를 살짝 피할 수 있는 곳이었다. 중국과 교역하는 한편, 독자적인 사회를 만들고 싶은 해외 상인 집단이 탐낼 만했다.

대항해시대, 마카오를 낳다

여기 유럽 머리 부분 가장자리에 포르투갈 왕국이 있으니,
육지는 이곳에서 끝나고, 바다는 이곳에서 시작된다.
— 루이스 바스 드 카몽이스의 〈우스 루지아다스〉 3편 20 중에서[2]

이 말처럼 포르투갈은 유럽 대륙의 서남쪽 끝에 있다. 대서양과 지중해의 경계이고, 유럽과 아프리카의 경계이며, 가톨릭 문화권과 이슬람 문화권의

경계다. 옛날부터 포르투갈은 라틴족·켈트족·게르만족 등의 유럽인과 카르타고인·무어인·베르베르인 등 북아프리카인들이 부대끼며 살았다. 따라서 다양한 종족과 문화를 접하며 교역을 하는 것에 익숙했다.

더욱이 포르투갈은 땅도 작고 인구도 적다 보니 장사 아니면 먹고살기도 힘들었다. 그러나 베네치아 공화국이 지중해를 독점적으로 장악하고 있어서, 대서양으로 나가는 다른 항로를 찾아야 했다. 열악한 사정을 극복하려고 몸부림치던 포르투갈은 대항해시대를 열었다. 항해 왕자 엔히크(Henrique)가 아프리카를 탐색했고, 바스코 다 가마는 아프리카의 희망봉을 돌아 인도 항로를 열었다. 포르투갈의 동진은 거침없었다. 인도를 넘고 동남아시아를 지나 중국과 일본까지 닿았다.

다만 포르투갈이 마카오에 안착하는 과정은 결코 만만치 않았다. 포르투갈은 동남아 일대를 석권할 수 있는 요충지 플라카(Melaka)를 점령한 후, 1517년 국왕 마누엘 1세(Manuel I)의 공식 사절 토메 피레스(Tomé Pires)를 명나라 황제에게 보내 외교·교역 관계를 수립하고자 했다.

이때 명나라의 황제는 정덕제(正德帝)였다. 그는 스스로를 대장군에 봉하고 몸소 몽골군과 싸운 적이 있다. 솔선수범이라기보다 기행이었다. 군 최고 통수권자인 대통령이 스스로를 육군 중장으로 계급을 강등시키고 몸소 탱크를 몰고 나가 적과 싸운 격이랄까? 정덕제는 매우 특이한 황제이긴 했으나, 외국 문물에 매우 관심이 많았다. 쯔진청(紫禁城, 자금성)에서 살기보다 베이하이(北海, 북해) 공원 근처에 몽골식 천막을 치고 생활하는 것을 좋아했고, 몽골어와 산크리스트어를 구사할 수 있었으며, 서역인과의 만남을 즐겼다. 그런 만큼 정덕제 자신은 포르투갈과의 관계도 흥미롭게 검토해볼 만했다.

그러나 마침 플라카 사신이 명나라에 와서 포르투갈이 범선과 화포로 왕국을 점령하고 국왕을 축출했다고 고발하며 구원을 요청했다. '플라카는 칙서를 내려 책봉한 나라'로 명나라 조공 질서의 일원이었다. 포르투갈의 플라카 점령은 명나라 중심 국제 질서에 대한 중대한 도전이었다. 신하들은 일제히 포르투갈을 비난했다. "지금 그들이 왕래하여 무역하는 것을 듣건대, 위세를 내세워 반드시 싸우고 살상을 자행하니 남방의 환란과 위태로움이 끝이 없습니다."[3]

포르투갈은 외교 관계를 맺지 못하자 함포로 명나라의 문을 열고자 했다. 포르투갈은 대항해시대의 선두 주자답게 화력도 만만치 않았으나 명나라를 압도할 정도는 아니었다. 두 차례 벌어진 전투에서 명나라는 모두 승리했다.

외교와 전쟁, 두 가지 공식 루트가 모두 실패하자 남은 길은 비공식 루트, 즉 밀무역뿐이었다. 포르투갈 상인들은 중국 해안에서 밀무역과 해적질을 일삼았다. 포르투갈의 탐험가 페르낭 멘데스 핀투(Fernao Mendes Pinto)는 당시 저장성 닝보(寧波, 영파)에 있던 불법체류 포르투갈촌의 규모가 어마어마했음을 말해준다. "닝보에는 …… 그 규모로 미루어 아시아에서 가장 고풍스럽고 부유하고 풍족한 도시라는 것은 분명한 듯했다."[4]

그러나 이 같은 불법행위로 포르투갈 상인들이 이익을 보더라도, 포르투갈 왕국이 이익을 보는 것은 아니었다. 1552년 포르투갈 왕실함대 사령관 리오넬 데 소사(Leonel de Sousa)는 포르투갈 해적선과 밀무역 상인을 소탕하며 명 조정의 환심을 샀다. 소사는 포르투갈 왕국이 질서와 명예를 중시하는 '바다의 제국'으로서 일부 몰지각한 포르투갈 무뢰배들과는 다름을 밝혔다.

한편 광둥성은 진(秦)나라가 정복하기 이전에도 이미 남중국해의 중요 무역항일 정도로 상업의 역사가 뿌리 깊은 곳이었다. 광둥의 현지 관원과 호족 들은 조정의 입장과는 달리 교역을 원했다. 이들이 조정에 통상을 허용해달라고 계속 탄원하자, 조정도 결국 이들의 의견을 일부 수용했다. 포르투갈은 이에 편승하여 명의 조공국인 플라카의 무역선인 척하고 중국과 교역을 시작했다.

돈의 신이 마카오에 우뚝 솟다

앉으면 눕고 싶고, 누우면 자고 싶게 마련이다. 포르투갈인은 무역·해군 기지로 쓸 수 있는 마카오 반도를 탐냈다. 1553년 포르투갈 상인은 바닷물에 젖은 화물을 말린다며 마카오 반도에 상륙 허가를 받았다. 이후 소사는 상인의 경거망동을 자제시키는 한편 중국에 20퍼센트의 세금을 내며 마카오에 은근슬쩍 눌러앉았고, 결국 1557년 조정은 포르투갈인이 마카오에 살수 있는 거주권을 부여했다.

당시 황제가 가정제인 것이 포르투갈에는 큰 행운이었다. 불로장생에 집착한 가정제가 찾던 물품 중 하나가 용연향(龍涎香)이었다. 용연향은 '용의 침으로 만든 향'이라는 뜻으로, 향유고래의 토사물이다. 오늘날에도 '바다의 금덩이'라고 불릴 만큼 희귀한 최고급 향료다. 가정제는 환관을 채향사(採香使)로 임명해 방방곡곡에서 용연향을 구하게 했고, 구하지 못하면 중형으로 다스렸다. 그러나 10여 년이나 애타게 찾아도 구하기 힘들던 용연향을 마카오의 포르투갈 상인이 구해주었다. 향료의 천국인 인도와 동남아를 석권한 포르투갈 상인에게 용연향을 구하는 것은 비교적 쉬운 일이었다. 조정은 마카오에 향의 품질을 관리하는 향산험향소(香山驗香所)를 세웠다. 포르투갈인은 위험한 오랑캐에서 황제에게 꼭 필요한 상인으로 바뀌었고, 마카오에서 당당하게 살 수 있게 되었다. 그래서 "중국은 아편으로 홍콩을 잃고 용연향으로 마카오를 잃었다."[5]는 말이 생겼다.

"초왕(楚王)이 마른 여자를 좋아하니 많은 후궁들이 굶어죽었다."는 말처럼, 상류층의 취향은 사회 전반으로 빠르게 퍼져간다. 황제가 마카오 포르투갈 상인에게 사치품을 사니, 황제 아래로 수많은 사람이 마카오에서 물건을 구했다. 순식간에 마카오는 "천여 채의 집에 만여 명의 오랑캐"가 사는 무역항으로 성장했다. "높은 건물이 치솟고 서로 바라다보일 정도로 즐비하여"

"1년도 지나지 않아서 수백 블록이 되더니 지금은 거의 1000블록 이상"이 되었고, 만력제(萬曆帝) 중기에 이르면 "마카오로 모이는 자가 1만 가구 10여만 명에 이르렀"으며 "서양 국적을 지닌 자가 대략 6000~7000명"이었다.[6]

1591년 탕현조(湯顯祖)는 마카오에 와서 중국과는 전혀 다른 분위기 속에 사는 사람들을 묘사했다. 부유한 상인은 "전원에 살지 않고 뽕나무도 심지 않지만, 마노장식에 비단옷을 입고 구름 같은 돛대에서 내"렸고,[7] "꽃 같은 얼굴의 오랑캐 여인 열다섯이 장미 이슬로 아침 단장을" 했다.[8]

당시 마카오는 "황금의 명령이 하늘을 지배하고, 돈의 신이 땅에 우뚝 솟"은 땅이었다. 광동의 권세가들은 대형 선박을 건조해서 상업 활동에 뛰어들었고, 경쟁이 격화되자 상인들은 태풍이 와도 출항을 강행해서 목숨을 잃곤 했다.

임진왜란(1592~1598) 이후 명나라가 일본과의 교역을 금지하자, 마카오는 전성기를 맞았다. 정치적 이유로 무역을 금지하긴 했지만, 중국은 일본의 은이 필요했고, 일본은 중국의 비단이 필요했다. 포르투갈은 이 틈을 비집고 들어가 양국과 중계무역을 했다. 포르투갈이 구축한 '포르투갈 리스본-인도 고아-동남아 믈라카-중국 마카오-일본 나가사키'의 무역 네트워크 중 '마카오-나가사키' 구간이 최고의 수익을 올렸다.

그러나 마카오에 사는 게 속 편하기만 하지는 않았다. 에스파냐를 꺾은 신진 강호 네덜란드가 마카오를 노렸다. 1601년부터 네덜란드는 장장 20년이나 마카오를 점령하려 했다. 포르투갈은 마카오에 성벽과 요새를 지으려 했으나, 명나라는 포르투갈인의 세력이 커지는 것을 원치 않았다. 포르투갈인이 성벽을 쌓으면 광동성 군대가 곧바로 출동해 성을 허물어버렸다.

그러던 중 포르투갈에 또 한 번 행운이 찾아왔다. 누르하치가 이끄는 만주군이 명나라에 맹공을 퍼붓자, 1621년 천계제(天啓帝)는 마카오에 "100명의 정예병, 몇 명의 뛰어난 포수와 문사(文士, 천주교 신부)"를 파견하여 관군들에게 화포 사용법을 가르치라는 성지를 내렸다.[9] 마카오에서 사들인 홍이포는 후금을 격퇴하는 데 큰 공을 세워 일개 쇳덩어리인데도 '안변정로진국대장군(安邊靖虜鎭國大將軍)'에 봉해졌다. 이에 대한 보답으로 마카오의 포르투갈인은 중국인과 같은 권리를 보장받았고, 마카오의 숙원 사업인 군사 방어시설 건축도 허가받았다.

그러나 이들이 역사를 바꿀 수는 없었다. 명나라는 이미 기강이 무너지고 통제력을 잃은 상태였다. 만주족 역시 포르투갈의 화포를 수입하여 화력을 강화했다. 결국 한족의 명나라는 만주족의 청나라로 바뀌었다.

대륙에서 격변이 일어나는 와중에도 마카오는 활력이 넘쳤다. 명말 40년도 안 되는 기간(1596~1634) 동안 필리핀 마닐라(Manila)는 멕시코에서 수입한 백은 2644.8만 페소 중 2569만 페소(97.1퍼센트)를 중국으로 수출했다. 이 중에서 마카오를 거친 양은 2025만 페소로 중국 전체 유입량의 79.1퍼센트를 차지했다. 마카오는 서양 최대의 동방무역항이 되었다.[10]

건달 정지룡, 해적왕이 되다

이때 마카오를 찾은 중국의 한 건달은 훗날 동중국해를 주름잡는 해적왕이된다. 바로 정성공의 아버지 정지룡이다. 푸젠성 말단 관리의 아들로 태어난 정지룡은 "천성적으로 게을러서 배우고자 하는 열의가 없던 반면, 완력이 세고 권투와 무술을 좋아했다."[11] 골칫덩이 정지룡은 아버지의 첩과 동침하는 대형 사고를 치고 마카오의 외갓집으로 도망쳤다. 외가 황씨 가문은 마카오에서 큰돈을 번 상인 가문이었다. 많은 마카오 상인들처럼 그들의 사업도 합법과 불법 사이를 오갔을 것이다.

건달 정지룡은 거친 바다의 사나이들과 쉽게 의기투합했다. 정지룡은 마카오 밀수단 두령인 이단(李旦)의 총애를 받았다. 이단은 영국인과 네덜란드

마카오 澳門

인으로부터 'Captain China'라고 불릴 정도로 바다의 실력자였다. 정지룡은 그런 이단의 오른팔이 되어 광둥과 푸젠뿐 아니라 필리핀·베트남·일본 등 동아시아의 바다를 종횡무진으로 누볐다. 포르투갈 상인·선교사 들과 어울리며 당대 국제 무역 공용어인 포르투갈어를 익혔고, 무역과 밀수, 해적질이 묘하게 뒤섞인 활동을 하며 '바다의 사업'에 눈을 떴다. 또한 일본 여자 다가와와 결혼하여 나가사키현(長崎県) 히라도(平戸)에서 아들 정성공을 낳았다.

이단이 죽은 후 정지룡은 밀수단을 크게 키워 해적왕이 되었다. 그는 네덜란드의 지원을 받아 사략선을 지휘하며 유럽의 항해술과 해적 노하우까지 습득했다. 쇠약한 명나라 조정은 정지룡에게 해적을 토벌하는 공을 세우면 "전 해역을 통제하는 도독"에 임명하겠다고 제안했다.[12] 전형적인 이이제이·차도살인(借刀殺人) 전략이지만, 정지룡은 동료 해적들을 소탕하고 중국의 바다를 석권했다.

그러자 명 조정은 이번에는 네덜란드에 무역을 허가해줄 테니 정지룡을 치라고 제안했다. 그러나 정지룡은 "1000척이 넘는 정크선을 이끌고" 네덜란드 해군의 소함대(5척)를 단숨에 쳐부수었다.[13] 정지룡을 제압할 자가 없어지자 명나라는 별 수 없이 정지룡을 푸젠성 도독으로 삼았다.

훗날 명나라가 망할 때 조정은 정지룡이 구원해주길 바랐지만, 정지룡은 명나라에 승산이 없다고 판단하고 청나라에 투항했다. 다만 그의 아들 정성공은 타이완을 근거지로 삼아 죽는 날까지 반청복명을 포기하지 않았다. 마카오는 정지룡·정성공 부자를 바다의 제왕으로 만든 숨은 공신이다.

청나라는 타이완의 정성공 세력을 약화시키기 위해 연해 지역에 사람이 살지 못하게 하고 널판지 한 장 바다 위에 띄우지 못하게 하는 해금령을 내렸다. 시랑이 타이완을 정복한 후 해금령이 완화되긴 했지만, 조정은 한인들이 해외에 나가는 것을 경계했다. 한족 선비가 동남아에서 재상이 되어 청나라에 쳐들어올지도 모르니까. 이 과정에서 마카오는 다소 부침을 겪었지만, 순치제(順治帝)·강희제의 신임을 받던 선교사 아담 샬(Adam Schall)과 페르디난트 페르비스트(Ferdinand Verbiest) 덕분에 큰 타격을 받지는 않았다.

그러나 시대가 변하며 마카오의 위상은 갈수록 약해져갔다. 마카오는 수심이 얕아 범선은 드나들 수 있었으나 근대 이후의 거대해진 무역선과 군함이 정박하긴 곤란했다. 포르투갈은 국력이 약해지며 상업도 쇠퇴했고, 시대의 변화에 맞추어 마카오를 발전시킬 수 없었다. 신진 강호 영국은 아편전쟁으로 청을 꺾고 홍콩을 차지했다. 수심이 깊고 항만이 넓은 홍콩은 산업시대의 거함을 정박시키는 데 아무런 문제가 없었다. 영국이 홍콩에 근대 인프라를 확충하자 홍콩은 무역뿐만 아니라 금융·교육·문화의 중심이 되었다.

뜨는 홍콩, 지는 마카오

홍콩이 떠오르며 마카오는 급속히 쇠퇴했다. 청말 광동 순무의 보고에 따르면, 이때 이미 마카오에서는 경기 침체로 시장에 활기가 없었고 도박과 성매매만 기승을 부리고 있었다.

영국이 1842년에 홍콩을 식민지로 만든 것을 본받아 포르투갈도 1887년에 마카오를 식민지로 만들었지만, 딱히 마카오에 큰 변화를 주지는 못했다. 1835년 화재로 앞면만 남은 세인트 폴 대성당(Saint Paul's Cathedral)도 복원하지 않았고, 몬테 요새의 대포도 1860년 이후로 바뀌지 않았다. 무역이 끊긴 마카오는 도박과 매춘으로 생계를 이었다. 임시방편 호구지책이던 도박과 매춘은 어느새 주력 산업이 되었다.

1847년 마카오 당국이 도박을 합법화한 지 몇 년 안 되어 마카오에는

마카오 澳門 澳

200개가 넘는 도박장이 들어서며 '동양의 몬테카를로'라는 별명을 얻었다. 상업의 활기가 환락의 광기로 변했다. 마카오는 중국의 3대 악, 매춘·도박· 마약[黃賭毒]의 천국이었다. 작가 헨드릭 드리우는 1930년대 마카오를 보고 말했다. "(마카오는) 세상의 모든 하층민과 술 취한 선장들, 바다의 부랑자들, 낙오자들, 세계 어느 항구의 여인들보다 뻔뻔하고 아름다우며 야만적인 여인들의 집"으로 "지옥이 따로 없다."14

펠리시다데 거리(福隆新街, 복륭신가)의 집들은 흰 벽과 빨간 대문, 창문으로 단장했다. 이곳은 오늘날 옛 마카오의 정취를 느낄 수 있는 여행지다. 그러나 원래 이 거리는 퇴폐 마사지와 매매춘이 판을 치던 곳, 말 그대로 '쾌락의 거리(Rua da Felicidade)'인 환락가이며 홍등가였다.

날이 갈수록 홍콩은 선진화되며 부유해졌고, 마카오는 도박과 매춘으로 푼돈을 벌었다. 지역 격차는 지역감정을 낳았다. 영화 〈천장지구(天若有情)〉 (1990)의 비극적인 러브 스토리도 사실 홍콩과 마카오의 현실에 근거를 두고 있다. 아화(류더화劉德華, 유덕화)는 돈 벌러 홍콩에 온 마카오 창녀의 사생아다. 그는 아버지가 누구인지도 모르고 창녀촌에서 창녀 이모들의 손에 자라 건달이 된다. 반면 죠죠(우첸렌吳情蓮, 오천련)는 홍콩에서도 잘나가는 부잣집 딸이다. "이루어질 수 없는 사랑을 했어요."라는 노래가 애절하게 울려 퍼지며 둘은 격렬하게 키스하고, 턱시도와 웨딩드레스를 입은 채 오토바이를 타고 홍콩 거리를 질주한다. 두 연인의 뜨거운 사랑도 지역 격차와 신분 격차를 극복하지 못하고 파국으로 향한다.

홍콩과 마카오가 모두 중국에 반환된 후 제작된 영화 〈익사일(Exiled, 放逐)〉 (2006)에서도 첨예한 지역감정이 드러난다. 마카오 조폭의 보스는 홍콩 조폭 보스에게 노골적으로 적대감을 드러내며 말한다. "난 타지에서 온 놈이랑 협력할 생각은 없어." 브로커가 "그래도 우린 같은 정권 하에 있잖아요. 모두 다 중국인이고."라며 흥정을 붙이려 하자, 마카오 보스는 딱 잘라 말한다.

"아니, 우린 마카오 사람이지만, 페이는 홍콩놈이잖아." 지역감정의 앙금은 쉽게 사라지지 않는다.

세계 최대의 도박장, 카지노 경제의 명암

마카오의 랜드마크인 세인트 폴 대성당은 앞면만 보면 엄청나게 크고 근사하다. 기대를 품고 문안에 한 발짝 들여놓자마자 텅 빈 공터만 펼쳐진다. 앞면의 껍데기가 전부다. 서양인은 세인트 폴 대성당을 '어디로도 통하지 않는 문(the Gate to Nowhere)'이라고 부른다. 성당을 흔히 '천국에 이르는 문(the Gate to Paradise)'이라 부르는 것을 빗댄 별명이다.

'성당인 듯, 성당 아닌, 성당 같은' 세인트 폴 대성당은 마카오를 은유한다. 마카오에서는 현실과 환상, 진실과 거짓이 불분명하다. 세계 최대의 카지노인 베네치안 리조트는 중국의 변두리인 마카오에 있지만, 유럽에서 가장 아름다운 곳으로 손꼽히는 베네치아를 재현해놓았다. 이 실내의 베네치아는 밖의 날씨가 어떻든, 지금 시간이 몇 시든 항상 푸른 하늘과 흰 구름을 보여준다. 여기서 공간·시간·날씨 등은 모두 의미를 잃고, 현실과 환상의 경계도 사라진다.

'The House of Dancing Water' 쇼에서는 가짜 용이 춤을 추고, 경견장의 경주용 개들은 가짜 토끼를 쫓아 미친 듯이 질주한다. 현실감각은 뒤틀리고 돈은 그저 한낱 종이 쪼가리, 게임용 칩처럼 느껴진다. 안내 방송과 전광판은 시도 때도 없이 누군가 횡재했다고 요란스레 떠든다. "축하합니다. 당첨이 되셨습니다. 빵빠라 빵~." "상금 150만 위안의 주인공이 오늘 밤 드디어 탄생했습니다!"[15] 돈이 넘쳐나고, 공짜 음료수는 무제한이다. 행운이 여기저기 널려 있다. 이곳에만 있으면 일확천금의 주인공이 될 것 같다.

도박의 규칙은 너무나도 간단하여 누구나 쉽게 이해할 수 있고, 쉽게 돈을 딸 수 있다는 착각을 낳는다. 블랙잭은 숫자 21에 가깝기만 하면 되고, 슬롯머신은 레버를 당기기만 하면 되며, 룰렛은 구슬을 던지기만 하면 된다. 홍콩인은 "오늘은 은행에 가서 돈을 찾아야겠어."라고 말하며 마카오 카지노에 와서 일확천금을 노린다. 그러나 마카오는 돈을 맡길 수만 있을 뿐, 돈을 찾을 수는 없는 신기한 은행이다.

　마카오는 흔히 '동양의 라스베이거스'로 불려왔다. 그러나 마카오 카지노의 수입은 이미 2007년에 라스베이거스를 넘어섰고, 2013년에는 라스베이거스 수입의 일곱 배에 달하는 450억 달러를 벌었다. 라스베이거스가 75년 만에 해낸 일을 마카오는 15년 만에 해냈다.[16]

　4200개의 게임 탁자와 슬롯머신이 있는 베네치안 리조트를 필두로 세계 10대 카지노 중 여덟 개가 마카오에 있다. 마카오는 명실공히 세계 최대의 도박장이다. 관광보다 쇼핑, 쇼핑보다 도박에 열중하는 중국인 덕분이다. 마카오의 한 카지노 사장은 말한다. "우리는 '할아버지(내지 도박꾼)'가 와서 도박하는 것을 좋아합니다. 그들은 도박 판돈도 크고 시원시원하며 돈을 잃어도 우리를 귀찮게 하지도 않아 아주 편합니다."[17]

　마카오의 빛 이면에 중국의 그림자가 있다. VIP룸의 본토 도박꾼 중에는 기업이 초대한 정부 관계자들이 많다. 많은 사업가들이 접대비 명목으로 회사 공금을 정관계 인사들의 도박 자금으로 대주고 있다.

　물론 도박하고 돈 잃는 이들은 하수에 불과하다. 도박장을 창조적으로 활용하는 고수들도 있다. 전 샤먼시 부시장 란푸(藍甫, 람보)는 마카오에서 도박으로 65만 달러 및 33만 홍콩달러를 따서 '도박의 신[賭神]'으로 불렸다. 그러나 사실은 도박장과 짜고 친 고스톱이었다. 란푸는 비자금을 도박장에 건넸고, 도박장은 비자금을 깨끗한 카지노 칩으로 바꿔주었다. 도박은 돈세탁 수단이 되었고, 카지노는 돈세탁 전문 금융기관이 되었다.

2013년 미 의회 산하의 의회·행정부 중국위원회(CECC) 연례 보고서는 매년 2020억 달러의 불법 자금이 마카오로 흘러들어 가고 있을 것으로 추측했다.[18]

중국인은 돈 못지않게 교육도 중요하게 여긴다. 중국인들은 끊임없는 난리에 시달리면서도 교육을 포기하지 않았기에 스스로를 지킬 수 있었다. 그러나 중국인이라고 다 교육을 중시하지는 않는다는 걸 보여주는 산증인이 바로 마카오다. 마카오에서 교사가 학생에게 공부하라고 훈계하면 학생은 이렇게 대꾸한다. "카지노에 가면 나는 지금이라도 당장 취직할 수 있고 선생님보다 많은 돈을 벌 수 있어요."[19]

세계 최대의 도박 도시 마카오에서는 일자리를 걱정할 필요가 없다. 카지노에는 언제나 일자리가 있다. 그러나 뒤집어 말하면 마카오에서는 일하고 싶어도 카지노 외에는 일할 곳이 없다. 카지노가 다른 산업을 모두 삼켜버린 '카지노 경제'의 빛과 어둠이다.

사실 마카오에 부임한 숱한 포르투갈인 총독들도 도박 외의 돈벌이 수단을 찾으려 했으나 모두 실패했다. 마카오의 작은 땅과 적은 인구는 크나큰 한계였다. 흔히 '홍콩·마카오'로 묶어 말하지만 홍콩과 마카오는 면적과 인구부터 현격한 차이를 보인다. 홍콩은 면적 1104제곱킬로미터, 인구 723만 명의 대도시다. 도시국가 싱가포르의 면적 718제곱킬로미터, 인구 546만 명을 뛰어넘는다. 이에 반해 마카오는 면적 30.5제곱킬로미터, 인구 64만 명에 불과하다. 서울시 관악구(29.57제곱킬로미터, 52만 명) 수준이다. 명색이 특별자치구이기는 하지만, 땅 넓고 인구 많은 중국에서는 극단적으로 땅 좁고 인구 적은 곳이다.

홍콩과 마카오의 역량 차이는 일국양제 하의 분위기도 달라지게 했다. 도시국가로서 어느 정도 자립이 가능한 홍콩은 행정 장관 직접선거를 요구하며 '우산 혁명'을 벌였고, 뜻을 이루지는 못했지만 정치 표현 욕구를 곳곳에서 드러내고 있다.

마카오에서도 보통선거를 요구하는 집회가 있긴 했다. 그러나 홍콩에 비해서 내부의 참여도, 외부의 관심도 크게 떨어졌다. 마카오도 홍콩처럼 중국의 인가를 받은 300명의 정재계 위원회의 투표에 따라 행정 장관이 결정된다. 추이스안(崔世安, 최세안)은 2009년 마카오의 행정 장관에 당선되었고, 2014년 재선되어 2019년까지 행정 장관의 임기를 이어가고 있다. 당연히 친중국 인사다.

중국에서 부패 척결을 외칠 때마다, 마카오 비자 발급을 규제할 때마다 도박 산업의 의존도가 큰 마카오의 경제는 크게 요동친다. 그래서 주민들 역시 전반적으로 홍콩에 비해서는 더 친중국적이고 중국에 고분고분한 편이다. 그렇다고 불만이 없는 것은 아니다. 크나큰 빈부 격차, 수십 년을 일해야 살 수 있는 주택, 빈약한 의료·교통 등 민생 문제가 쌓여 있다.

2014년 8월 25일 마카오 주민 1000여 명이 임금 인상, 이주 노동자의 카지노 취업 규제 등을 요구하며 샌즈 카지노에서 정부 청사까지 행진하는 시위를 벌였다. 경제 불만은 정치 불만과 함께 간다. 2014년 8월 24일 '열린 마카오 사회(Open Macau Society)'의 의장 저우팅시(周庭希, 주정희)는 마카오 주민들이 보통선거권을 지지하는지, 추이스안을 신임하는지 묻는 국민투표를 추진했다. 투표 첫날 경찰은 저우팅시를 포함한 투표소 자원봉사자 다섯 명을 체포했고, 검사는 경찰에 대한 심각한 불복종 혐의로 저우팅시를 기소했다. 마카오 주재 중앙정부 연락사무소는 비공식적인 국민투표를 비난하며 특별행정구는 이런 행동을 조직할 권리가 없다고 발표했다.[20]

2016년 6월 3일의 시위는 매우 색다르다. 마카오 주민 300여 명이 우버 합법화를 요구하며 행진했다. 흔히 택시는 지역 주민의 발인데, 마카오에서는 관광객에게 덤터기를 씌우곤 하지만, 택시가 관광객의 발이다. 택시는 지역 주민의 승차를 거부하거나 웃돈을 요구한다. 마카오 택시는 불과 1300

대. 주민 64만 명, 관광객 3000만 명을 소화할 수 없다. 택시는 독과점적 지위를 이용해 큰돈을 벌었다. 2015년 우버의 마카오 상륙은 마카오인에게 복음과 같았다. 순식간에 우버 기사 2000명이 생기고 2100만 마카오 파타카(약 29억 3200만 원)의 수익을 냈다. 그러나 정부는 우버를 인정하지 않고 벌금을 매겼다.[21]

64만 명의 인구로 매년 라스베이거스의 일곱 배나 되는 돈을 벌어들이는 마카오. 완전고용 상태를 유지하며 세수의 83퍼센트를 카지노에서 걷어 정부 예산 흑자 세계 2위를 자랑하는 마카오. 그러나 카지노 왕국에서 살아가기란 쉽지 않다. 변변한 의료 시설이 없어 아프면 홍콩이나 타이로 가야 하고 택시조차 타기 힘들다. 돈은 넘치나 민생은 힘겹다. 그 와중에 간간히 민주화의 목소리가 들린다. 한때 동방무역의 중심이었던 마카오, 카지노 왕국을 넘어서 새로운 모습을 보여줄 수 있을까?

땅이름 대

타이완

臺灣

타이완성인가, 중화민국인가

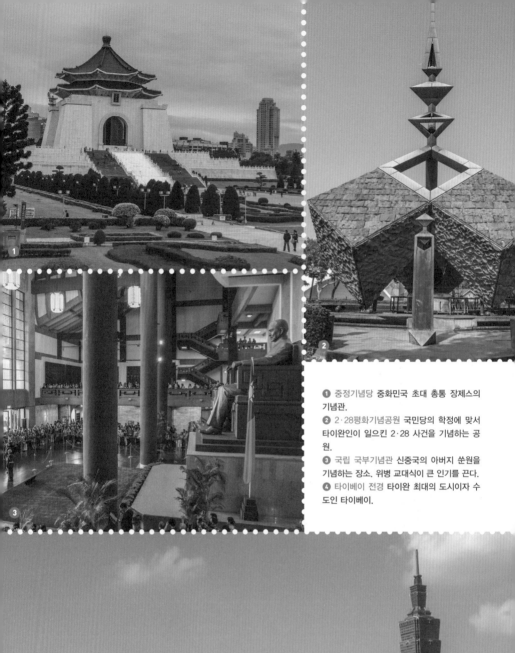

❶ **중정기념당** 중화민국 초대 총통 장제스의 기념관.
❷ **2·28평화기념공원** 국민당의 학정에 맞서 타이완인이 일으킨 2·28 사건을 기념하는 공원.
❸ **국립 국부기념관** 신중국의 아버지 쑨원을 기념하는 장소. 위병 교대식이 큰 인기를 끈다.
❹ **타이베이 전경** 타이완 최대의 도시이자 수도인 타이베이.

4

❺ 렌츠탄의 용호탑 용의 입으로 들어가서 호랑이의 입으로 나오면 '악운이 행운으로 변한다'고 전해져 인기가 높다.
❻ 한류 한글 간판을 단 옷 가게가 한류의 인기를 실감하게 한다.
❼ 진과스 금광 마을이었으나 금이 고갈된 후 금광 시대를 보여주는 관광 마을로 변하고 있다.
❽ 지우펀 수치루 타이완의 정취를 보여주는 거리. 영화 〈비정성시〉에 나와 좁은 길에 인파가 넘친다.

마쭈열도

지우펀
타이페이

진먼다오

타이중
화롄●

타이완

펑후 군도

위산△

●타이난

●가오슝

컨딩 국가공원

타이완은 중국과 태평양을 잇는 섬이다. 이 땅에서 네덜란드는 일확천금을 노렸고, 일본은 중국 침략의 야욕을 불
태웠으며, 장제스는 정성공처럼 대륙 수복을 꿈꾸다 쓸쓸히 생을 마감했다. 놀라운 경제성장으로 '아시아의 네 마리
용'으로 칭송받았지만 미국이 타이완과 단교하고 중국과 수교한 이래, 타이완은 국제사회에서 나라 대접을 못 받고
있다. 중국과의 격차는 날이 갈수록 심해져가고, 중국에 대한 의존도는 높아져간다. '중화인민공화국의 23번째 성'과
'중화민국' 사이의 갈림길에서 타이완은 어떤 길을 걷게 될 것인가?

타이완 남자와 중국 여자가 만나 마음을 통하고 몸을 통하고 정을 통하게 되었다[三通].[1] 둘이 첫 관계를 맺는 순간, 타이완 남자는 감격에 겨워 외쳤다. "타이완이 대륙을 통일했어!" 그러자 중국 여자가 맞받아쳤다. "천만에! 타이완은 중국에 완전 포위됐고, 두 개의 작은 섬 진먼과 마쭈(馬祖, 마조)만 가까스로 포위를 면했네."[2]

가장 사적인 연인 관계도 쉽게 정치 관계로 변하는 곳. 중국인은 '중화인민공화국의 스물세 번째 성'인 타이완성(臺灣省, 대만성)으로 여기고, 타이완인은 쑨원의 적통을 이어받은 중화민국(中華民國)으로 여기는 곳. 타이완이다.

타이완의 약칭은 '땅이름 대(台, 정체자는 臺)' 자다. 다양한 원주민이 살던 타이완에 네덜란드의 동인도회사가 찾아왔다. 시라야족(西拉雅族, 서랍아족) 원주민은 희한하게 생긴 네덜란드인을 '타이오안(외국인)'이라 불렀고, 네덜란드인은 이를 땅 이름이라 여겼다. 사람은 가도 이름은 남았다. 훗날 네덜란드인을 몰아낸 중국인은 이 이름을 음차하여 중국식 명칭 '타이완(臺灣)'을 만들었다.

타이완이라는 이름에는 많은 사연이 담겨 있다. 원주민과 네덜란드인의 만남이 만들어낸 이 이름은 타이완이 다양한 문화와 사람이 만나는 섬이라는 것을 말해준다. 또한 이 이름이 원주민의 말에서 네덜란드인의 로마자 표기로 옮겨졌다가 다시 중국인의 한자로 바뀐 역사는 섬의 주도권을 잡은 세력들의 변화무쌍한 변천사를 보여준다. 즉, 타이완이라는 이름은 정치사

타이완 台灣

적인 이름이자 문화사적인 이름이다.

타이완은 한반도처럼 원래 중국과 하나의 대륙이었다. 1만 년 전 해수면이 상승하면서 한국은 황해가 생겨 반도가 되었고, 타이완은 타이완해협이생겨 섬이 되었다. 해수면이 상승해도 가라앉지 않은 지역답게 전체의 64퍼센트가 산이다. 100개가 넘는 산들의 평균 해발은 3000미터이며, 최고봉인위산(玉山, 옥산)은 해발 3952미터의 높이를 자랑한다. 환태평양 화산대라 지진이 잦지만 온천도 많다. 북회귀선은 타이완 북부를 온대습윤 지역, 남부를아열대 지역으로 가른다. 따라서 작은 섬이지만 식생이 풍부하고 다양한 작물을 기르기에 적합하다.

180킬로미터의 타이완해협 덕분에 타이완은 중국과 밀접한 관계를 맺으면서도 나름의 독자성을 지킬 수 있었다. 태평양권이라 일본이나 동남아 등과 왕래하기도 좋다. 섬인 만큼 타이완은 뱃사람들과의 인연을 떼려야 뗄 수없다. 실상 타이완의 역사는 바다를 건너온 정복자들이 바꿔온 역사였다.

점령자 교체의 역사

타이완의 역사는 태평양과 밀접한 관련이 있다. 오스트로네시아어족(Austronesian Languages) 또는 남도어족(南島語族)은 아프리카의 마다가스카르어, 오세아니아의 뉴질랜드어, 통가어, 동남아의 말레이어, 타갈로그어(필리핀 원주민 언어) 등 광범위한 지역에 퍼져 있다. 특히 타이완에는 오스트로네시아어족 4개 어파 중 3개 어파가 있다.[3]

재레드 다이아몬드(Jared M. Diamond)는 오스트로네시아어족 중 타이완의언어 분화가 가장 심한 것은 타이완 거주민의 역사가 가장 길기 때문이라고추론했다. 즉, 남중국인이 기원전 3500년경 타이완에 이주했고, 이들은 타이완을 발판으로 동남아, 인도네시아, 오세아니아 일대로 퍼져나갔다. 이들의 후손인 폴리네시아인은 태평양을 종횡무진 누벼, 1000년경에 이르면 오세아니아 일대의 웬만한 섬에는 모두 사람이 살게 되었다.[4]

타이완에 정착한 이들은 평지에 사는 핑푸족(平埔族, 평포족)과 산에 사는 고산족이 되었다. 여기에 중국인들도 찾아와 더러는 정착해서 농사를 지었고, 더러는 일본과 중국을 오가며 밀무역과 해적질을 했다.

이때만 해도 타이완에는 확고한 지배자가 없었다. 타이완의 첫 공식 지배 세력은 생뚱맞게도 멀고먼 나라, 네덜란드였다. 대항해시대를 연 유럽은 중국과 인도 무역을 위한 거점 마련에 열을 올린다. 선발 주자 포르투갈은 중국 최대의 무역항 광저우와 가까운 마카오에 일찍 터를 잡았고, 후발 주자 네덜란드는 타이완을 거점으로 삼았다. 타이완은 푸젠과 매우 가까울 뿐 아니라 중국과 일본을 잇는 중간 지점으로서 중일 무역에도 적합했다.

1624년 네덜란드 동인도회사가 타이완을 점령한 후부터, 타이완에 본격적으로 중국인들이 많아지기 시작한다. 타이완 원주민은 수도 적고 생산력도 낮아 주둔군이 필요한 만큼의 식량을 충분히 확보하기 힘들었다. 네덜란드는 중국인들에게 농토와 농기구를 지원하며 이주를 장려했다. 때마침 명말 청초 흉년과 전쟁에 시달리던 중국인들이 대거 타이완으로 건너왔다.

타고난 일꾼인 중국인들은 잠자던 타이완을 깨웠다. 점령 초기 동남아와 일본으로부터 식량을 수입하던 타이완은 곧 사탕수수와 쌀을 수출할 만큼 생산력이 증가했다. 타이완의 농업생산력이 급속하게 발달한 데에는 중국인의 이주가 급속하게 증가한 것과 맞물렸다. 그래서 역사가 토니오 안드레이드(Tonio Andrade)는 네덜란드가 타이완을 식민지로 만들었기 때문에, 타이완 사람이 '중국인'이 되었다고 말했다.[5]

태평양에 위치하는 타이완은 중계무역의 최적지였다. 네덜란드는 중국과 일본, 동남아, 서아시아와의 중계무역으로 막대한 수익을 올렸다. 우리에게

친숙한 벨테브레이(Jan Janes Weltevree, 박연)와 하멜(Hendrik Hamel)도 네덜란드의 동인도회사 사원으로, 표류하다가 조선까지 흘러들어 온 사람들이었다. 그만큼 네덜란드는 해상무역 활동을 활발히 했다.

그러나 네덜란드의 통치는 오래가지 않았다. 푸젠의 실력자 정성공이 반청복명 전쟁을 일으켰다가 청나라에 패했다. 정성공은 바다로 격리되어 청나라의 공세를 피할 수 있으면서 언제라도 다시 대륙으로 쉽게 갈 수 있는 타이완을 거점으로 삼기로 했다. 1661년 정성공은 '홍모귀(紅毛鬼, 네덜란드인)'를 물리치고 타이완의 왕이 된다.

훗날 중국공산당은 정성공을 칭송한다. 정성공은 푸젠성 출신으로서 외세를 물리치고 타이완을 정복했으니 대륙이 타이완을 정복한 모범 사례다. 타이완 국민당 역시 정성공을 떠받든다. 정성공은 타이완을 근거지 삼아 대륙 본토의 야만스러운 정부에 굴하지 않고 항쟁을 펼쳤으니, 타이완이 대륙을 정벌해야 한다는 당위성을 보여준다.

그런가 하면 일본 식민 통치자 역시 정성공을 좋아했다. 정성공은 중국인 아버지와 일본인 어머니 사이에서 태어났기 때문에, 타이완을 정복한 최초의 '일본인'이기도 하다. 그래서 1898년 일본의 타이완 총독은 부임하자마자 정성공의 사당을 참배했다. 중국인 아버지와 일본인 어머니 사이에서 태어난 아들, 해적의 후예이자 해상무역 상인이었던 정성공의 복잡한 배경은 동시에 타이완의 복잡미묘한 역사를 반영한다.

정성공은 한결같이 반청복명의 꿈을 꾸었지만, 청나라와 타이완의 세력은 너무나 차이가 났다. 정성공의 아들 정경(鄭經)은 청나라의 패권을 인정하되 타이완의 독립성을 지키는 현실주의 노선을 택했다. 정경은 사신을 보내 "조선의 예를 따라 삭발하지 않고 다만 신하를 칭하며 공납을 바치는 선에서 관계 유지를 희망"했다.[6] 그러나 청은 이를 거부하고 정경에게 만주식 변발을 하고 투항하라고 종용했다. 조선이 병자호란 패전 후 굴욕적인 삼궤

구고두례(三跪九叩頭禮, 중국 청나라 시대에 황제나 대신을 만났을 때 머리를 조아려 절하는 예법)를 하긴 했지만 독립성을 지킨 것과 크게 달랐다. 청나라는 타이완이 조선과 달리 중국의 영토임을 못 박은 것이다.

다만 청나라는 반란자의 소굴인 타이완을 토벌하고자 한 것이지 타이완섬 그 자체에 대해서는 흥미가 없었다. 탁월한 수군 제독 시랑(施琅)이 타이완을 정복했을 때, 청은 타이완인을 본토로 이주시키고 섬을 비워버리려 했다.

하지만 타이완의 가치를 꿰뚫어본 시랑은 반대 상소를 올렸다. 타이완은 토지가 비옥하고 물산이 풍부하여 경제적 가치가 높을 뿐만 아니라, 중국의 장쑤·저장·푸젠·광둥 등 연해 지역을 지키는 전략적 요충지로 매우 중요하다고 강조했다. 시랑의 말은 매우 정확했다. 먼 훗날 이 땅에 눈독을 들여 병약한 청나라 대신 타이완을 차지한 것은 신흥 열강으로 부상하던 일본이었다.

자유롭지 않은 자유중국(自由中國)

2014년 에바(EVA)항공의 타이베이(臺北, 대북)행 비행기에 체크인했다. 항공권에 헬로 키티가 그려져 있어 매우 깜찍했다. 그뿐 아니라 기체 전체에 헬로 키티를 그려 넣었고, 기내 좌석에도 헬로 키티 쿠션이 놓여 있었다. 기내식의 티슈도, 아이스크림도, 심지어 샐러드 안의 어묵도 헬로 키티 상품이었다.

타이완 지하철의 마스코트는 일본 만화풍의 여자 캐릭터라 무척 깜찍했다. 일본 걸그룹 AKB48 상점 광고도 눈에 띄었다. 무엇보다도 가장 인상적이었던 것은 가오슝(高雄, 고웅)의 공묘(孔廟) 안에서 코스프레하는 여자들이 많았다는 거다. 공묘가 뭔가? 중국의 영원한 스승 공자의 사당, 즉 중화 문명의 자존심이라 할 만한 곳이다. 그런 곳에서 대표적 일본 문화 활동인 코스프레를 하다니! 타이완인의 일본 문화 사랑은 곳곳에서 보였다.

같은 일제의 식민 통치를 겪었으면서도 한국과 타이완의 대일 감정은 사뭇 다르다. 한국이 일본에 여전히 적개심을 품고 있다면, 타이완은 일본에 친근감을 갖고 있다고 할까? 일본은 타이완에서 문관 위주의 문화 통치를 했고, 수탈을 비교적 적게 하고 근대화의 혜택을 많이 주어, 과(過)보다 공(功)이 크기 때문이라는 평가가 있다.

그러나 근본적으로 식민 통치는 식민 통치다. 철도와 항만을 건설한 것은 타이완인들을 위해서가 아니라, 일본의 군대를 타이완에 신속히 전개하고 타이완의 물자를 일본으로 더 많이 수탈해가기 위함이었다.

일제가 타이완을 할양받기는 했지만, 점령 과정은 결코 순탄하지 않았다. 압도적인 화력을 가진 일본군이 타이베이에서 타이난(臺南, 대남)까지 진군하는 데 넉 달이 걸렸을 만큼 타이완의 저항은 격렬했다. 점령 후에도 소요가 빈발하자, 일본에서는 1억 원을 받고 타이완을 프랑스에 팔자는 '타이완 매각론'이 나오기도 했다.[7]

일본 부역자에 대한 시선도 곱지 않았다. 타이완 소설가 정칭원(鄭淸文, 정청문)은 《흰 코 너구리》에서 당대 분위기를 이렇게 전한다. "당시 타이완 사람들은 일본인을 다리 넷 달린 개라고 그랬는데, 일본인을 위해 일하는 주구(走狗)는 그만도 못하다는 의미에서 다리 셋 달린 놈이라고 했지."[8]

타이완의 대일 이미지가 좋아진 것은 일본 자신보다 오히려 국민당 덕분이라고 해야 할까? 일본이 전쟁에서 져 떠난 후 고급 관료, 사업가의 빈자리를 죄다 국민당이 채웠다. 타이완인은 여전히 2등 국민일 뿐이었다. 일제가 태평양전쟁 때문에 타이완의 물자를 수탈한 것처럼, 국민당은 대륙의 국공내전 때문에 타이완의 물자를 수탈했다.

그런데 국민당의 역량은 일본 수준에 훨씬 못 미쳤다. 일본은 수탈하더라도 행정력과 경영력을 발휘하여 타이완 내부의 혼란을 수습하며 수탈했다. 그러나 근대화에 어두운 국민당은 기업을 제대로 경영하지 못해 자금이 모자라자 은행 대출로 자금을 메꾸었다. 거액의 대출 때문에 통화량이 부족해져서 통화 발행량을 늘렸더니 물가가 폭등했다. 1947년 쌀·밀·면포 가격은 전년 대비 네다섯 배, 설탕 가격은 21배로 폭등했다.[9]

국민당이 온 후 민생이 도탄에 빠지자 타이완에는 "개가 가니 돼지가 왔다[狗去豬來]."는 말이 돌았다. 개는 사납기는 해도 맡은 바 임무에 충실하고 절도가 있다. 돼지는 더럽고 먹는 것만 밝힐 뿐 일은 하지 않는다. 게다가 이 돼지는 개보다 더 우둔하면서도 사나운 멧돼지였다.

'근대화'되었다고 자부한 타이완인들 사이에서는 '낙후한' 대륙인을 비웃는 우스갯소리가 돌았다. "대륙에서 쫓겨온 병사들은 수도꼭지를 아무 데나 매달면 수돗물이 콸콸 나온다고 오해할 정도로 낙후했다."[10]

1947년 2월 27일 전매국 직원이 밀수 담배의 판매를 단속한다며 담배를 팔던 노점상 할머니를 총으로 구타했다. 보다 못한 시민들이 말리는 과정에서 충돌이 벌어졌고, 급기야 시민 한 명이 죽게 된다. 그동안 쌓인 울분이 폭발했다. 다음 날 1만 시민이 경비대와 격렬한 충돌을 벌였다. 시위는 타이완 전역으로 확대되었고 지역 자치와 개인의 자유 보장, 민생 안정, 사법제도 개혁 등 전방위적 사회 개혁을 요구했다.

국민당은 협상으로 시간을 끄는 한편 타이완에 추가 병력을 보내 가혹하게 시위를 진압했다. 훗날 타이완 정부의 공식 발표로만 2만 8000여 명이 사망하고 1960년 호적 조사 때는 실종자가 12만 명이 넘는 대참사였다. 타이완의 현대사는 이처럼 피로 얼룩진 '2·28 사건'으로 출발했다.

정청원은 당시 상황을 이렇게 회상했다.

전후 초기 타이완인들은 중국을 '조국'이라 불렀어요. 중국인은 타이완인을 '동포'라고 했지요. 그런데 '조국'의 사람이 '동포'를 잔인하게 살해한 '2·28 사건'이 벌어지고, '백색공포'의 통치시대가 전개된 거예요.[11]

1989년 베네치아 영화제 황금사자상 수상작인 허우샤오셴(侯孝賢) 감독의 〈비정성시(悲情城市)〉는 이 시대의 아픔을 다루고 있다. 주인공인 문청은 귀머거리에 벙어리다. 귀가 있어도 들을 수 없고 입이 있어도 말할 수 없는 시대라는 은유일까? 문청은 감옥에서 만난 친구의 유언이 담긴 쪽지를 유가족에게 전한다. "태어나며 조국과 이별했고, 죽어서야 조국에 갑니다[生離祖國, 死歸祖國]." 조국이란 뭔가? 정붙이고 평화롭게 살아갈 수 있는 곳이 아닌가? 타이완인들은 그런 조국을 태어나자마자 박탈당했고, 죽어서야 안식을 찾을 수 있었다.

문청의 아내는 시조카에게 편지를 쓴다. "우리는 도망가려 했지만 더 이상 갈 곳이 없었어." 그리고 곧 엔딩 자막이 뜬다. "1949년 12월, 대륙은 공산화가 되었고 국민당은 타이완으로 철수하여 임시수도를 타이베이로 정했다." 외지인인 국민당은 타이완으로 도망쳐왔지만, 원래의 주인인 타이완인은 정작 도망갈 곳이 없었다.

타이완에서 장제스는 황제와도 같았다. 여든일곱 살로 세상을 뜰 때까지 계엄령을 유지하며 종신 총통의 권좌를 지켰다. 1975년 4월 5일 장제스가 사망하자 타이완 정부는 제왕이 승하했을 때나 쓰는 말인 '붕조(崩殂)'란 표현으로 서거 성명을 발표했다.[12] 계엄령이 38년간(1949~1987)이나 유지되었고, 타이베이 천도 37년 만에 비로소 야당이 생긴 타이완을 당시 한국은 '자유중국(自由中國)'이라고 불렀다. 자유중국은 전혀 자유롭지 않았다.

다행스럽게도 장제스의 후계자인 장징궈(蔣經國, 장경국)와 리덩후이(李登輝, 이등휘)는 시대의 요구를 아는 지도자들이라 타이완은 비교적 순탄하게 민주화의 길을 걷게 되었다. 2000년 총통에 당선된 천수이볜(陳水扁, 진수편)은 타이완인 스스로 뽑은 최초의 타이완 지도자가 된다.

나라를 나라라 부르지 못하고

영화 〈쉬즈 더 원〉에서 베이징 남자 진분은 타이완 여자와 맞선을 본다. 여자가 말한다. "우리 가족도 원래 베이징에 살았어요. 그런데 공산당이 베이징을 점령할 때, 할아버지가 타이완으로 도망쳐 오셨죠." 진분은 재빨리 끼어든다. "잠깐만요. 우리는 그걸 '점령'이 아니라 '해방'이라 부르거든요."

양자의 관점이 이처럼 다르니 말썽이 생기지 않을 수 없다. 농담을 너무 심각하게 받아들인다는 뜻으로 '예능으로 말했는데 다큐로 받아들인다'고 하지만, 한없이 가벼운 예능도 양안(兩岸) 사이에서는 천근만근 무거워진다.

덩리쥔(鄧麗君, 등려군)은 타이완이 배출한 세기의 가수다. 오늘날에도 차이나타운이 있고 중국인이 있는 곳이라면 덩리쥔의 노래를 언제 어디서나 한번쯤은 들을 수 있다. 그러나 정작 중국에서는 오랫동안 덩리쥔의 노래가 금지되었다. 중국은 덩리쥔의 노래를 '대중을 현혹시켜 나라를 망치는 노래[靡靡之音]'로 간주했다. 공산당의 입장에서는 덩리쥔의 태도 역시 큰 문제였다. 국민당 군인이었던 아버지 밑에서 태어난 덩리쥔은 군 위문 공연을 열심히 다녀 '군인들의 연인'이라는 별명을 얻었고, 공공연히 국민당의 입장에 섰다. "제가 중국 대륙에서 노래하는 것은 (타이완의 국가 이념인) 우리들의 삼민주의가 중국 대륙에서 실행되는 날이 될 것입니다."[13] 그러나 정치적 배경이야 어쨌건 중국인들은 덩리쥔의 노래에 사로잡혀, '낮에는 덩샤오핑의 교시를 듣더라도 밤에는 덩리쥔의 노래를 들었다[白天聽老鄧, 晚上聽小鄧].'

장후이메이(張惠妹, 장혜매)는 '아시아의 여신[亞洲天后]'이라는 별명이 붙을 만큼 걸출한 가수다. 그러나 그녀는 2000년 천수이볜 총통 취임식 때 타이완 국가를 불렀다가 중국 활동을 금지당했고, 코카콜라와의 광고 계약도 취소되었다. 그녀는 2004년에야 다시 중국 무대에 설 수 있었다. 중국은 타이완을 국가로 인정하지 않기에, 국제 무대나 공식 석상에서 타이완 국기나 국가를 사용하는 것을 '반국가 활동'으로 간주한다.

2016년 걸그룹 TWICE(트와이스)의 쯔위(子瑜, 자유)가 MBC 예능 프로그램에서 타이완 국기를 들었다가 봉변을 당했다. 인터넷 생중계로만 나왔을 뿐, 본방송에는 나오지도 않은 장면인데 타이완 가수 황안(黃安)이 기막히게 발견하여 쯔위를 '타이완 독립분자'라고 매도했다. 황안은 일찍이 타이완 TV에서 "본토를 수복하여 동포를 구하자[復我河山, 救我同胞]."는 국민당식 애국가요를 부르다가 친중국파로 돌아선 인물이라 더욱 어이없는 일이었다. 타이완 네티즌들이 황안의 타이완 국적을 박탈해야 한다고 주장하자, 황안은 오히려 그들을 조롱했다. "타이완은 원래 나라가 아닌데, 무슨 국적을 박탈할 수 있나? 나는 중국인이다."

타이완은 면적이 3만 6193제곱킬로미터로 벨기에(약 3만 제곱킬로미터)보다 크고, 2014년 기준 명목 GDP가 약 5300억 달러로 벨기에와 거의 비슷하다. 2300만 명의 인구는 벨기에(1100만 명)보다 훨씬 많고 호주와 엇비슷하다. 타이완은 제법 넓은 영토, 강한 경제력, 많은 인구까지 국가의 요소는 다 갖추었다. 그러나 국제사회에서 국가로 인정받지 못하고 있다.

1972년 닉슨은 "7억 5000만 명을 배제하고는 세계 평화를 이룩하기 어렵다."며 중국을 방문했다. 미국은 중국을 UN에 가입시키고, 타이완을 퇴출시켰다. 타이완은 빠른 경제성장을 이룩한 반공 자본주의 국가로 미국의 모범생이었고, 중국은 저개발 사회주의 국가였지만, 미국은 덩치 큰 중국을 선택했다.

그때부터 이미 타이완은 국가로 인정받지 못했다. 국제사회에서 타이완의 수난은 그야말로 눈물이 앞을 가린다. 미국의 용인 아래 국제사회로 복귀한 중국은 '중화'의 정통성을 차지했고, 모든 국제기구에서 타이완을 몰아냈다. 대다수 나라들이 타이완과 단교하고 중국과 수교했다. 중국이 압력을 넣자 국제올림픽위원회(IOC)는 타이완의 올림픽 참여는 허용하되, '중화민

국' 대신 '중화 타이베이(Chinese Taibei)'란 명칭을 쓰고, 청천백일기 대신 중
화 타이베이 올림픽기, 국가(國歌) 대신 국기가(國旗歌)를 사용하도록 했다.
세계무역기구(WTO) 가입 등 타이완의 국제기관 참여는 중국의 협조나 묵인
없이는 불가능하다.

국제기구에 참여하지 못하는 것은 많은 불이익을 가져온다. 일례로 세계
기상기구(WMO)를 살펴보자. 태풍(颱風, typhoon)이란 말이 '타이완의 바람'이
라는 뜻에서 나온 것처럼 태풍은 자주 타이완을 강타해 큰 피해를 입힌다.
주변국들과의 원활한 기상 정보 교류가 절실한 타이완은 WMO의 창설 회
원국이었지만, UN 축출과 함께 WMO도 제명되어 아직도 재가입을 하지
못하고 있다.

차이완 시대의 향방은?

2003년 캐나다에서 어학연수를 할 때 여러 외국 친구를 사귀었다. 그 당시
는 중국의 경제가 충분히 발전하지 않은 때라 중국인은 보기 힘들었고 타이
완인은 아주 많았다. 그런데 이들은 스스로 중국인(Chinese)이 아니라 타이
완인(Taiwanese)이라고 말했다. 그들이 중국인에 대해 갖고 있는 인상은 매우
좋지 않았다. "중국인들은 이기적이야(Chinese are selfish)."

당시는 중국인들을 접한 적이 없던 터라 잘 이해되지 않았지만, 훗날 직
접 경험해보고 알았다. 중국인은 공공질서와 예절 관념이 부족하고, 남에게
폐 끼치는 것을 조심하지 않아 매우 이기적으로 보인다. 당시의 타이완 친
구들은 선진적 경제, 우아한 사회, 고상한 문화를 누리고 있어 자신들이 천
박하고 이기적인 중국인과는 다르다고 선을 그은 것이다.

그러나 타이완의 자신감은 오래가지 못했다. 타이완은 매년 '올해의 한

글자[臺灣年度代表字]'를 선정한다. 이 글자들의 변천사를 보면 타이완의 고충과 민심을 생생하게 엿볼 수 있다.

2008년은 '어지러울 난(亂)'의 해였다.[14] 서브프라임 모기지 사태로 세계 경제가 큰 타격을 입자, 수출의존도가 높은 타이완의 경제 역시 크게 휘청거렸다. 그러나 중국은 베이징 올림픽을 열며 세계를 삼킬 듯한 대륙굴기의 기세를 보여주었다. 더욱이 중국은 타이완 독립론을 주장하는 민진당을 곱게 보지 않아 경제 제재를 취해 타이완 경제는 이중고를 겪었다. 양안 관계의 위기와 독립 찬반론의 치열한 대립은 큰 혼란을 일으켰다. 타이완 국민은 국민당의 마잉주(馬英九, 마영구)를 총통으로 뽑아 일단 양안 관계를 안정시키도록 했다.

이런 노력이 효과를 보여 타이완은 2010년 경제성장률 10.8퍼센트, 2011년 국민소득 2만 달러를 달성했다. 그러나 경제는 성장해도 민생은 오히려 악화되었다. 설문조사 결과 2009년 응답자의 93퍼센트가 소득 불평등이 심각하며, 2010년 80.5퍼센트가 빈부 갈등이 심각하다고 답했다. 일단 2009년 불안한 현실을 지켜보았지만(바랄 분, 盼),[15] 2010년 사회 분위기는 냉담했다(싱거울 담, 淡).[16] 2011년 분위기 반전을 꾀했지만(칭찬할 찬, 讚),[17] 2012년 다시 걱정에 휩싸였다(근심할 우, 憂).[18] 임금은 낮아지는데 물가와 부동산은 올라 양극화가 심해져만 갔다.

2013년은 '가짜 가(假)'였다.[19] 먹을 것을 하늘로 여기는 타이완인들은 가짜 식용유 파동에 공분했다. 중국요리는 기름을 많이 사용하는데 기름에 문제가 있다면 뭘 안심하고 먹을 수 있겠는가? 비록 중국의 경제와 국제적 위상이 막강해도 문화 수준과 윤리 의식만큼은 타이완이 중국보다 낫다는 자부심이 산산조각 나면서, 이제 타이완은 중국보다 나을 게 하나도 없다는 자괴감에 빠지게 되었다. 가짜 식용유 이슈는 곧바로 식품 안전, 환경오염 문제를 거쳐 사회 기강과 윤리 문제로까지 파급되었다. 경제 발전을 내세워

재집권에 성공한 국민당은 경제를 발전시키지 못했을 뿐만 아니라 사회까지 병들게 만들고 있다는 비판을 받았다.

"백년부패정당 국민당은 타이완을 1949년으로 되돌리고 있다."

"마잉주는 장징궈와 리콴유의 능력도, 쑹추위의 부지런함도, 리덩후이의 민주 헌정에 대한 신념도 없다."

2014년은 '검을 흑(黑)'이었다. "시커먼 마음과 가짜 상품, 검은 돈 등 모든 것이 다 암담하다[黑心啊, 黑心商品啊, 黑錢啊. 什麽都黑啊!]."는 절망에 빠졌다. 그러나 가장 암담할 때는 변화의 희망이 생기는 때이기도 하다. 타이완인은 그 어느 때보다도 변화를 원했다.

2014년 11월 29일, 타이베이 여행의 첫날이라 수시로 숙소를 들락거리며 여기저기 돌아다녔다. 그런데 숙소 여주인은 하루 종일 TV로 지방선거 개표 결과를 지켜보고 있었다. 국민당이 꽤나 강한 줄 알았는데 의외로 민진당이 압승을 거두고 있었다. 청색 대신 녹색이 타이완을 덮었다. 전통적으로 국민당 강세 지역인 북부에서도 아주 보수적인 일부 지역을 빼고는 다 야당의 승리였다. 전통적으로 야당색이 강한 남부는 말할 필요도 없었다.

"타이완 사람들이 정말 화났군요."

"아니, 우리는 정말정말 아주아주 화난 거지."

"천수이볜 다음에 국민당의 마잉주가 당선되어서 국민당이 여전히 강한 줄 알았는데 어떻게 이렇게 된 거죠? 도대체 6년 동안 국민당은 뭘 한건가요?"

"아주 나쁜 일들."

다음 날 타이완 친구 슈를 만났다. 그는 선거 전 페이스북에 이번 선거를 꼭 잘해야 한다는 글을 올린 적이 있었고, 선거 결과에 만족스러워했다.

"놀랐어. 이번 선거 결과 보니 온통 녹색이더라."

내가 말하자, 슈의 여자 친구는 내 옷을 보고 놀렸다.

"그런데 넌 왜 파란색 셔츠를 입고 있니? 조심하라고."

국민당이 도대체 뭘 한 거냐는 질문에 슈는 쓴웃음을 지으며 말했다.

"아무것도 안 했어."

여주인은 국민당이 아주 나쁜 일을 했다고 말하고, 슈는 아무것도 안 했다고 말한다. 종합해보면, 타이완인들이 보기에 국민당은 좋은 일이라곤 아무것도 안 하고, 나쁜 일들만 잔뜩 한 것이다. 민심의 이반이 놀라웠다. 며칠 후, 마잉주는 선거 대패에 대한 책임을 지고 국민당 대표에서 사퇴했다.

변화의 기운이 넘치는 타이완답게 2015년의 대표 문자는 '바꿀 환(換)' 자였다. 2016년 1월 16일 민진당 차이잉원(蔡英文, 채영문)의 총통 당선은 이때 이미 예고된 셈이다.

이제껏 타이완을 지배한 세력들은 모두 외부에서 왔고, 주된 관심사 역시 타이완 자체가 아닌 외부에 있었다. 타이완은 언제나 무역 기지나 중국 진출의 수단으로 여겨져왔다. 오랜 진통 끝에 타이완은 드디어 스스로의 손으로 지도자를 뽑게 되었다.

그러나 타이완 마음대로 방향을 결정할 수 있을까? 중국과 타이완의 격차는 너무도 현격하며, 중국은 타이완을 결코 포기하지 않는다. 중국은 타이완에 무역 흑자를 양보한 대신, 타이완의 대중(對中) 의존도를 심화시켰다. 중국의 돈맛을 보고 나면 타이완은 다시 예전으로 돌아갈 수 없으리란 계산이다.

현재로서는 모든 것이 중국의 계획대로다. 2016년 초 당선된 차이잉원이 타이완에 새 바람을 불어넣을 것으로 기대했지만, 2016년의 한 글자는 '쓸 고(苦)'였다. "지진과 태풍은 그치지 않고, 양안 관계의 급냉각은 관광업에 타격을 가했으며, 집값과 방값은 나란히 올랐다."[20]

2016년 12월 트럼프는 미국 대통령에 당선되자 1979년 단교 이후 처음으로 타이완 총통과 통화해 큰 관심을 모았지만, 2017년 2월에는 시진핑과 통화하며 '하나의 중국' 원칙을 존중한다고 밝혔다. 미국은 타이완을 진지하

게 생각하지 않고 전략적 카드의 하나로, 무기 판매 창구 정도로만 관심을 두고 있다.[21]

중국의 로맨틱 코미디 영화 〈애교 있는 여자가 최고[撒嬌女人最好命]〉에서는 상하이 여자와 타이완 여자가 중국 남자를 놓고 사랑 전쟁을 벌인다. 어리숙한 중국 남자는 처음에 타이완 여자의 애교에 녹아나지만, 결국 진실한 상하이 여자가 타이완 여자의 간교한 계략을 이겨내고 사랑을 쟁취한다. 중국이 타이완에 꼭 이런 메시지를 보내는 것 같다. "네가 아무리 날고 기어봤자 나한테는 안 되거든." 한편으로 중국인들에게는 이런 말을 하는 게 아닐까? "타이완이 제아무리 달콤해 보여도 사실 알고 나면 좋을 거 하나도 없어."

쯔위 사건에서 보듯, 양안 관계는 평상시에는 아무 문제 없어 보이나 사소한 일로 순식간에 큰 긴장을 낳기도 한다. 양안 관계는 평온해 보이다가 느닷없이 불어닥치는 토네이도를 닮았다.

타이완 台灣

港

항구 **항**

홍콩

香港

아편과 영국이 키운 국제무역항,
요원한 항인치항

❶ 홍콩의 밤거리 즐비하게 늘어선 큼지막한 간판들 아래로 행인들이 분주하게 오간다.
❷ 홍콩 야시장 쇼핑을 하거나 야식을 먹기 좋은 홍콩 야시장.
❸ 촛불집회 집회를 통해 직접 자신들의 주장을 펼치는 홍콩인들. 대륙에서는 보기 힘든 모습이다.
❹ 홍콩의 야경 아름다운 야경으로 유명한 홍콩.

❺ 영화 같은 홍콩 고층 건물들, 푸른 하늘과 바다, 분주하게 오가는 헬리콥터와 배가 영화 같은 모습이다.

❻ 트램 구식 교통수단이지만 저렴한 서민의 발이다. 시각적 효과를 활용하여 광고판처럼 운용하고 있다.

❼ 마오쩌둥와 리샤오룽(이소룡) 이질적인 듯 보이는 마오쩌둥과 리샤오룽의 포스터.

❽ 쇼핑객 명품을 사려고 길게 줄을 선 쇼핑객들.

주룽반도

홍콩
특별행정구

침사추이

란타우섬

빅토리아
피크 홍콩섬

'해가 지지 않는 나라' 영국은 동아시아 제해권을 장악할 수 있는 거점으로 홍콩을 선택했다. 영국의 '자유무역주의자'들이 아편과 쿨리를 거래하던 홍콩은 어느새 아시아 최고의 국제도시가 되었고, 캉유웨이와 쑨원은 현대화된 홍콩 거리를 산책하며 서양의 문물과 제도에 눈을 떴다. 영국 총독의 99년 식민 통치를 마치고 1997년 '모국의 품'으로 돌아간 홍콩인들은 "홍콩인들을 위한 홍콩", "홍콩 사람이 다스리는 홍콩"을 꿈꾸었다. 그러나 '1국가 2체제'를 보장했던 중국은 이제 단호하게 외친다. "우물은 강물을 범하지 않는다!"

9월 초, 한국에서는 더위가 한풀 꺾이며 점차 누그러지는 때다. 그러나 홍콩 (香港, 향항)의 9월은 여전히 무더웠다. 나는 쇼핑몰보다는 거리를 둘러보는 것을 훨씬 좋아하지만, 홍콩에서는 달랐다. 숨 막히게 무더운 홍콩에서는 조금만 걸어도 지치고 정신이 오락가락했다. 활짝 열린 쇼핑몰의 문에서 상쾌하게 뿜어져 나오는 에어컨 바람을 맞으면, 나도 모르는 사이에 이미 쇼핑몰 안에 들어와 있었다.

홍콩이 왜 쇼핑으로 유명한지 깨달았다. 쇼핑을 그리 즐기지 않는 사람도 더위에 지치면 시원한 쇼핑몰 안으로 들어오게 마련이었다. 또한 왜 홍콩 쇼핑몰이 전기료를 아깝다 여기지 않고 문을 활짝 연 채 에어컨을 가동하는지 깨달았다. 문에서 뿜어져 나오는 에어컨 바람이야말로 홍콩에서 최고의 영업 사원이었다. 고객을 쇼핑몰 안으로 이끄니까 말이다. 쇼핑의 천국 홍콩에서는 이렇듯 날씨마저도 쇼핑을 부추겼다.

홍콩의 약자는 '항구 항(港)' 자다. 중국, 아니 세계의 대표적 항구인 홍콩다운 약칭이다. 중국이면서도 중국 본토와는 사뭇 다른 땅, 그래서 역설적으로 세계와 중국을 이어주는 항구, 홍콩.

홍콩이 '향기로운 항구'라는 뜻의 이름을 갖게 된 유래에는 다양한 전설이 있다. 옛날 이곳에 향고(香姑) 선녀가 살았다는 전설이 있는가 하면, 이곳에 향나무가 많아서, 또는 향로가 떠내려 와서 생긴 이름이라는 설도 있다. 어떤 전설이든 홍콩은 향기로운 항구라고 말한다. 향나무의 산지로 출발했

홍콩 香港

다가 인도·동남아·아라비아의 향료를 (아마도 은밀하게) 거래하는 작은 항구로 성장했기 때문에 붙은 이름이리라. 그러나 작은 항구가 국제무역 항구로 변모하는 과정은 순탄치 않았다. 국제무역 항구 홍콩의 탄생에는 매혹적인 향기 대신 매캐한 화약 냄새가 깔려 있다.

향기로운 항구, 아편의 항구가 되다

청나라 말기 조정은 부패하고 무능했지만, 경제력만큼은 무시무시했다. 영국은 일찍이 산업혁명을 일으켜 저렴한 면직물로 당대 세계 시장을 휩쓸었지만, 중국에서만큼은 큰 적자를 보았다. 중국은 유럽에서 수입하고 싶은 것이 없었지만, 유럽은 중국에서 차·비단·도자기 등 수입하고 싶은 것이 많았다.

영국이 청나라에 비해 우위를 가진 것은 군사력밖에 없었다. 신식 군대를 통해서 부당 거래를 강요해야 했다. 덩치 크고 둔한 중국은 한두 번 맞는다고 정신을 차리지는 못할 것이니 계속 수시로 때려주어야 했다. 그러기 위해서 영국은 중국 가까운 땅에 해군 기지를 확보할 필요가 있었다. 해군 기지를 확보하면 당대 최강인 대영제국의 해군력으로 청나라에 꾸준히 압력을 가할 수 있었다.

이때 영국이 눈독을 들인 땅이 바로 홍콩이었다. 홍콩은 중국 본토와의 최단 거리가 불과 400미터일 정도로 매우 바짝 붙어 있다. 그러면서도 섬답게 경계 구획이 확실하고, 만일의 경우 본토로부터의 침공을 수월하게 막을 수 있다. 수심이 깊고 해안선 깊숙이 만입된 지형은 항구로서 이상적이다. 게다가 중국 남방 무역의 중심지인 광둥성 광저우와도 매우 가깝고, 동남아시아·타이완·일본·조선 등 다양한 영역으로 진출이 가능하다. 믈라카–싱가포르와 홍콩 두 지역만 장악하면 동아시아의 제해권과 패권을 장악할 수 있다.

당시 일본의 육군사관학교 교장과 농상무 장관을 지낸 타니 치시로(谷千城)는 영국이 홍콩에 건설한 요새를 견학한 뒤 영국의 국력과 군항 홍콩의 막강함에 통탄을 금치 못했다.

상층으로 통하는 통로는 연와석(煉瓦石)으로 축조되어 무릇 20칸으로 짐작되는 탄약고·막사 등의 설치가 세밀하고, 땅굴의 덮개는 연화석(煉化石)으로서 1미터 반 정도로 건축되어 수뢰기(水雷機) 발사의 시설도 있다. …… (일본은) 1천만 엔의 돈을 육군에 써도 전국에 아직 완전한 요항(要港)이 없고, 에도만의 방어조차 올해에야 구색을 갖추게 되었다. 그런데 홍콩은 동양 영국령의 일단(一端)에 불과함에도 그 방어가 이와 같아 그들이 우리를 모욕함은 까닭이 있으니 어찌 탄식하지 않을 수 있으리오.[1]

영국은 아편으로 중국인들을 중독시켰고, 아편전쟁으로 청나라를 굴복시켰다. 2차 아편전쟁 후 베이징조약을 체결할 때는 아편을 양약으로 분류하여 아예 아편무역을 합법화해버렸다. 국제무역항 홍콩은 아편으로 태어나 아편으로 성장했다. 1844년 홍콩 총독 존 데이비스(John F. Davis)는 부임 직후, 사적 자본을 갖고 있는 거의 모든 홍콩 거주민이 아편무역에 종사하고 있다고 기록했다. 아편은 홍콩에서 가장 광범위하게 거래되고, 가장 비중이 큰 주력 수출품이었다. 아편 가격이 주식 시세처럼 신문에 매일 보도되었다.

1910년대는 국제사회의 여론도 아편을 금지하는 방향으로 흘렀지만, 1차 세계대전이 발발하자 아시아의 작은 섬은 관심에서 멀어졌다. 당시의 목격자는 말한다. "독일인들은 억류되고 독일 사업체는 폐쇄되었다. 홍콩 거주 영국인 다수가 자원병으로 전장에 나갔다. 그래도 홍콩이 번영일로를 달릴 수 있었던 것은 일정 정도 아편이라는 비상용 물자의 덕분이었다."[2]

핵심 인력들이 빠져나가고, 기업 등 경제 단위들도 운영이 정지되는 상황에서도 아편이라는 '비상용 물자'는 불황과 전쟁을 모르는 효자 상품(?)이었다. 아편 무역과 재배를 오래하다 보니 전문 지식도 축적되었다. 훗날 마약이 세계적으로 불법화되자, 동남아 국가들의 통치력이 쉽게 미치지 못하는 곳에 마약 재배 기지인 골든트라이앵글이 나타났다. 골든트라이앵글은 반군, 범죄 조직, 현지 농민과 외부 고급 인력이 유입되며 기업화되었다. 홍콩·타이완 출신의 화학자들이 마약 연구소와 정제소에서 일했다. 이렇게 재배된 마약은 삼합회(三合會) 등 범죄 조직에 의해 홍콩과 마카오, 타이완으로 흘러들어 갔다. 홍콩과 마약의 인연은 질기고도 질겼다.

홍콩의 역사는 경제의 역사

'홍콩' 하면 무엇이 생각나는가? 사업가는 '국제금융 도시'를 떠올릴 것이고, 관광객은 '쇼핑과 음식의 천국'을 떠올릴 것이다. 그 모든 이미지는 홍콩이 돈과 온갖 재화, 문화가 모이는 곳이며 교역의 중심임을 의미한다.

아편전쟁 당시 외무 장관이었던 3대 파머스턴 자작, 헨리 존 템플(Henry John Temple, 3rd Viscount Palmerston)의 말처럼, 홍콩은 "제대로 된 집 한 채 없는 황폐한 섬"[3]이었다. 지리적 식견이 부족했던 파머스턴은 전쟁까지 치르면서 기껏 쓸모없는 섬을 얻은 것을 이해하지 못했다. 그러나 영국의 식민지가 된 후로 홍콩은 급속히 달라졌다. 해안선을 따라 큰길이 놓였고, '여왕의 길(Queen's Road)', '국왕의 길(King's Road)'이라는 영국식 이름이 붙었다. 1865년 윌리엄 로빈슨(William Robinson) 총독은 홍콩에 인프라를 체계적으로 구축한다. 근대식 병원과 학교, 경찰서, 교도소, 가로수, 종탑을 세웠고, 은행과 상공회의소, 상하수도를 마련했다.

홍콩의 변화는 중국의 사상가들에게 크나큰 문화 충격과 영감을 안겨주었다. 청 말의 대표적 사상가 캉유웨이(康有爲, 강유위)는 홍콩을 방문한 뒤 "서양에도 법도가 있음을 비로소 알았다."며 감탄했다. 홍콩의 우아한 서양식 건물, 깨끗한 거리, 효율적 치안, 빠르게 성장하는 경제를 보며 서구의 시스템에 매료된 캉유웨이는 서양 문물을 받아들여 혁신을 꾀하는 변법자강운동을 구상했다. 쑨원 역시 홍콩에서 혁명을 배웠다고 말했다. 홍콩은 신사상, 신중국의 어머니였다.

제국주의 열강의 식민 통치는 프랑스의 알제리 모델과 영국의 홍콩 모델이 있다. 절대왕정의 중앙집권이 강했던 프랑스는 알제리를 프랑스의 하나의 도(道)로 간주하고 직접 통치했다. 이에 반해, 봉건영주의 지방분권이 강했던 영국은 작은 식민지 정부가 홍콩을 간접 통치했다. 식민지 정부는 군사적 역량을 갖추고 식민지 수탈을 위한 인프라를 완비하되, 토착 지도층의 영향력을 사회적으로 최대한 활용했다.

홍콩은 작은 정부를 지향했기에, 중앙정부가 장악해야 할 중앙은행도 형식적으로는 존재하지 않고, 민간 기업과 상업회의소가 알아서 운영하도록 했다. 작은 총독부와 토착 사회의 자치 조직, 경제기구 들이 병존하게 되었다. 이는 중국인들 특유의 사조직, 향우회, 상방(商幫) 문화와도 잘 어울리는 방식이었다.

중국 상인들은 홍콩에서 곧바로 막강한 영향력을 발휘하기 시작했다. 홍콩은 동중국해와 남중국해를 연결하는 접점이며, 중국 남부와 동남아의 중심에 위치한 요지였다. 게다가 근대 인프라 위에 근면성실한 중국 상인들이 움직이니, 호랑이에게 날개를 단 격이었다.

19세기 중반은 홍콩의 신시대였다. 홍콩은 영국의 극동 거점이며 자유무역항으로서 매우 중요해졌다. 다만 이때의 자유무역이란 떳떳하지 않은 밀무역이었고, 중요 거래 품목은 아편과 현대판 노예인 쿨리(coolie)였다. 친순

홍콩 香港

신(陳舜臣, 진순신)은 당시 홍콩의 세태를 꼬집었다. "가장(假裝)한다는 것은 홍콩의 습성이 되어버렸다. 아편은 없는 것으로 가장하면서 실은 듬뿍 있었으며, 쿨리 매매 따위도 않는 체하면서 음성적으로는 성업 중이었다."[4]

홍콩은 진통을 겪으면서도 발전을 거듭했다. 지역이 발전하려면 가장 중요한 것은 역시 사람이다. 도시를 만드는 것도 사람이고, 도시를 움직이는 것도 사람이다. 길을 닦고 건물을 지을 사람이 필요하고, 장사할 사람이 필요하다. 돈을 가진 사람이 필요하고, 아는 것이 많은 사람이 필요하다. 사람이 넘쳐나는 중국에서 인력은 언제나 문제가 되지 않는다.

홍콩은 중국인이 가장 좋아하는 두 가지, 돈과 안전이 있었다. 안정적일 때는 돈을 찾아, 혼란스러울 때는 피난을 위해 대륙의 엄청난 인파가 홍콩으로 몰려왔다. 1895년 홍콩 인구 24만 8498명 중 23만 7670여 명(95.6퍼센트)이 중국인이었다.[5] 1937년 중일전쟁이 시작되자 홍콩 인구는 100만 명을 돌파했고, 1940년대 초에 180만 명으로 늘어났다.[6]

그러나 격동의 중국사는 이제 시작에 불과했다. 국공내전 끝에 공산당이 승리하자 많은 기업가와 자본가, 고급 기술자, 숙련공 들이 홍콩으로 들어왔다. 1950년 봄 홍콩의 인구는 236만 명에 이르렀다. 대거 유입된 고급 인력은 의류와 해운, 전자 산업에 뛰어들어 홍콩을 국제금융과 현대 산업의 중심지로 만들었다.[7]

1962년 대약진운동과 대기근, 1966년 문화대혁명으로 대륙이 고통받자, 1970년대 초 홍콩의 인구는 400만 명으로 다시 껑충 뛰었다.[8] 1978년 덩샤오핑(鄧小平, 등소평)이 톈안먼(天安門, 천안문) 사건을 일으키자, 1980년 홍콩의 인구는 500만 명으로 늘어났다. 경제인뿐만 아니라 많은 문화인, 활동가들도 홍콩에 '망명'하여 홍콩 문화의 밑거름이 되었다. 2017년 기준 홍콩의 인구는 740만 명에 이른다.[9] 홍콩의 인구 변천사는 바로 중국 근현대사와 직결되어 있다.

홍콩인과 중국인

홍콩인들에게 "당신은 당신의 나라를 사랑합니까?"라고 묻는다면, 대부분의 홍콩인들은 반문할 것이다. "어떤 나라를 말합니까?"

그리고 "당신은 누구입니까?"라고 묻는다면, 홍콩인들은 난감해하며 제각각 다른 답을 내놓을 것이다. 홍콩인(HongKongese, HongKonger)이다, 중국인(Chinese)이다, 홍콩 중국인(Hong Kong Chinese)이다······.[10]

홍콩의 역사는 짧다. 그러나 변화는 많다. 홍콩 사람들이 특정한 정체성을 가질 만하면 시대가 바뀌고 사회가 변했다. 홍콩은 영국의 식민 통치와 함께 역사를 시작했다. 그러나 식민 통치 하에서 현지인들은 주인이 아닌 노예다. 영국은 홍콩인들에게 참정권도, 영국 영주권도 주지 않았다. 영화 〈차이니즈 박스(Chinese Box)〉에서 영국 저널리스트(제러미 아이언스)가 말했듯이 홍콩은 부지런히 몸을 팔아 영국이라는 포주에게 돈을 갖다 바치는 '성실한 창녀'와도 같았다.

영국인들은 홍콩에 정을 주지 않았다. 애초부터 홍콩에 간 영국인들은 고향에서 천덕꾸러기 취급받던 하류 계층이었다. 본토인들은 홍콩에서 거들먹거리는 '쓰레기(filth)'들이 '런던에서 실패하여 홍콩을 기웃거리는 놈(Failed In London, Try Hong Kong)'의 줄임말이라고 비아냥댔다.[11]

고향에서도 뜨내기였던 영국인들은 새로 정착한 홍콩에도 정을 붙이지 못했다. 영국의 한 식민 통치자는 말했다. "홍콩은 철도역이라 불려왔다. 사람들은 이곳을 왔다 갔다 하고, 이 거리와 바람을 피우거나 정사를 경험할지도 모르지만, 결코 사랑은 하지 않는다."[12]

그러다 거짓말처럼 1997년 홍콩은 중국에 반환되었다. 반환 전후로 홍콩인들은 극심한 불안에 시달렸다. 과연 어떤 세상이 펼쳐질까? 한편으로는 식민 통치를 끝내고 모국의 품으로 돌아가 중국인으로서의 정체성을 찾을

홍콩 香港

수 있어 좋은 일이었다. 그러나 국공내전, 문화대혁명, 톈안먼 사건 등을 떠올리면 무서운 일이기도 했다. 정세 불안은 정체성에 대한 질문을 던졌다. 홍콩은 과연 어떤 곳이고, 홍콩인은 누구인가?

홍콩인 스스로는 문화시민임을 자부한다. 미개한 중국인들과는 차원이 다르다고 여긴다. 그러나 정작 영국인들이 보기에 홍콩인들은 중국인이다. 더럽지는 않지만 냄새난다. 홍콩인 스스로는 합리적이고 이성적이라 자부하지만, 영국인이 볼 때 홍콩인은 미신을 숭상한다. 정체불명의 빨간 부적을 덕지덕지 붙이고, 향을 사르며, 풍수라는 알 수 없는 이유로 땅을 사고, 희한한 건물을 짓는다. 성질이 너무 급해서 불안해 보이기까지 한다. 엘리베이터를 타면 가야 할 층의 버튼을 끊임없이 눌러댄다. 마치 버튼을 계속 누르면 조금이라도 더 빨리 도착할 듯이.

함께 일할 때도 갑갑한 게 한두 가지가 아니다. 자기 의도를 제대로 밝히지 않고 시간만 질질 끈다. "공공연히 표현하지는 않아도 논의를 지지부진하게 끌어 은근슬쩍 책임을 피하는" 홍콩의 방식을 영국인은 "구술 태극권"이라 불렀다.[13] 홍콩에 오래 산 영국인들은 홍콩인들에게 많은 걸 기대하지 말라고 말한다. "이들에게 융통성을 기대하지 마라. 홍콩 교육제도의 실패라 불러도 할 말이 없지만, 그들은 스스로 판단하거나 결정 내리도록 훈련받지 않은 사람들이다.[14]"

그러나 홍콩인들은 이미 대륙의 중국인들과는 크게 달라졌다. 홍콩인들은 중국인들이 떼거지로 몰려와서 홍콩을 망가뜨리는 것에 눈살을 찌푸린다. 중국인들은 큰길가에서 신발을 아무렇게나 벗어놓고 쉰다. 거리에 침을 뱉는 것은 예사고, 어린아이가 아무 데서나 오줌을 싸게 한다. 홍콩인들은 불만을 터뜨린다. "중국인은 예의를 모르고, 무례할 뿐만 아니라 민주주의적 질서 의식이 희박하다. 자유 의식이 결핍되어 있을 뿐 아니라 더럽고 지저분하다."

중국인들은 중국인들대로 홍콩인들이 못마땅하다. "홍콩 사람들은 그동안 자본주의에 너무 빠져 있었기 때문에 자기들만 알고 돈을 버는 데만 관심을 기울일 뿐 사람에 대한 배려가 약하다. 이런 점에서 홍콩에는 문화다운 문화를 찾아보기가 어렵다."[15]

문화적 차이에다 경제 문제와 정치 문제까지 겹치니 해결은 가면 갈수록 어려워진다. 홍콩 반환 전후로 이민자들이 상당히 많았지만, 홍콩의 인구는 오히려 늘었다. 홍콩에 몰려온 본토인들이 이민자들의 자리를 채우고도 남았다. 좁디좁은 홍콩에 많은 사람들이 몰리니 집값은 터무니없이 비싸다. 게다가 중국의 부동산 투기꾼들이 부동산 가격을 한껏 올려놓아 홍콩의 주택 사정은 더욱 악화되었다.

집값 상승은 물가 상승을 이끌며 홍콩 서민들의 삶을 더욱 어렵게 만들었다. 게다가 2008년 중국에서 멜라민 분유 파동이 발생하자, 중국인 부모들이 대거 홍콩에 내려와 분유를 싹쓸이해갔다. 홍콩 주민들은 중국인들 때문에 정작 자기 아기에게 먹일 분유가 없다며 분통을 터뜨렸다. '홍콩은 중국의 슈퍼마켓이 아니'라던 불만은 어느새 '홍콩은 홍콩인들을 위한 도시여야 한다'는 정치적 자각으로 발전했다.

지역감정은 한번 생기면 어떤 일에든 개입한다. 2011년 7월 홍콩은 매매춘 단속을 벌였다. 중국에서 넘어와 홍콩에서 매매춘 활동을 벌인 '북쪽 언니[北妹]'들 60명을 적발해 중국에 넘겼다. 본래 지역감정을 유발할 만한 사건이 아니건만, 네티즌들은 댓글로 지역감정 싸움을 벌였다. 홍콩인들은 "대륙 남자들은 홍콩에 와서 도둑질하고 여자들은 매춘하고……. 이러니 1997년 이후에 홍콩 사람들이 죄다 이민 간 거지."라고 대륙인들을 싸잡아 비판했다. 대륙인들은 대륙인들대로 "홍콩놈들, 예전에 광둥성에서 살다가 거지꼴로 넘어간 놈들이 이제 와서 잘난 척하기는!"이라며 아니꼽게 여겼다.[16]

사실 중국인들의 불만에도 일리가 있다. 오늘날의 홍콩이 있었던 것은 중국 덕분이니까. 홍콩은 애초부터 영국이 중국에 진출하기 위한 전진기지였다. 뒤집어 말하면, 중국이 없었다면 홍콩도 없었다.

제대로 된 집 한 채 없는 황폐한 섬을 개발할 때는 사람의 힘이 필요했다. 그 사람들은 어디에서 왔는가? 중국에서 왔다. 중국에서 온 막노동꾼, 날품팔이꾼, 뜨내기 들이 바로 오늘의 홍콩을 만들어낸 밑거름이었다.

홍콩의 땅은 좁고 척박하다. 그 많은 인구를 부양하기 위한 식량과 물, 전기는 어디에서 왔는가? 중국에서 왔다. 홍콩의 풍부한 자금과 자본은 어떻게 생겼는가? 중국이라는 거대한 시장에 진출하고 싶어 몰려든 자본이다.

개혁개방 이후 홍콩에 대한 중국의 영향력과 중요성은 더욱 크게 늘어났다. 광둥성 선전(深圳, 심천)이 제조 기지 역할을 맡아주면서 홍콩은 고부가가치 산업인 금융업에 전념할 수 있었다. 세계 금융 위기로 전 세계가 휘청거릴 때에도 홍콩은 중국의 대대적인 자본 투자 덕분에 번영을 지속할 수 있었다.

오늘의 홍콩을 만든 것은 예나 지금이나 중국이다. 중국의 입장에서는 다른 형제들이 희생해가며 홍콩을 밀어주었는데, 이제 홍콩이 잘나간다고 배은망덕하게 다른 형제들을 무시하는 것처럼 보이는 것도 무리는 아니다.

1국가 2체제, 중국 속의 홍콩

홍콩은 영국의 식민지였다. 영국은 민주주의가 가장 발달한 나라였고, 작은 식민지 정책을 지향했다. 그래서 홍콩 사람들이 고도의 자유와 민주주의를 누리고 살았을 것만 같다. 그러나 종주국이 제아무리 민주주의가 발달하고 식민지를 강압 통치하지 않더라도, 식민지는 식민지였다. 홍콩은 제대로 민주주의를 경험해본 적이 없었다.

홍콩인은 영국 여왕에게 충성을 맹세했지만, 대영제국 시민으로서의 공민권과 참정권은 없었다. 총독의 권한은 절대적이었다. 명목상 몇 명의 중국계 의원은 있었지만, 1991년까지 정부의 입법안은 항상 무사통과되었다. 영국은 1981년 영국국가법(British Nationality Act)으로 포클랜드와 지브롤터 주민들에게는 영국에서 거주할 권리를 보장해주었지만, 홍콩은 예외였다. 영국의 식민지 중 홍콩은 영국에 경제적 이익을 가장 크게 주면서도 정치적 이익은 가장 적게 받았다.

'홍콩인들은 정치에 무관심하다'는 선입관이 있다. 그러나 실상 홍콩인들이 정치에 무관심한 게 아니라, 무관심하기를 강요받은 것이다. 정치 참여가 봉쇄된 홍콩인들은 경제에 올인했다. 지도자를 선택할 수는 없지만, 최소한 옷은 선택할 수 있었으니까.

1997년, 영국이 중국으로부터 홍콩을 '빌린' 99년이 끝났다. 9(九)는 '오래[久]'와 음이 같다. 99년이란 말은 '오래오래', 즉 '영원히 빌린다'는 은유였다. 사실 당시 최전성기를 맞고 있던 영국, '해가 지지 않는 나라' 영국으로서는 홍콩 반환 따위는 상상하지도 못했을 것이다. 그러나 세계를 지배하던 영국의 시대는 끝났다. 국력의 쇠퇴는 '영원'이라는 은유를 99년이라는 실제의 숫자로 만들었다.

반환 직전 영국의 마지막 총독 크리스 패튼(Chris Patten)은 홍콩의 정치 개혁을 이끌었다. 매우 속 보이는 행위였다. 영국이 진정으로 민주주의를 사랑한다면, 150여 년 동안 무얼 하다가 반환 3년 전에야 부랴부랴 민주화를 시켰는가? 영국이 홍콩을 중국에 반환하지 않았다면 민주화시켰을까? 민주화시켰더라도 그토록 빨리 추진했을까?

그러나 경위야 어찌되었든, 홍콩 주민들은 처음으로 자신들의 손으로 대표를 뽑을 수 있게 되었다. 홍콩 사람이 홍콩을 다스리는 일[港人治港]은 매우 감격스러운 사건이었다.

중국 정부는 홍콩의 민주화가 달갑지 않았다. 공산당 일당독재 체제와 직접선거는 상충되는 일이었다. 중국은 홍콩 통치를 곤란하게 만드는 영국의 꼼수가 매우 불쾌했지만, 중요한 것은 일단 홍콩을 돌려받는 것이었다. 그리고 황금알을 낳는 거위 홍콩이 죽지 않도록 하는 것은 중국으로서도 중요한 일이었다.

홍콩은 특별행정구로서 '높은 수준의 자치권(a high degree of autonomy)'을 보장받았다. 1국가 2체제로서 중국에 속하기는 하되 사회주의 체제와 다른 독자적 체제를 꾸려갈 수 있다. "우물은 강물을 범하지 않는[井水不犯河水]" 것처럼, 홍콩과 중국은 각자의 한계를 분명히 하여 서로 범하지 않기로 했다.

그러나 애당초 베이징 정부는 약속을 지킬 마음이 없었고, 홍콩인들도 베이징이 약속을 지키리라 믿지 않았다. 많은 홍콩인들은 반환 전후 미국과 영국, 호주 등으로 이민을 떠났다. 특히 인기가 좋은 캐나다 밴쿠버는 홍콩인들이 하도 많아져 '홍쿠버(Hongcouver)'라고 불릴 정도였다. 많은 예술가와 영화인 들 역시 홍콩을 떠났다. 1980~1990년대 세계를 휩쓸었던 홍콩 영화의 화양연화(花樣年華)도 저물었다. 홍콩 느와르의 전성기는 홍콩 반환 직전의 마지막 불꽃, 회광반조(回光返照)였다.

그런데 반환 후 홍콩은 생각보다 별로 변하지 않았고, 오히려 더욱 번영하는 것처럼 보였다. 홍콩인들은 다시 고향 홍콩에 돌아오기 시작했다. 그러나 변화는 이미 천천히, 하지만 확실히 진행되고 있었다.

2014년, 홍콩은 또 한 번 역사의 전환점을 맞는다. 홍콩 반환 이후 지켜온 일국양제의 원칙이 크게 흔들린다. 홍콩인들이 줄기차게 직선제를 요구하자, 중국의 전인대는 꼼수 섞인 절충안을 제시했다. "2017년 행정 장관 선거부터 직선제를 도입하되, 1200여 명으로 구성된 행정 장관 후보 추천위원회의 과반 지지를 얻은 2~3명만 입후보할 수 있다."[17]

홍콩인들은 누구를 뽑든 베이징의 입맛에 맞는 사람 중에서 뽑게 된다는 말이다. 더욱이 베이징은 혹시라도 오해가 있을까 봐 아주 친절한 해설까지 곁들였다. 후보자는 '애국애항(愛國愛港, 중국과 홍콩을 사랑한다)' 인사여야 한다. '애국'이란 무슨 뜻일까? 일찍이 덩샤오핑이 강조한 애국론을 들어보자.

어떤 사람들은 사회주의를 사랑하지 않는 것과 조국을 사랑하지 않는 것은 다르다고 한다. 도대체 어떻게 조국이 추상적인 것인가, 공산당이 지도하는 사회주의 신중국을 사랑하지 않고 무엇을 사랑한다는 말인가?[18]

조국을 사랑하는데, 왜 그 조국이 꼭 공산당이 지배하는 조국이어야 할까? 그러나 공산당이 지배하는 중국에서 공산당을 반대하는 것은 곧 국가에 반역하는 것이다. 따라서 애국인사란 '공산당을 지지하고 공산당의 지지를 받는 사람'을 말한다. 홍콩인들은 누구를 뽑든 베이징의 충신만을 뽑게 된다. 결국 베이징의 충신이 홍콩을 지배하는 것은 영국 총독의 식민 통치와 무엇이 다를까?

홍콩인들의 부푼 꿈, 항인치항(港人治港)의 꿈은 멀어져간다. 공산당이 홍콩을 지배하고[紅人治港] 베이징이 홍콩을 통치한다[京人治港]. 홍콩의 시민들은 거리로 나왔다. 정치에 관심 없던 홍콩인들이 2014년 9월 말부터 10월 초까지 거리를 가득 메웠다. 경찰의 최루액을 우산으로 막아내며 민주주의를 부르짖은 홍콩인들의 투쟁은 '우산 혁명'이 되었다. 1989년 톈안먼 사건 이래 중국에서 일어난 최대 규모의 집단행동이다.

그러나 중국 정부는 완강하다. '일국양제'에서 '일국(一國)'을 더욱 강조하고 '높은 수준의 자치권'을 보장한다고 했지 '전면적인 자치권'을 보장한다는 것은 아니라고 주장한다. 결혼 전에는 손에 물 한 방울 안 묻히게 해주겠다던 남편이 결혼 후에는 고무장갑 사주는 걸로 끝내려는 것 같다.

다만 현재의 대립 구도를 단순히 '중국 대 홍콩'으로 볼 수는 없다. 홍콩인

홍콩 香港

들은 항상 중국에 대해 애증이 교차했다. 문화대혁명 때에도, 홍콩 반환 때에도, 그리고 지금도 홍콩인들의 반응은 항상 셋으로 나뉘었다. '중국 정부를 절대 믿지 않는' 반중파, '중국 정부가 어떠한 태도를 취하더라도 별 상관없다'는 방관파, '우리는 모두 중국인'이라는 친중파 등 세 부류는 엇비슷한 세력으로 팽팽하게 대립한다. 홍콩의 난해함을 지적한 친쉰신의 말은 오늘도 여전히 유효하다.

홍콩이 모략의 도시라고 일컬어지는 것도 보이지 않게 대립하는 배후 세력이 복잡하게 뒤섞여 있기 때문이다. 홍콩이 비록 영국 영토의 작은 섬이지만 그곳은 중국 대륙을 움직이는 온갖 세력들이 반목하면서 공존하는 도시였다.[19]

오늘의 홍콩은 내일의 타이완

2014년 11월 2일 184만 명의 홍콩 시민들은 '시위 중단, 경찰 지지'를 위한 서명에 참여했다. 전체 홍콩 시민의 4분의 1, 성인의 3분의 1에 해당하는 수다. 한편, 시위를 지지하는 쪽은 시위가 '안정을 흔들기 위한 것이 아니라 안정을 지키고 번영을 지속하기 위'한 것이라고 항변했다.

2015년 6월 18일 홍콩의 입법회(의회)는 중국이 제시한 행정 장관 선거안을 부결시켰다. 홍콩이 베이징의 뜻에 고분고분하게 따르지 않겠다는 의지는 보여주었다. 그러나 실익은 전혀 없었다. 중국의 선거안이 거부된 결과, 기존 절차대로 선거를 치러야 했다. 즉, 친중파 1200명이 간접선거로 행정 장관을 선출하고, 중국 정부가 승인하는 방식이다.[20]

2016년 9월 4일 열린 홍콩 입법회 선거는 홍콩 유권자 380만 명 중 약

220만 명이 참여했다. 1997년 홍콩 반환 이래 역대 최고의 투표율(58퍼센트)이었다. 우산 혁명의 지도부인 네이선 로(羅冠聰, 나관총) 등의 약진에 힘입어 홍콩의 자치를 주장하는 범민주파는 지역구 전체 35석 중 절반이 넘는 19석을 차지했다. 이들이 행정 장관 선거에 영향력을 행사할 수 있을지 기대를 모았다.

그러나 이변은 없었다. 2017년 3월 26일 선거 결과, 친중파 케리 람(林鄭月娥, 임정월아)이 1194명 중 777표(65퍼센트)를 얻었다. 선거인단 수보다 경찰(1800명)이 더 많이 배치된 '체육관 선거'였다.[21]

중국은 갈수록 홍콩의 숨통을 조이고 있다. 2017년 6월 29일 시진핑은 홍콩 반환 20주년을 기념해 홍콩에 와서 "국가주권과 안보에 해를 끼치고, 중앙권력 및 홍콩특별행정구 기본법의 권위에 도전하고, 홍콩을 이용해 내지(중국)에 침투하거나 파괴하려는 활동은 어떤 것이라 해도 모두 마지노선(레드라인)을 건드리는 것이며 절대로 허락할 수 없다."고 경고하는 한편, "여러분은 모두 기회를 소중히 여기고, 기회를 놓치지 않고, 건설과 발전에 전념해야 한다."고 회유했다. 시 주석이 홍콩을 떠나자마자 7월 1일 홍콩 시민들은 민주화를 요구하는 시위를 벌였다. 시위 주최 측은 6만 명이 참여했다고 발표했지만, 기대치였던 10만 명에는 훨씬 못 미쳤다. 강력하고도 강경한 중국 앞에서 홍콩인들은 체념하고 있다.[22]

한때 홍콩은 중화권에서 가장 자유로운 곳이었다. 그래서 타이완 지식인 우샹후이(吳祥輝, 오상휘)는 말했다. "홍콩은 내게 한 번도 '쇼핑', '미식', '관광'을 의미한 적이 없다. 내게 홍콩은 '잡지'를 의미한다."[23] 민주화되기 전 타이완에 살던 우샹후이는 홍콩 잡지의 잉크 냄새에 전율했고, '비공식' 정보에 흥분했다. 당시 〈쟁명(爭鳴)〉이란 잡지는 중국공산당에게는 '반동 잡지', 타이완 국민당에게는 '친공산당 잡지'로 낙인찍혔다.

홍콩 香港

만약 비행기에서 옆 사람이 볼 수 있도록 잡지를 펼쳐놓았다면 그건 '공산당 선전 행위'가 되고 옆 사람이 "재미있습니까?"라고 물었을 때 "볼 만합니다." 라고 대답했다면 그건 '반란 시도 행위'이다.[24]

그러나 오늘날 홍콩에서는 출판·언론의 자유마저 위협받고 있다. 2015년 홍콩의 출판·서점 업자들이 실종되었다가 중국 당국의 조사를 받고 풀려났다. 이 사건 후, 홍콩에서 출판되는 중국 비판적인 책들이 현저히 줄어들었다.[25]

2017년 10월 10일 홍콩-말레이시아 아시안컵 축구 예선전에서 홍콩 축구 팬들은 중국 국가가 연주될 때 "우~" 하며 야유를 보냈고, 일부는 아예 등을 돌렸다. 그러자 중국 정부는 홍콩·마카오 시민들이 중국 국가를 존중하지 않으면 최고 3년 징역형을 내리는 법안을 마련했다.[26]

1989년 톈안먼 사건 때 홍콩인들은 "오늘의 베이징은 내일의 홍콩"이라며 불안해했다. 이제는 타이완인들이 홍콩을 보며 "오늘의 홍콩은 내일의 타이완"이라며 불안해한다. 과연 홍콩이 자율성, 인권, 민주주의를 얼마나 지켜갈 수 있을까?

홍콩의 추리소설가 찬호께이(陳浩基, 진호기)는 《13.67》에서 친영파와 친중파가 격렬히 충돌한 1967년을 회고한다. 이때 경찰은 시민들에게 '정부의 앞잡이' 취급을 받았다. 이후 홍콩 경찰은 오랜 진통을 겪으면서 내부의 부패를 척결하고 조직범죄를 뿌리 뽑아 시민의 신뢰를 간신히 회복했다. "그러나 요즘(2013) 홍콩 경찰은 정부 친화적인 시위대와 충돌했을 때는 평소와 같은 고효율의 진압 능력을 발휘하지 못했다. 혹자는 홍콩의 공권력이 공공의 정의를 억누르고 있으며, 홍콩 경찰은 정권의 앞잡이가 되었다고 비판했다."[27]

작가 후기에서 찬호께이는 말한다.

오늘의 홍콩은 작품 속 1967년의 홍콩처럼 똑같이 괴상하다. 우리는 멀리 한 바퀴 돌아서 원점으로 돌아온 것이다. 하지만 나는 2013년 이후의 홍콩이 1967년 이후의 홍콩처럼 한 발 한 발 올바른 길로 나아가 소생할지 아닐지는 알 수 없다. 또한 강하고 공정하고 정의롭고 용감하며 시민을 위해 온 마음으로 일하는 경찰의 이미지가 다시 확립되고, 홍콩의 어린이들이 경찰을 자랑거리로 생각하게 될지도 알 수 없다.[28]

홍콩 香港

강 이름 호

상하이

上海

농어 잡던 어촌, 국제도시가 되다

❶ 난징루 영국이 아편전쟁에 승리하여 난징조
약을 맺고 상하이를 얻은 것을 기념하여 붙인
이름. 치욕적인 역사를 가졌지만 오늘날 세계적
번화가가 되었다.
❷ 와이탄 아름다운 상하이 와이탄의 야경.
❸ 푸시와 푸동 고풍스러운 건물들이 있는 구
시가지 푸시 지역과 대형 금융사들이 몰려 있
는 신시가지 푸동 지역.
❹ 상하이의 두 얼굴 화려한 와이탄의 야경 뒤
편에는 전구 하나, 재봉틀 하나에 의지하여 살
아가는 거리의 재봉사가 있다.

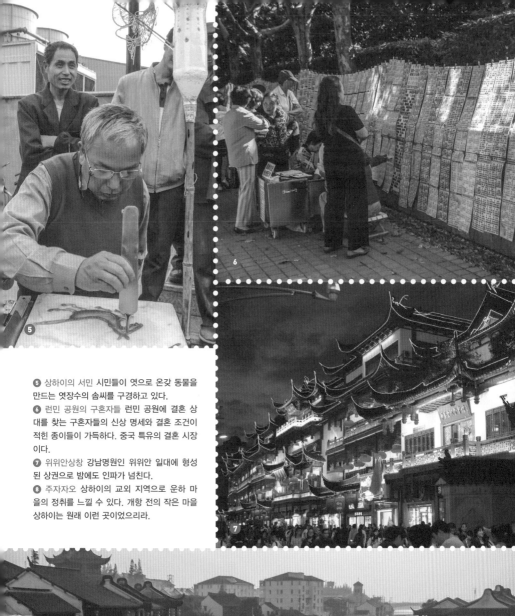

5 상하이의 서민 시민들이 엿으로 온갖 동물을 만드는 엿장수의 솜씨를 구경하고 있다.

6 런민 공원의 구혼자들 런민 공원에 결혼 상대를 찾는 구혼자들의 신상 명세와 결혼 조건이 적힌 종이들이 가득하다. 중국 특유의 결혼 시장이다.

7 위위안상창 강남명원인 위위안 일대에 형성된 상권으로 밤에도 인파가 넘친다.

8 주자자오 상하이의 교외 지역으로 운하 마을의 정취를 느낄 수 있다. 개항 전의 작은 마을 상하이는 원래 이런 곳이었으리라.

창장과 동중국해가 만나는 곳, 상하이는 아편전쟁으로 강제 개항되었다. 송강농어를 잡고 살던, 한적한 어촌 상하이는 순식간에 광저우를 제치고 중국 최대의 무역항으로 급부상했다. 모험가·상인·혁명가 등 온갖 부류의 사람들이 세계 각지에서 몰려들었고, 본국의 법과 도덕에 신경쓰지 않고 거리낌없이 살았다. 기묘한 활력이 넘쳐 흐르던 '마도(魔都)'는 개혁개방 후 '스테로이드 주사를 맞은 뉴욕'으로 거듭났다. '세계 4대 도시'를 넘보는 상하이. 그러나 편협한 도량과 폐쇄적 아집은 여전하다.

"어떻게 여기서 여자 친구를 만들 수 있지?"

상하이(上海, 상해) 런민공원을 산책하다 만난 서양 친구는 내게 뜬금없는 질문을 던졌다. '아니, 이 녀석이 윤봉길 의사가 도시락 폭탄을 던진 훙커우(虹口, 홍구) 공원, 유서 깊은 역사의 현장에서 웬 뚱딴지 같은 소리지?'

녀석은 런민공원에서 여자 친구를 구할 수 있다는 소문을 듣고 찾아왔다고 했다. 다른 구체적인 정보는 전혀 몰랐다. 그저 소문만 듣고 여자 친구를 구하려고 공원에 오다니! 서양인의 모험 정신과 연애에 대한 열정에 감탄했다. 100년 전의 서양인들 역시 일확천금의 소문만 듣고서 이곳 상하이를 찾았겠지.

하여튼 신기한 얘기였다. 나는 주위를 둘러보았다. 나이 지긋한 아줌마, 아저씨 들이 여러 게시물 앞에서 큰 소리로 떠들고 있었다. 게시물에는 이름, 나이, 학력, 경력, 키 등등 사람들의 신상에 대한 정보가 적혀 있었다.

"여기는 그저 인력시장 같은데? 직업 구하는 사람들의 정보 같아."

말을 마치자마자 불현듯 깨달았다. 인력시장은 인력시장인데, 노동력이 아니라 배우자를 구하는 거라면? 저 많은 정보가 결혼 정보라면? 아줌마, 아저씨 들이 중매쟁이라면? 수수께끼가 모두 풀렸다.

다시 찬찬히 게시물들을 훑어보았다. 가장 먼저 강조되는 것은 호구(戶口)였다. 상하이 여자는 '후뉘(沪女, 호녀)'로 특별히 분류되었고, 다른 지역 여자는 자신의 장점을 어필했다. '창저우의 재주 있는 여자[常州才女]'는 피아노

상하이 上海

10급이었고 전국청년성악 1등상을 탔다. 아버지는 '외지'의 공안, 어머니는 정부의 부국장으로 집안도 빵빵했다. 저장성 여자는 부모님이 사업가로서 '집도 있고 차도 있다[有房有車]'고 깨알같이 적어놓았다. 나이가 제법 많은 여자들도 물론 있었지만, 조건 좋은 20대 초반의 여자들도 많았다. 중국 여자는 대체로 20대 중반에 결혼하기 때문이다.

신랑감 후보 역시 상하이 호구를 갖고 있는지가 중요했다. 외지 여자가 상하이 남자를 찾는 것은 당연했다. 상하이 호구를 얻기 위해서니까. 의외인 것은 상하이 여자가 상하이 남자를 찾는 거였다. 이 경우는 호구가 문제가 아니다. 같은 상하이 사람이 아니면 결혼하지 않겠다는 상하이 여자들의 의지가 읽힌다.

현실적 조건이 대단히 중요한 결혼 시장에서 상하이 호구, 상하이인이란 어떤 존재인지 감을 잡을 수 있었다. 캐나다 브리티시컬럼비아 대학교와 미국 브라운 대학교 연구진이 1980년대에 태어난 상하이 부부 1247쌍을 조사한 결과, 상하이 사람이 외지인과 결혼한 비율은 불과 20퍼센트였다.[1]

아, 그 친구는 어떻게 되었냐고? 중국 여자들이 남자 친구가 아니라 매우 진지하게 결혼 상대를 찾고 있다는 것에 우선 실망. 그리고 콧대 높은 중국 여자들의 까다로운 조건에 맞추어줄 수 없어서 절망했다.

물고기 잡고 살던 어촌 마을

상하이의 약칭은 '강 이름 호(沪, 정체자는 滬)' 자다. 쑹장(松江, 송강)의 하류 지역인 상하이를 지칭하는 동시에, 이 지역의 어부들이 물고기를 잡을 때 쓰는 통발을 뜻하기도 한다. 물고기를 잡고 살던 어촌 마을, 바로 최첨단 국제 도시 상하이가 가지고 있는 '출생의 비밀'이다.

《삼국지연의》의 애독자라면 '송강농어(松江鱸魚)'라는 말이 귀에 익을 것이다. 조조가 잔치를 열었을 때, 불청객 도사 좌자(左慈)가 나타나 찬물을 끼얹었다.

"조 승상, 잔치에 먹을 게 없구려. 잔치라면 물고기 중 으뜸인 송강농어 정도는 있어야 하는 것 아니오?"

"천리 밖에 있는 송강농어를 어떻게 갖고 온단 말인가."

"허허, 조 승상을 누가 유능하다 했는가? 물고기 하나 갖고 오지 못하거늘……."

좌자는 대뜸 후원의 연못에서 농어를 낚아 올렸다. 조조는 "이건 내 연못에 살던 물고기 아닌가?"라고 힐난했다. 좌자는 "천하에서 아가미가 넷인 물고기는 송강농어뿐이니 확인해보시오."라고 응수했고, 살펴보니 과연 아가미가 넷인 송강농어였다.

동진의 대사마 장한(張翰)은 바로 이 송강농어가 그리워 뤄양의 벼슬을 사직하고 귀향했다. 국방부 장관이 고향의 물고기를 먹으며 살고 싶다고 퇴직한 셈이다. 이때 장한이 남긴 시는 고향에 대한 정을 물씬 담고 있다.

가을바람 불어오니 경치 아름다운 때인데,	秋風起兮佳景時
오강의 강물에는 농어가 살쪘다네.	吳江水兮鱸魚肥
삼천 리 먼 길 아직 집으로 돌아가지 못하니,	三千里兮家未歸
가기 어려움 한탄함이여, 하늘 쳐다보며 슬퍼하노라.	恨難得兮仰天悲

— 장한, 〈오강을 그리며[思吳江歌]〉

송강농어는 쑹장의 자랑이었다. 뒤집어 말하자면, 오늘날의 초거대 국제도시 상하이는 원래 농어밖에 자랑할 게 없는 조그만 어촌 마을이었다. 강남 지역의 경제가 발달하며 상하이 역시 연안 항구로서 발전했지만, 인근

상하이 上海

항구도시들에 비해 크게 나은 점이 없었다. 청나라 말기까지 상하이는 열 갈래의 도로밖에 없었고, 장쑤성 쑤저우가 중심지라 '작은 쑤저우[小蘇州]'로 불리는 것을 영광으로 여겼다.

상하이의 발전은 아편전쟁에서 시작되었다. 영국은 아편전쟁을 '자유를 위한 전쟁'이라고 포장했지만, 실상 그 자유란 영국이 중국에 아편을 팔아 먹을 자유였다. 영국인이라도 양심이 있다면 찬성할 수 없었다. 영국 국회가 아편전쟁 결의안을 논의할 때 토리당원 윌리엄 글래드스턴(William E. Gladstone)은 격렬히 반대했다. "기원과 원인을 놓고 볼 때 이것만큼 부정한 전쟁, 이것만큼 영국을 불명예로 빠뜨리게 될 전쟁을 나는 이제껏 보지 못했습니다."

의회 투표 결과는 찬성 271표 대 반대 262표. 단 아홉 표 차이로 아편전쟁 결의안이 통과되자, 글래드스턴은 한탄했다. "262, 영국 양심의 무게가 고작 이 정도란 말이냐!"

영국은 당대 최강의 군사력으로 청나라 군대를 격파하고 난징조약을 체결해 막대한 경제적 이득과 조계지를 얻었다. 한편 중국 입장에서도 별 볼 일 없는 땅, 상하이를 떼어주는 것은 나쁘지 않은 거래로 보였다.

천자의 바로 아래 가장 훌륭한 땅 수도에 어찌 '외국의 땅'을 허용하겠는가? 그러나 상하이에서는 가능했다. 당시 중국 정부가 볼 때 상하이는 미비한 존재였다. 쌀이나 비단을 생산할 수 있는 곳도 아니고, 그렇다고 풍수지리학적으로 뛰어난 자리를 차지하고 있는 것도 아니었다. 알 수 없지만 양귀(洋鬼, 서양 귀신)들이 마음에 들어하니, 그들에게 그 땅을 넘겨주고 제멋대로 요리하도록 한 것이었다. 제아무리 양귀라 한들 좋은 결실을 맺기란 애초부터 글러 버린 곳이 아닐 수 없었다.[2]

영국은 난징조약을 기념해서 상하이 중심가를 난징루(南京路, 남경로)라고 이름 붙였다. 치욕의 이름이지만 난징루는 세계적인 번화가로 성장한다. 인류 역사상 가장 추악한 전쟁인 아편전쟁은 상하이의 개항과 번영을 가져왔다.

개방 후 20년도 안 되어 상하이 수출액은 중국 무역 총액의 절반을 차지했다. 1870년에 이르니 중국 최초이자 최대의 무역 항구인 광저우는 상하이에 비하면 구멍가게가 되었다. 당시 광저우가 중국 무역의 13퍼센트를 차지할 때, 상하이는 63퍼센트를 차지했다. 중국 무역을 독점하는 수준이었다.

상하이는 전기·수도·전차 등 최첨단 기술과 문물을 서양과 거의 동시에 도입했다. 1895년 뤼미에르 형제가 세계 최초로 영화를 상영한 지 반년 만에 상하이에서도 영화를 상영했고, 1930년대 상하이 사람들은 재즈를 들으며 댄스홀에서 찰스턴 춤을 추었다.

shanghai, 상하이하다?

검색엔진인 고유명사 'Google'이 '검색하다'라는 뜻이 있는 것처럼, 영어에서는 흔히 명사가 동사로 활용된다. 그렇다면 '상하이하다(shanghai)'라는 동사는 무슨 뜻일까?

1. [바다 속어] (선원으로 만들기 위해) 마약 또는 술로 의식을 잃게 한 다음 배로 끌어들이다, 유괴하다.
2. [구어체 속어] (어떤 일을) 속여서 하게 하다, 강제로 시키다.[3]

역사를 들여다보면 참으로 적나라한 표현이다. 영국이 마약으로 중국의 정신을 잃게 만들고 억지로 상하이를 빼앗았으니 말이다. 그러나 역설적으

상하이 上海

로 중국의 역대 왕조가 전성기를 맞이할 때, 상하이는 궁벽한 시골이었다. 중국이 굴욕을 당할 때, 상하이는 뉴욕·런던에 이어 세계 3위의 금융 중심지로 화려하게 피어났다. 이처럼 상하이의 흥망성쇠는 제국주의 열강과 동기화하는 한편, 중국과 비동기화했다. 중국이 가장 고통스러울 때, 상하이는 가장 행복했다.

이런 역사적 배경 때문일까? 상하이인은 스스로를 다른 지역 중국인과 다른 존재로 여긴다. 상하이에서 친구가 눈치 없는 말이나 답답한 행동을 하면, 상하이 사람들은 말한다. "너 외지인이냐?" 농담이긴 해도 외지인을 바라보는 상하이 사람들의 시선이 극명하게 드러난다. 외지인이란 그냥 다른 지역에서 온 사람들이 아니라, 멍청하고 덜 떨어지며 민폐나 끼치는 인간들이다.

중국인들 역시 상하이인의 배타적인 태도를 못마땅해한다. 사실 상하이 사람들은 '외지인'이라는 단어를 욕과 경멸의 의미로 쓴다. 그 정도로 다른 지역 사람들에게 호의적이지 않고 자신들을 우월한 존재로 여긴다. 이들의 배타성은 자신들이 전국 최고의 우수한 '인종'이라고 생각하는 데에서 비롯되었다.

잠시만 생각해보면 정말 아이러니하다. 미국이 이민자들의 나라인 것처럼, 상하이는 이민자들의 도시다. 상하이 해방 직후 상하이의 호적 인구는 554만 명이었으나, 원래 고향이 상하이인 사람은 23만 명에 불과했다. 오늘날의 인구 2415만 명 중에서 진짜 상하이 출신은 1퍼센트도 되지 않는 셈이다. 자기 스스로도 외지 출신이면서 조금 일찍 와서 자리 잡았다고 새로 온 외지인을 차별한다. 개구리가 올챙이 적 생각을 못하는 격이다.

1퍼센트 안에 드는 진짜 상하이 출신이라고 해봤자 별로 자랑스러울 것도 없다. 상하이의 약칭 '호(沪)' 자를 다시 떠올려보자. 이 말 속에는 "너희가 아무리 날고 기어봤자, 강에서 물고기나 잡아먹고 살던 촌놈들에 불과하지!"란 속뜻이 담겨 있다. 본적이 상하이라면 깡촌 어부에 불과하고, 본적이

상하이가 아니라면 결국 외지인과 아무런 차이가 없다. 상하이인 그 누구도 원래 출신 앞에 떳떳할 수가 없다. '호'는 상하이의 짧은 역사, 얄팍한 문화, 뼈대 없는 출신을 지적한다.

그래서 상하이인은 '호(沪)' 대신 '밝힐 신(申)' 자를 약칭으로 쓰길 원한다. 전국사군자(戰國四君子) 중 한 명인 춘신군(春申君)에서 따온 글자다. 상하이인은 약 2500년 전 초나라 재상 황헐(黃歇)이 상하이 지역에 춘신군으로 봉해졌다고 주장한다. 이 약칭에 따르면 상하이는 유구한 역사, 고귀한 혈통, 찬란한 문화적 전통을 가지게 된다. 물론 외지인들은 빈정거린다. "2500년 전 상하이는 아직 바닷속에 잠겨 있었을걸?"

사실 상하이인이 외지인을 무시하고 스스로 상하이어를 쓰는 문화인이라고 과시하는 태도는 열등감의 산물이다. 일천한 역사와 문화는 상하이인의 정체성을 확실히 심어주지 못했다. 개항 이후 상하이는 토박이에게도, 최초의 이주민에게도 낯설었다. 서양 귀신들이 판을 깔고 주도하는 세상, 하루가 다르게 변하는 도시에서 살면서 그들은 스스로에게 물어볼 수밖에 없었으리라. '나는 누구인가, 여기는 또 어디인가?' 그러나 아무리 물어보아도 답을 얻을 수 없었다.

결국 상하이인은 자기 스스로 정체성을 만들지 못하고, 남과 구분 짓고 나서야 정체성을 얻었다. 자긍심을 갖지 못하고, 남을 깔보고 나서야 자신을 높일 수 있었다. 외지인과 다른 존재이기 위해, 그들은 많은 돈을 벌어야 했고, 영악해야 했고, 상하이어를 써야 했다.

열등감이 강한 사람은 강한 자에게는 약하고, 약한 자에게는 강하다. 상하이인의 기회주의적 속성은 베이징과 외국에 대한 태도에서 드러난다. 역사와 전통을 자랑하는 수도 베이징인은 상하이인이 말하는 '외지인'의 범주에서 열외다. 외지인이란 비하의 의미이기에 힘없고 가난한 지방 사람들을 지칭한다.

다만 베이징을 외지인 범주에서 열외시킬 뿐이지, 상하이보다 낫다고 여

상하이 上海

기는 것은 아니다. 우샹후이가 1988년 상하이를 여행할 때, 상하이의 렌터카 비용이 왜 베이징보다 더 비싸냐고 묻자 담당 직원이 답했다.

"상하이를 어떻게 베이징과 비교하십니까? 상하이는 4대 도시인걸요."

"베이징도 4대 도시가 아니오?"

"베이징은 중국 4대 도시지만 상하이는 세계 4대 도시입니다."[4]

또한 상하이는 외지에는 폐쇄적이면서도 외국에는 놀라울 정도로 개방적이다. 1980년대 말에 유행한 신민요는 외지인은 무시하면서 외국인이라면 사족을 못 쓰는 상하이인의 이중적 태도를 꼬집었다. "광둥인은 돈이라면 무슨 돈이든 벌고, 베이징인은 말이라면 무슨 말이든 떠들고, 둥베이인은 일이라면 무슨 일이든 하고, 상하이인은 외국이라면 어느 나라든 간다."[5]

중국인은 손님 대접을 매우 중요하게 여기는데, 상하이인은 손님 대접은 커녕 오히려 외지인이라고 깔보니 분통이 터진다. 가는 게 있으면 오는 게 있는 법. 상하이인은 '상하이시는 크지만 그 시민들은 쩨쩨하다'는 뜻에서 '대(大)상하이의 소(小)시민'이라 조롱받고, "상하이 사람 같지 않다."는 말을 최대의 칭찬(?)으로 듣게 되었다.[6]

욕망의 마도(魔都), 꿈의 파라다이스

상하이에서 유학하던 작가 황석원은 상하이에서 일하는 외지 출신 아가씨를 만났다. 따가운 차별에도 불구하고 상하이가 매력적인 이유를 묻자, 그녀는 답했다.

상하이는 하고 싶은 일을 할 수 있는 선택의 폭이 넓기 때문이야. 자기가 원하는 일을 할 수 없더라도 일단 기회는 주어진다는 거지. 재미있는 콘텐츠도 많고. …… 국제도시인 만큼 다른 도시에 비해 사람들의 생각이 많이 깨어 있는 편이지. 결론적으로 상하이는 무언가 새로운 것을 갈구하고, 그에 도전하는 중국인들의 파라다이스야![7]

개항 이후 상하이는 매우 위험하면서도 크게 성공할 수도 있는 마도(魔都)였다. 외국인과 중국인 모두에게 상하이는 본국의 법률과 도덕에 구애받을 필요가 없는 장소였다. 전 세계의 상인과 모험가 들이 몰려든 상하이에는 기묘한 활력이 넘쳐흘렀다. 무엇이든 가능한 마도의 신통력에 대해 사람들은 말했다.

우둔한 사람이라도 상하이에서 한번 살아보면 현명하게 된다. 성실한 사람이라도 상하이에서 한번 살아보면 교활해진다. 못생긴 사람이라도 상하이에서 한번 살아보면 아름다워진다. 일자 눈썹에 납작코인 여자라도 상하이에서 며칠만 지내면 어엿한 귀부인이 된다.[8]

근대 상하이에는 "가난이 부끄럽지 매춘은 부끄럽지 않다."는 말이 나돌았고, "좋은 남자는 일하지 않고 좋은 여자는 사장님에게 시집간다."는 노래가 흘렀다. 상하이가 얼마나 일찍부터 자본주의에 물들었는지 극명하게 보여준다. 오늘날 "스테로이드 주사를 맞은 뉴욕"이라고 불리는 상하이는 그야말로 미친 속도로 질주하고 있다.

급속한 자본주의화만큼 양극화도 빠르다. 그토록 많은 외지인이 상하이에 온 것은 돈을 벌기 위해서다. 상하이의 임금과 수입은 다른 지역에 비해 높지만 동시에 물가도 비싸고 소비의 유혹도 크다. 명목임금은 높되 지출이 많아 실질적으로는 더 가난하게 되는 현상을 중국에서는 '상하이식 빈곤'이라고 부른다.

경제성장기에 돈을 버는 가장 효율적인 방법은 부동산이다. 외국인 투자자와 중국 부동산업자 들의 투기로 집값은 하늘 높은 줄 모르게 치솟고, 정작 상하이인은 상하이에서 살 곳이 없어진다. 상하이 토박이는 갈수록 시 중심에서 변두리로 밀려나는 신세를 한탄한다. "내부순환선 안에서는 영어로 말하고, 내부순환선과 외부순환선 사이에서는 표준어를 쓰며, 외부순환선 밖에서는 상하이어를 한다."⁹

2009년 〈워쥐(蝸居, 달팽이 집)〉라는 상하이 드라마가 큰 인기를 끌었다. 달팽이 집처럼 좁디좁은 집에서 벗어나 내 집 마련의 꿈을 이룬다는 성공담이다. 왜 이 드라마가 큰 인기를 끌었는지는 자명하다. 작은 공간에서 살아가는 애환에 공감하고, 번듯한 내 집을 갖는 모습을 보며 대리 만족한다. 그러나 현실은 차갑다. 상하이 도심의 아파트 평균 가격은 300만 위안. 상하이 근로자 연평균 임금(약 5만 8000위안)의 약 51배 수준이다. 월급의 절반을 고스란히 저축해도 집을 사는 데 100년, 한 푼도 쓰지 않고 모은다 해도 50년이 걸린다.

우샹후이는 국제금융의 중심지를 꿈꾸는 상하이를 비판했다.

국제적인 공신력을 갖추지 못하고, 화폐와 정보의 자유화가 이루어지지 못하고, 법제도 구축되지 못했으며, 정부가 청렴하지도 않고, 효율성이 떨어지고, 사회의 신뢰도마저 낮은 국가는 결코 국제금융의 중심지가 될 수 없다.¹⁰

이를 비웃듯 중국은 상하이-홍콩 증시 연동 시스템인 후강퉁(滬港通, 호항통)을 출범했다. 많은 기대와 우려를 동시에 모은 중국 증시는 지지부진한 등락을 반복하고 있다. 2010년《중국증시 콘서트》를 쓴 한우덕 〈중앙일보〉 기자는 2015년 현재 중국 주식을 하나도 갖고 있지 않다며, 중국 경제와 증시의 위험성을 경고했다. 중국 경제 최대의 문제점은 '승자 독식의 구조'이고, 승자의 정점에 당과 국가가 있다. 중국 증시에 투자자의 돈이 모여 주가가 오르면, 국가는 우유 위에 뜬 크림을 거두듯이 상승한 증시의 돈을 거두어들인다. "중국 증시는 시장보다는 정책에 따라 주가가 움직이는 정책시(政策市)의 성격이 뚜렷하다. 국가라는 '큰손'이 있는 한 주가 상승에는 한계가 따를 것"이라고 한 증권 관계자는 예측했다.[11] "증시는 민간자금이 국유 기업으로 향하는 합법적인 통로"이고, "국가가 끊임없이 개인의 부(富)를 빼앗아가는 구조"[12] 아래 빈부 격차는 제도적으로 더욱 확대된다.

허세(조화)? 그거 먹는 건가요?

그렇다면 문화는 어떨까? 런민공원 지하의 펑칭가(風情街, 풍정가)는 1930년대에 대한 상하이의 애착을 잘 보여준다. 양우(良友)기념관의 편집자 친링은 상하이의 1930년대를 '황금시대'라고 회고한다. "이 시대는 자유, 개방, 선진이라는 세 가지 키워드로 압축된다. 서방의 새로운 문화와 과학기술을 받아들이려는 개방적인 기운이 넘쳐흘렀다."[13]

20세기 100대 중국어 영화 중 수십 편이 20세기 전반 상하이에서 촬영했다. 그러나 현대 상하이는 예전만큼의 활력이 없다. 새로운 것을 창조하지 못하고, '라오상하이(老上海, 옛 상하이)'의 옛 영화만 회고한다. 경제는 발전했으되, 경제에 상응하는 수준의 문화를 만들어내지 못하고 있다.

왜 이렇게 되었을까? 중국 현대 예술의 이단아 아이웨이웨이(艾未未, 애미미)의 사례를 살펴보자. 2011년 1월 11일 밤, 상하이 정부는 아이웨이웨이의 상하이 스튜디오를 기습 철거했다. 아이웨이웨이는 베이징 올림픽 경기장을 설계할 만큼 명망 있는 예술가이면서도, 자유와 인권을 탄압하는 중국 정부에 맞서왔다.

상하이 上海 沪

그중 하나는 양지아(楊佳, 양가) 사건을 고발하는 다큐멘터리를 찍은 것이다. 양지아 사건은 상하이 공안이 양지아를 자전거 도둑으로 오해하여 일어난 사고다. 취조 중 성불구가 된 양지아는 보상 요구가 받아들여지지 않자 경찰서에서 경찰 여섯 명을 살해했다.

아이웨이웨이의 상하이 스튜디오는 원래 상하이 고위 관리가 문화특구를 만들기 위해 아이웨이웨이를 특별 초빙하여 지은 것이다. 관리들은 그의 건축에 열광했고, 건축 과정이 모두 정부의 감독 아래 진행되었다. 그러나 아이웨이웨이의 양지아 사건 고발에 심기가 불편해진 상하이 정부는 돌연 스튜디오가 필요 허가를 받지 않은 불법 건축물이니 철거해야 한다고 통보했다.

재기발랄한 아이웨이웨이는 당국을 조롱하는 '철거 기념 파티'를 열었다. 파티에서 사람들은 상하이의 명물인 민물게를 먹었다. 중국어로 민물게는 '허셰(河蟹, 하해)'로, 당시 주석이었던 후진타오의 슬로건 '허셰(和谐화해, 조화)'와 발음이 같다. 당국의 비위를 거스르면 허가받은 건물도 하루아침에 불법 건축물이 되는 사회, 바로 이것이 당국이 그렇게도 떠들어대는 '조화'인지 묻는 퍼포먼스였다. 상하이 경찰은 파티 전 아이웨이웨이를 가택 연금했다가 파티 다음 날 풀어주었다.

국제적이고 자유로워 보이는 상하이, 그러나 그 이면은 표현의 자유가 철저히 탄압받고 정부에 대한 도전이 허용되지 않는다. 상하이 미술관을 관리하는 한 큐레이터는 말한다.

홍콩은 아시아 미술시장의 중심지로 떠오르고 있어요. 홍콩 정부는 미술관의 세금도 감면해주고, 중국처럼 이런저런 규제가 거의 없어요. 중국이 경제적 성장을 이루면서 중화권 상류층 미술 애호가들의 구매력이 홍콩으로 몰리고 있는 추세입니다.[14]

"중국처럼 이런저런 규제가 거의 없"다는 말이 무슨 뜻인지 충분히 짐작해볼 수 있다. 상하이 출판계 역시 '99권의 좋은 책을 포기할지언정 나쁜 책은 한 권도 내지 않겠다'는 신중한(?) 입장이다. 이런 문화적 풍토에서 활력이 생길 리 없다. 국제적이라 자부하나 구글·페이스북 등 국제적 웹사이트도 접속할 수 없다. 상하이 푸단 대학 신문학부 퉁빙(童兵) 교수의 지적은 여전히 유효하다.

좋은 말만 하고 나쁜 말은 하지 않는다. 좋은 말을 하더라도 자기 위주이고, 남들의 좋은 점은 말하지 않는다. 이런 풍토가 지속되면서, 상하이 시민의 시야를 가리고, 그저 자기가 얻은 일정한 성과에 만족하고 마는 것이다.[15]

국제적 자유 도시임을 표방하는 상하이가 진정으로 국제적이 되고 자유로워질 날은 언제일까? 중국의 교육학자 양둥핑(楊東平, 양동평)은 말한다. "상하이의 다음 경쟁 상대는 런던이나 뉴욕, 도쿄가 아니다. 상하이가 이겨내야 할 상대는 다름 아닌 상하이 자신이다."[16]

상하이 上海

편안할 **녕**

닝샤후이족자치구
寧夏回族自治區

탕구트의 대하제국, 중국의 할리우드

① 사호 인촨 근교의 사호는 300여 헥타르의 사막섬을 감싸고 있는 660여 헥타르의 큰 호수다. 드넓게 펼쳐진 오아시스를 사막 체험 테마파크처럼 꾸며놓았다.

② 사호의 낙타 현지인이 낙타를 끌고 가고 있다.

③ 화샤 서부영화 세트장 장이머우의 〈붉은 수수밭〉, 류전웨이의 〈서유기-월광보합〉, 쉬커의 〈신용문객잔〉 등 숱한 영화를 찍은 '중국의 할리우드'다.

④ 허란산 암각화 닝샤 허란산에는 고대 원시인들의 암각화가 잘 남아 있다. 닝샤의 오랜 역사를 보여주는 산증인이다.
⑤ 청동소 서하의 공예 수준을 잘 보여주는 닝샤 박물관의 청동상.
⑥ 서하왕릉 서하 역대 제왕의 분묘. 서하 문화의 독특함이 잘 드러나 있다.
⑦ 인촨시 거리 풍경 후이족자치구이지만, 시 중심의 상권은 한족이 차지하고 있어 '후이족의 고향'다운 느낌은 별로 나지 않는다.
⑧ 양꼬치 큼지막한 양꼬치가 일품이다.

닝샤는 산시(陝西)와 간쑤, 오르도스 초원을 잇는다. 지정학적으로는 유목 민족과 농경 민족이 충돌하는 '관중의 장벽'이었고, 경제적으로는 농경·목축·상업이 고루 발달한 '변방의 강남'이었다. 동서의 무역로인 닝샤를 근거 삼아, 탕구트족 이원호는 대하제국을 세웠고, 서아시아의 이슬람 상인들은 부를 축적하며 후이족이 되었다. 고대에는 요새 도시, 중세에는 상업도시, 문화대혁명 때에는 유배지, 오늘날에는 '중국의 할리우드.' 닝샤의 변신은 현란하다.

이 책을 집필한 지 3년째에 접어들었을 때, 친구들이 물었다.

"요즘은 중국 어느 지방에 대해 쓰고 있어?"

"닝샤(寧夏, 영하)에 대해 쓰고 있어."

그러자 모두들 되물었다.

"닝샤가 어디야?"

중국은 한국인에게 매우 친숙한 나라다. 그러나 닝샤는 많은 사람들이 이름조차 생소하게 여긴다. 서북 변방의 조그만 땅이라 존재감도 약하다. 그러나 사실 많은 한국인들이 대중문화를 통해서 이미 닝샤를 본 적이 있다. 서북 변방을 찍은 중국 영화 상당수가 닝샤에서 촬영되었기 때문이다.

〈서유기(西遊記) 2: 선리기연(仙履奇緣)〉에서 손오공(저우싱츠周星馳, 주성치)은 사랑하는 사람을 잃고 후회한다. "전 과거에 사랑을 앞에 두고 아끼지 못하고 잃은 후에 큰 후회를 했습니다. …… 하늘이 다시 기회를 준다면 그녀에게 사랑한다고 말하겠소. 만약 기한을 정해야 한다면 만 년으로 하겠소."

그리고 구법 여행을 떠난 손오공은 모래투성이 성벽 위에서 다투는 석양 무사와 그의 연인을 본다. 자신의 옛 모습을 떠올린 손오공은 두 사람을 맺어주고 다시 길을 떠난다. 이 성벽이 바로 닝샤에 있다.

이 외에도 맹렬한 모래 폭풍 속에서 린칭샤(林靑霞, 임청하)·장만위(張曼玉, 장만옥)·전쯔단(甄子丹, 견자단) 등이 불꽃 튀는 접전을 벌인 쉬커(徐克, 서극) 감독의 〈신용문객잔(新龍門客棧)〉과 장이머우(張藝謨, 장예모) 감독의 〈붉은 수수밭

닝샤후이족자치구 寧夏回族自治區

(紅高粱)〉등 허다한 영화들이 닝샤에서 촬영되었다.

또한 진융(金庸, 김용)의 무협지《천룡팔부(天龍八部)》에 등장하는 서하국(西夏國)의 근거지가 바로 닝샤다. 서하국은 잔인한 4대 악인 등 무림의 고수들을 고용해 중원을 위협했지만, 서하 공주가 중원의 절정고수 허죽과 결혼하자 송나라와 좋은 사이가 된다. 이처럼 닝샤는 알게 모르게 친숙한 곳이다.

닝샤후이족자치구(寧夏回族自治區, 영하회족자치구)의 약칭은 '편안할 녕(宁, 정체자는 寧)' 자다. '녕(寧)' 자는 중국의 지명에 곤잘 쓰인다. 동북 지방을 대표하는 랴오닝(遼寧, 요녕), 광시좡족자치구의 성도 난닝(南寧, 남녕), 칭하이성의 성도 시닝(西寧, 서녕) 등 '녕(寧)' 자가 들어간 지역들의 공통점이 무엇인가? 중원에서 멀고도 먼 변방이다. 변방이 시끄러우면 중원이 불안해졌고, 중원이 흔들리면 변방이 무너졌다. 중국의 안정은 변방에 달려 있었기에, 중국인들은 변방의 안녕을 간절히 기원했다. 닝샤라는 이름에도 서북 변방에 난리가 일어나지 않고 평온하기를 바라는 중국인의 염원이 녹아 있다.

칭하이성에서 발원한 황허는 굽이굽이 북쪽으로 흐른다. 간쑤성의 성도 란저우(蘭州, 난주)에서 몽골의 오르도스(Ordos) 초원까지 흐른 황허는 내몽골의 랑산(狼山, 낭산)에서야 비로소 남쪽으로 꺾여 중원으로 흘러든다. 즉, 황허는 중원 농경민의 강이기 이전에 초원 유목민의 강이다. 황허가 란저우에서 오르도스로 흐르는 중간에 닝샤의 성도 인촨(銀川, 은천)이 있다.

닝샤는 허란산(賀蘭山, 하란산), 오르도스고원, 황투고원(黃土高原, 황토고원), 류판산(六盤山, 육반산) 등 산과 고원으로 둘러싸여 있지만, 안에는 황허가 흐르는 닝샤 평원이 있다. 연평균 강수량이 100~400밀리미터로 매우 건조하지만,[1] 황허 덕분에 땅이 비옥하고 녹지가 많아 '천하의 황허, 닝샤를 부유케 한다[天下黃河富寧夏].'는 말이 생겼다.

특히 인촨은 황허를 끼고 있으며 허란산이 고비사막의 모래바람을 막아주는 배산임수 지형이라 닝샤의 중심지로 발전했다. 인촨이라는 이름의 뜻은 '은빛의 하천'. 황허와 72개의 크고 작은 호수들이 햇살에 은빛으로 빛난다는 의미다. 인촨 근교의 사호(沙湖)는 300여 헥타르의 사막섬을 감싸고 있는 660여 헥타르의 큰 호수다. 사호를 보면 인촨이라는 이름의 유래가 이해가 간다.

초원과 황허를 낀 닝샤는 농경과 목축이 모두 가능한 땅으로 오래전부터 사람들이 살아왔다. 닝샤의 고대인들은 1만~3000년 전에 허란산의 바위에 많은 그림을 남겨 옛사람들이 어떻게 살았는지 짐작케 한다.

진(秦)나라는 일찍부터 닝샤 지역에 장성을 쌓으며 세력을 뻗쳤다. 닝샤는 진나라의 근거지인 산시성(陝西省) 서북방을 감싸고 있는 '관중의 장벽(關中屏障)'이기 때문이다. 그러나 변경 지역의 특성상 닝샤는 중원이 혼란스러울 때 독자성을 드러냈다. 대표적 사례인 5호16국 시대로 가보자.

한나라의 숙적 흉노, 한나라를 부활시키다

진 무제(晉武帝) 사마염(司馬炎)은 삼국시대를 끝내고 통일 왕조를 열었다. 조씨의 위나라는 왜 사마의에게 권력을 빼앗겼는가? 사마염은 그 이유를 조씨 황족의 힘이 약했기 때문이라고 보았다. 이를 거울 삼은 사마염은 사마씨 일족에게 각 지역의 군사·인사·조세권 등 막강한 권한을 나누어주었다. 그런데 오히려 이 조치가 진을 와해시켰다.

사마염 자신은 말년에 사치와 향락에 젖긴 했지만 기본적으로 명민한 군주였다. 그러나 사마염의 아들인 혜제(惠帝) 사마충(司馬衷)은 유례를 찾기 힘든 백치 황제였다. 마리 앙투아네트(Marie Antoinette)가 프랑스혁명 당시에 "빵이 없으면 고기를 먹으면 되지."라고 말했다는 것은 유언비어이지만, 혜제가 "곡식이 없으면 어째서 고기죽을 먹지 않는 것이냐(何不食肉糜)?"라

닝샤후이족자치구 寧夏回族自治區

고 말한 것은 정사인 《진서(晉書)》 〈혜제기(惠帝紀)〉에 공식적으로 기록되어 있다.

황제는 멍청하고 황족들은 제각기 병권을 갖고 있으니 저마다 권력을 차지하기 위해 싸움을 벌였다. 팔왕의 난 중에 장군 왕준(王浚)이 선비족(鮮卑族)·오환족과 결탁하여 공격하자 성도왕(成都王) 사마영(司馬穎)은 절체절명의 위기에 빠진다. 이때 사마영에게 볼모로 잡혀 있던 흉노 유연(劉淵)은 "동호(東胡)가 아무리 날래다고 해도 5부 흉노는 당해내지 못합니다."[2]라고 호언장담하며 자신을 흉노에 보내주기를 청했다. 흉노로 돌아간 유연은 바다에 들어간 교룡과 같았다. 유연은 사마영의 숙적 사마등(司馬騰)을 격파하고 산시성(山西省)을 장악했을 뿐만 아니라 위진(魏晉)에 의해 끊어진 한나라를 부활시키겠다며 '한(漢)'의 황제를 자처했다.

한나라의 숙적 흉노가 한나라를 부활시킨다니, 이게 무슨 말인가? 유연의 논리를 들어보자. 한 고조 유방이 흉노 묵돌선우(冒頓單于)에게 패하고 화의를 맺은 후, 한나라와 흉노는 "근심과 안락을 같이"[3]하는 형제의 나라가 되었다. 유연 자신이 유(劉)씨 성을 갖게 된 이유도 한나라 황실 유씨 사람들이 흉노와 결혼을 하여 사돈이 되었기 때문이다. 유연은 "형이 죽으면 동생이 뒤를 계승해야"[4]하므로 한나라를 부활시킨다고 주장했다.

대의명분은 그럴듯하지만, 오랑캐인 흉노에 의해 중국 정통 왕조인 한나라가 부활한 것은 역사의 아이러니다. 하긴 서양에서도 로마제국을 멸망시킨 게르만족이 훗날 '신성 로마 제국(Holy Roman Empire)'을 열었으니, 역사란 원래 얄궂은 것인가? 유연의 한나라는 5호16국 시대를 연 1번 타자였고, 이후 수많은 유목 부족국가들이 명멸했다.

그중 하나가 혁련발발(赫連勃勃)이 세운 하(夏)나라다. 혁련발발은 유씨였으나 '아름답고 빛나는[徽赫] 하늘'이라는 뜻의 흉노식 이름으로 바꾸었다. 중국식 성에서 흉노식 성으로 개명한 것을 보면 흉노의 자주의식을 보여주는 듯하나, 왕조 이름은 얄궂게도 중국 최초의 왕국 하나라다.

문헌적 근거가 없지는 않았다. 사마천은 흉노가 "하(夏)나라의 국운이 쇠하자" 벼슬을 잃은 이들이 서융(西戎) 땅에 들어가 살게 된 "하후씨(夏後氏)의 후손"이라고 말했다.[5] 이는 하늘 아래 왕의 땅이 아닌 곳이 없듯이, 세상 사람들 모두가 천하의 근원인 중원에서 비롯되었다는 중화사상에 입각한 주장이다. 그러나 흉노 역시 이 전설을 받아들였다. 뼈대 있어 보이는 족보가 좋아서였을까, 중원 지배를 정당화할 수 있어서였을까?

혁련발발은 대단한 야심가이자 잔혹한 완벽주의자였다. '천하를 통일하여 만방에 군림하겠다(統一天下 君臨萬邦)'는 뜻으로 내몽골과 산시성(陝西省)이 만나는 오르도스 초원에 수도 통만성(統萬城)을 세웠다. 병기를 만들 때 화살이 갑옷을 뚫지 못하면 화살 만든 사람을 죽였고, 화살이 갑옷을 뚫으면 갑옷 만든 사람을 죽였다. 통만성을 쌓을 때는 성벽에 송곳이 한 치만 들어가도 그곳을 쌓은 자를 그 자리에서 죽여 성벽 속에 처넣으며 성을 쌓았다. 그 결과 성벽이 어찌나 단단한지 벽을 숫돌 삼아 칼과 도끼를 갈 수 있었고, 1600년이 지난 오늘날에도 유목민족이 쌓은 성곽 중 원래 모습이 가장 잘 남아 있는 성곽이 되었다.

혁련발발은 철옹성을 쌓고 오르도스 일대를 장악하며 북방의 강자 북위(北魏)와 건곤일척의 싸움을 벌이려 했다. 그러나 그가 마흔다섯 살에 죽자 아들들이 후계 쟁탈전을 벌였다. 이때 북위가 침공하자 하나라는 25년의 역사를 마감한다. 불꽃같은 창업자처럼 짧고 강렬한 역사였다.

북위는 하·북연(北燕)·북량(北涼) 등을 정복하여 북중국을 통일하고, 통일 왕조인 수·당의 모체가 되었다. 이후 닝샤는 중원의 조력자가 되었다. 당나라 때 칭하이에서 닝샤로 이주한 탕구트족(Tangut族)은 황소의 난을 진압하고 장안을 수복하는 데 공을 세웠다. 이 공로로 탕구트의 지도자 탁발사공(拓跋思恭)은 하국공(夏國公)에 봉해지고 황실의 이(李)씨 성을 하사받았다. 훗날 송나라가 5대 10국을 평정할 때 이덕명(李德明)은 송나라에 칭신하여 송나라 황실의 조(趙)씨 성을 하사받았다.

닝샤의 절정, 서하왕국

송 태조 조광윤(趙匡胤), 태종 조광의(趙匡義) 형제는 함께 중원을 통일한 명장이었지만, 요나라 정벌에는 끝내 실패하고 베이징을 포함한 연운 16주도 되찾지 못한다. 이후 송나라의 군사 활동은 지리멸렬했다. 1004년 요나라가 남하하자, 송나라는 매년 비단 20만 필, 은 10만 냥을 보내기로 하고 화친을 맺는다[澶淵之盟]. 그나마 송나라가 형이 되고, 요나라가 동생이 되기로 해서 중화의 체면만 간신히 살렸다.

의기양양한 요나라는 바로 옆에 있는 소국 닝샤를 찔러보았다. 1020년 요 흥종(興宗)이 50만 대군을 이끌고 친정했지만, 닝샤의 조덕명은 이를 격퇴했다. 닝샤는 요나라와 싸워 이길 수 있다는 자신감을 얻은 동시에 송나라가 얼마나 나약한지를 깨달았다.

조덕명의 아들 조원호(趙元昊)가 송나라의 신하 노릇을 그만하자고 했을 때, 덕명은 말했다. "우리가 용병한 지 오래되어 피로하고 지쳤다. 우리 부족이 30년 동안 좋은 비단을 입은 것은 송의 은덕인데 저버릴 수는 없다." 그러자 야심가 원호는 당차게 말했다. "영웅이 세상에 나왔으면 마땅히 패왕이 되어야 합니다. 비단옷을 입고 어찌 패왕이 될 수 있겠습니까!"[6]

아버지의 뒤를 이은 원호는 1036년 간쑤성 일대를 석권하여 허시주랑(河西走廊, 하서주랑)을 차지했다. 허시주랑은 비단길 상인들이 반드시 통과해야 하는 길로 막대한 경제적 이익을 얻을 수 있는 곳이었다. 날랜 군사에 풍족한 자금이 더해지니 호랑이가 날개를 얻었다. 마침내 1038년 원호는 성(姓)

을 이씨로 바꾸고 '대하(大夏)' 건국을 선포하며 황제 자리에 올랐다. 이 무렵 대하는 인촨을 중심으로 닝샤·간쑤·산베이(陝北, 섬북)·서부 내몽골 오르도스 초원을 아울렀고, 탕구트족을 중심으로 한족·티베트족·위구르족·거란족 등 300만 백성을 거느린 다민족 제국으로 성장했다. 다만 역사적으로는 대하가 아닌 '서하(西夏)'라는 송나라식 명칭으로 불린다.

송나라 군대는 무력하여 소국 서하의 군대에도 연전연패했다. 다행히 송나라에 인재가 없지는 않았다. 송나라를 개혁하려다 좌천되어 고향인 산시성(陝西省)에 있던 범중엄(范仲淹)은 3년이나 서하의 침공을 막았다. 범중엄은 이 공로로 재상이 되었으나 개혁의 뜻은 펼치지 못한 채, 서하와 화친 협정이 체결되자 재상 직에서 물러나야 했다. "천하의 근심을 미리 걱정하고, 천하의 즐거움을 나중에 누린다[先天下之憂而憂, 後天下之樂而樂歟]."는 명언을 남긴 범중엄은 나라의 위기를 구했지만 경세제민의 포부는 이룰 수 없었다.

그러나 송나라는 날이 갈수록 허약해졌고 개혁의 목소리는 높아져갔다. 송은 북방의 강자 요나라에 패한 것도 모자라 변방의 소국 서하에도 패했다. 송이 서하에 쩔쩔 매는 것을 본 요나라는 1042년 '전연의 맹'을 개정할 것을 요구했다. 매년 비단 20만 필, 은 10만 냥의 세폐를 매년 비단 30만 필, 은 20만 냥으로 늘려 양국 간의 '형제애'를 더욱 돈독하게 했다. 그뿐 아니라 송은 1044년 매년 비단 15만 필, 은 5만 냥, 차 2만 근을 서하에 보내주기로 하고 전쟁을 끝냈다.

송나라는 겉은 화려했으나 실속이 없었다. 겉으로 보기에 송은 2만 관료, 125만 대군을 거느린 데다가 상업이 발달해 부유한 대국이었다. 그러나 관료는 많지만 당쟁을 일삼으며 나라를 혼란스럽게 했고, 군사는 많지만 기강이 없었으며, 돈은 많지만 낭비가 심했다. 관리는 남아돌고 황실은 사치를 일삼는 가운데, 민중은 약해지고 가난해져만 갔다[冗官冗費, 積弱積貧].

당나라가 강력한 지방 절도사들의 반란으로 쇠망의 길을 걸은 것을 보고,

송나라는 무신을 경계했다. 장군은 변란이 있을 때마다 임시로 임명했고, 지방에 파견한 군대도 3년마다 교체했다. 그래서 "장수는 병사를 모르고, 병사는 장수를 몰랐다[將不識兵, 兵不識將]." 가뜩이나 장수와 병사 개개인의 자질도 북방 유목국가에 비해 크게 뒤떨어지는데, 송나라의 국방 정책은 장수와 병사 간의 호흡마저 맞지 않게 만들었다.

왕안석(王安石)은 선배 범중엄보다도 훨씬 더 과감한 신법 개혁을 추진했다. 그러나 기득권 세력과 옛 법을 옹호하는 구법당(舊法黨)의 반대가 심했고, 신법 개혁도 많은 진통과 부작용이 있어 결국 실패했다. 구법당과 신법당(新法黨)은 이후 송나라 당파 싸움의 씨앗이 된다. 그나마 구법당의 사마광(司馬光)과 신법당의 왕안석은 일파의 종주들답게 진충보국(盡忠報國)의 마음만큼은 한결같은 명신들이었으나, 후대의 붕당들은 권력을 차지하고 적대 세력을 없애기 위한 당리당략에 의해 움직였다. 송나라는 더욱 병들어갔다. 서하의 침공이 송나라의 신법 개혁과 붕당정치로 이어진 것처럼, 변방의 사건은 중원의 정세에 커다란 영향을 주었다.

한편, 서하는 송의 세폐를 받으며 강소국의 지위를 누렸다. 서하가 허시주랑을 장악했기 때문에 요나라와 송나라 모두 서하를 통해야 서역과 무역을 할 수 있었다. 허란산을 병풍으로 삼은 벌통 모양의 서하왕릉과 서하문자 등은 서하의 독특한 문화를 보여준다. 서하는 요나라가 망했을 때도 건재했고, 금나라 말기까지도 살아남았다. 서하의 역사에 종지부를 찍은 것은 당대 세계 최강의 몽골군이었다.

칭기즈칸은 금나라의 모진 탄압을 이겨내고 끝내 몽골을 통일한 뒤, 금나라와 서하를 제압했다. 그러나 금나라와 서하가 완전히 승복하지 않고 재기를 꾀하자, 칭기즈칸은 이들을 멸망시키기로 결심한다.

칭기즈칸은 숙적 금나라를 치기 전에 서하를 먼저 침공했다. 금나라와 몽골군이 정면에서 맞붙을 때, 서하는 몽골의 중심부를 측면에서 노릴 수 있

었다. 일찍이 한 무제가 흉노를 토벌할 때도 산시(山西)에서 정면으로 들이
친 전법은 그리 성공적이지 않았다. 명장 곽거병(霍去病)이 먼저 흉노의 한쪽
날개를 꺾고 허시주랑을 장악한 뒤 흉노의 본진을 치며 한나라는 비로소 승
기를 잡을 수 있었다. 이 전법을 금나라가 활용한다면 몽골이 위태로웠다.
따라서 몽골은 금나라를 치기 전에 서하를 먼저 제압해야 했다.

1227년 서하의 수도 영하를 친 것이 칭기즈칸 최후의 전쟁이었다. 칭기
즈칸은 영하를 함락하기 일보 직전에 세상을 떴다. 몽골군은 영하를 함락한
후 영하의 모든 백성을 도륙하여 칭기즈칸의 아쉬움을 달래주었다. 서하는
이로써 189년의 역사를 허망하게 끝냈다.

후이족, 서하의 빈자리를 채우다

서하의 빈자리는 서아시아의 이슬람 상인들이 채웠다. 닝샤는 허시주랑·장
안과 가까이 있어 교역이 편리하고, 황허를 끼고 있어 입지 조건이 좋은데
다 주인 없는 땅이었다. 이슬람 상인들에게 매우 매력적이었으리라. 닝샤는
점점 후이족의 땅으로 변해갔다.

당나라 때부터 활발해진 서방 교역은 원나라 때 절정을 이루었다. 교역이
활발해지며 후이족들의 수도 점점 많아져 명나라 때에 이르면 무시 못할 수
준이 되었다. 이재(理財)에 밝은 후이족은 상업으로 부를 축적했다. 사업 영
역도 다양하여 일반적인 장사 외에도 소금 밀매 같은 어둠의 사업까지 포괄
했다. 한족과 후이족의 갈등이 있을 때, 관아는 종종 편파적으로 한족의 편
을 들었기 때문에 후이족의 불만을 샀다.

농경·목축·상업이 고루 발달한 닝샤는 '변방의 강남[塞上江南]'이었다. 강
희제의 평가를 보면 이 말이 빈말은 아닌 듯하다. 청나라 초기 몽골계 중가

르(Zungar)의 갈단(Galdan)은 외몽골에서 칭하이성에 이르는 광활한 서부 지역을 휘젓고 다녔다. 중가르 토벌은 강희제 최대의 숙원 사업이었다. 강희제는 친히 고비사막을 넘으며 갈단을 토벌했다.

이 과정에서 강희제는 북중국 일대를 지나며 유목민다운 평을 남겼다. 산이 많은 산시(山西·陝西) 지역은 그리 마음에 들지 않았는지, 좋은 곳은 "제법 볼 만"하지만, 좋지 않은 곳은 "가소로움의 극치를 이룬다."고 비평했다.[7] 그나마 이 평가는 어느 정도 공정하려고 애쓴 흔적이 보이지만, "두 곳(山西·陝西)의 산천과 황사(黃沙), 사람을 놀라게 하는 높은 절벽들을 떠나오니 참으로 기쁘다."는 말에서 강희제의 속내가 드러난다.[8]

이에 비해 닝샤에 대해서는 칭찬을 아끼지 않았다.

이곳에는 온갖 물자가 다 있고 식품 값도 싸다. 서쪽으로는 허란(賀蘭)산맥에 가깝고 동쪽으로는 황허에 임하고 있으며 성의 주변은 모두 논이다. 예로부터 구변진(九邊鎮)의 하나였다. 짐은 이미 칠변진(七邊鎮)에 다다랐는데 지나온 변진 가운데 오직 닝샤만이 언급할 만하다.[9]

게다가 강희제는 닝샤를 떠나고도 닝샤의 음식을 찾았다. "짐은 닝샤로 사람을 보내 음식과 곡식, 국수 등을 구해 오게 하였다. 국수는 궁궐에서 먹는 것보다 더 낫고 포도도 아주 맛있다."[10]

초원과 황허가 어우러지는 닝샤가 강희제의 핏속에 흐르던 유목민의 영혼을 깨웠기에 이토록 애착을 보였던 것이리라.

그러나 청나라 초기의 화기애애했던 분위기는 국운이 기울며 악화되었다. 태평천국운동(太平天國運動)이 중국을 한바탕 휩쓸던 1862년 간쑤·닝샤·신장 등 서북 지역에서 후이족의 반란이 크게 일어났다. 발단은 지극히 사소했다. 한족 상인과 후이족이 대나무 장대의 값을 두고 실랑이를 벌이다

싸움이 일어났다. 두 개인의 싸움은 곧바로 패싸움으로 번졌다. 한족 주민들이 후이족 마을을 습격해서 불을 지르고 무고한 양민들을 죽였다. 분노한 후이족 20만 명이 봉기를 일으켜 18대영(十八大營)을 이루었다. 서북에 주둔하던 관군으로는 도저히 막을 수 없어, 청 조정은 태평천국운동을 진압한 전쟁 영웅 좌종당(左宗棠)을 급파했다.

당시 자흐리 교단의 5대 교주인 마화룡(馬化龍)은 후이족들의 신망을 한몸에 받고 있었다. 그의 고향인 닝샤 금적보(金積堡)는 중요한 종교·상업적 중심지였다. 그는 이곳을 기반으로 내몽골·베이징과 교역을 하며 부를 축적했고, 후이족들의 힘을 모아 수로와 500여 개의 요새를 구축하며 세력을 떨쳤다. 문무를 겸비한 좌종당도 전 병력을 동원하여 금적보를 포위하고서도 16개월이나 마화룡을 제압하지 못했다. 후이족들은 화살이 떨어져도 돌을 던지고, 식량이 떨어져도 인육을 먹어가며 결사항전했다. 그러나 끝내 모든 힘을 다 소진해버린 마화룡은 항복하여 능지처참을 당했다.

예언자 마호메트(Mahomet)처럼 추앙받던 마화룡을 제압한 뒤에 각지의 후이족 반란은 순조롭게 진압되었다. 그러나 청 조정은 후이족의 근본적인 불만과 민족 간 갈등을 해결하지는 못했고, 후이족은 음력 1월 13일에 비참하게 순교한 마화룡을 '13일의 어르신[十三太爺]'이라고 부르며 추모했다.[11]

오늘날 후이족은 여러모로 특이한 존재다. 1000만 후이족은 중국에서 좡족 다음으로 많은 소수민족이다. 그러나 긴 세월 동안 후이족은 중국 전역에 퍼져서, 정작 닝샤에 살고 있는 후이족은 200만 명에 불과하다. 더욱이 성도 인촨의 중심 상권은 한족이 장악하여 '후이족의 고향'에 온 기분이 전혀 들지 않는다.

후이족이 아라비아인과 페르시아인의 후손이라고 하지만, 1000년이나 중국인과 통혼해왔기 때문에 종족적으로 한족과 구별할 수 없고, 언어 역시 중국어를 써온 지 오래다. 현실적으로 후이족을 후이족답게 하는 것은 이슬

닝샤후이족자치구 寧夏回族自治區

람 종교와 문화뿐이다.

'한화(漢化)=문명화'라고 굳게 믿어 의심치 않는 한족은 한화되지 않은 후이족을 기묘한 존재로 치부한다. 일단 식사 문제부터 부딪힌다. 중국에서 함께 밥을 먹는다는 것은 단순히 식욕을 해결하는 차원을 넘어서 '꽌시(關係, 관계)'를 맺는 첫걸음이다. 그런데 이슬람교도는 한족이 사랑하는 돼지고기를 먹지 않고, '이슬람풍[清真]'이라고 쓰여 있는, 이슬람 율법을 따르는 식당에 간다. 이처럼 함께 밥을 먹는 것부터가 쉽지 않으니 많은 한족들이 후이족과 거리감을 느낄 법도 하다.

현대의 탈종교화 추세에 따라 후이족이라고 꼭 이슬람교를 믿는 것도 아니다. 그런데 중국의 호구제는 출신 민족을 명기하게 되어 있어서, 출신 민족은 후이족인데 후이족다운 정체성은 하나도 없는 상황도 연출된다.

문화대혁명의 유배지, 중국의 할리우드가 되다

변방은 항상 유배 장소로 애용되었다. 문화대혁명 기간 중국은 현대 최대의 유배자들을 양산했다. 닝샤 역시 서북 변방으로서 애용받은 유배지였다. 많은 지식인과 청년, '반동분자'들이 닝샤에 끌려왔다. '반동학술권위' 혐의로 닝샤 노동개조대로 끌려간 저우요우광(周有光)은 당시를 이렇게 회고했다. "닝샤에 있을 때도 노동개조범은 대부분 돌아오지 못했다. 그때 1개 단위에 5000명씩, 모두 24개 단위가 있었는데……. 나는 아무것도 모른 채 운 좋게 죽음을 피한 거다."[12]

그런데 역설적으로 이 참혹한 역사가 오늘날 닝샤를 '중국의 할리우드'로 만들었다. 닝샤 노동개조대로 끌려간 12만 명 중에 장셴량(張賢亮, 장현량)이라는 청년이 있었다. 그는 장쑤성 난징의 중산층 가정에서 태어났다. 강남 문

인의 후손답게 그는 열세 살부터 시를 쓰기 시작한 문학 소년이었지만, 반우
파 투쟁 중 반동분자로 몰려서 스물한 살에 닝샤의 노동개조대로 끌려갔다.
그리고 당시 그의 나이보다 더 긴 세월인 22년 동안 그곳을 빠져나오지 못
했다.

변방 닝샤에는 요새가 많다. 명나라는 닝샤에 보루들을 설치해 몽골의 재
남침을 막았는데, 그중 하나가 전베이바오(鎭北堡, 진북보)다. 당시 전베이바오
는 버려진 지 오래된 폐허로 노동개조대의 숙소 근처에 있었다. 장셴량은
노동개조대에서 풀려나 명망 있는 작가가 된 후 1992년 전베이바오에 '화
샤(華夏, 화하) 서부영화 세트장'을 설립했다.

미국의 할리우드가 비는 적고 해는 길어 영화 촬영의 메카가 된 것처럼,
닝샤 역시 일조량은 풍부하고 강수량은 적어 영화 촬영에 적합했다. 더욱이
버려졌던 만큼 오히려 원형을 잘 간직하고 있는 명나라 때의 고성은 돈을
따로 들일 필요가 없는 완벽한 세트장이었다. 장이머우 감독의 〈붉은 수수
밭〉, 류전웨이(劉鎭偉) 감독의 〈서유기: 월광보합〉과 〈선리기연〉, 쉬커 감독
의 〈신용문객잔〉 등 숱한 영화가 여기서 촬영되었다. 서부영화 세트장은
"중국 영화는 이곳에서부터 세계에 진출했다[中國電影從這裡向走世界]."는 찬사
를 받았다.

2014년 현재 닝샤는 면적 6만 6400제곱킬로미터, 인구 660만 명의 작은
지방이다. 성급 행정구역 중에서는 하이난섬(3만 4300제곱킬로미터) 다음으로
면적이 작고, 인구는 홍콩(약 740만 명) 수준에도 미치지 못한다. 2015년 명목
GDP는 42억 달러로 티베트, 칭하이 다음으로 끝에서 세 번째다. 뚜렷한 산
업 분야나 차세대 동력도 아직 없다. 2015년 중국 정부가 지역별로 전략적
신산업을 토론할 때도 베이징·광둥성은 IT, 상하이는 항공·위성을 차세대
성장 동력으로 삼겠다고 명확히 밝혔지만, 닝샤는 구체적인 분야를 언급하
지 못했다.[13]

닝샤후이족자치구 寧夏回族自治區

더욱이 사막화가 심각한 환경 문제로 대두되고 있다. 닝샤의 현들은 개간했던 농지를 숲으로 되돌리기 위해 노력하고 있으며 방사림(防沙林)·방호림(防護林)을 조성하는 등 '사막과의 전쟁'을 벌이고 있다.

20세기 최대의 잔혹한 유배로부터 '중국의 할리우드'를 낳았던 것처럼, 닝샤가 오늘의 도전을 이겨내고 다시 한 번 대하(大夏)의 영광을 부활시킬 수 있을까?

어리석을 **몽**

네이멍구자치구
內蒙古自治區

세상의 중심에서 중국의 변방으로

❶ 모스크 세계 제국이었던 몽골의
도시답게 다양한 종교의 유적이 있다.
❷ 불교 탑 후허하오터의 티베트식
불교 탑.
❸ 칭기즈칸 몽골 초원을 통일한 칭
기즈칸을 형상화한 작품.
❹ 후허하오터 '푸른 도시' 후허하오
터 시내 풍경.

❺ 게르 밖 몽골 천막 게르.
❻ 게르 안 몽골 천막 게르의 내부. 칭기즈칸 초상화가 걸려 있다.
❼ 초원 드넓은 몽골의 초원.
❽ 어워 몽골식 서낭당, 어워의 모습.

후룬베이얼
후룬호

네이멍구자치구

상두
바단지린사막
바오터우
후허하오터
황허
아라산 맹
오르도스

황소의 뿔과 꼬리가 얼어서 부러질 정도로 추운 북방 초원. 이 땅에서 살아남은 사람들은 강인한 유목전사가 되었고, 여포는 활 쏘고 말 타는 법을 익혀 천하제일의 맹장이 되었으며, 칭기즈칸은 몽골족을 규합해 세계를 제패했다. 현대화된 중국은 몽골을 잠식하며 정착 목축업과 농업 등 '과학적 생산방식'을 강요했지만, 그 결과 취약한 몽골의 생태계는 파괴되었고, 초원은 사막이 되었다. 이제 한족은 네이멍구 인구의 80퍼센트를 차지하고, 몽골족도 게르 대신 아파트, 말 대신 차를 원하며 돈벌이에 열중한다.

여행 중 네이멍구(內蒙古, 내몽고) 출신 중국인을 만났을 때 질문을 던졌다.

"와, 그러면 너도 어릴 적에 말 타고 다녔어?"

그는 어이없다는 듯 대답했다.

"아니거든! 네이멍구도 이제 도시화돼서 차 타고 다니거든!"

훗날 네이멍구의 성도 후허하오터(呼和浩特, 호화호특)에 가보니, 높은 빌딩이 줄지어 서 있고 넓은 차도에 차들이 달리는 평범한 도시였다. 말 한 마리 눈에 띄지 않아 네이멍구의 흥취를 느낄 수 없었다.

한 남자가 차도를 무단 횡단하며 중앙선 가드레일을 넘는 모습이 그나마 가장 네이멍구다웠다고 할까? 그는 가슴 높이의 가드레일을 매우 날렵하고 가볍게 뛰어넘었다. 그 모습만큼은 한달음에 말 위로 올라타는 몽골 전사 같았다.

네이멍구자치구(內蒙古自治區, 내몽고자치구)의 약칭은 '어리석을 몽(蒙)' 자다. 몽골어로 '몽골'은 '세상의 중심'이란 뜻이다. 그러나 중원의 한족은 몽골을 '몽고(蒙古)'로 음차해서, '무지몽매하고[蒙] 고루한[古] 것들'이라는 이미지를 덮어씌웠다. 따라서 한족에게 몽골족은 무지함을 일깨워줘야 할 대상, 즉 계몽(啓蒙)의 대상이었다.

이 같은 편견은 이미 몽골의 조상인 흉노 때부터 시작되었다. '흉노'는 흉노어로 '사람'이라는 뜻인데, 중원은 '흉악한 노예'를 떠올리게끔 '흉노(匈奴)'라고 음차했다. 사마천은 비교적 점잖게 하나라 하후씨의 후예가 북방

으로 가서 흉노족이 되었다고 설명했지만, 전국시대 중원의 노예들이 혼란을 틈타 북방으로 도망쳐서 흉노족이 되었다는 속설도 횡행했다. 양쪽 주장 모두 중원의 떨거지들이 북방 오지에 가서 야만스럽게 산다는 멸시가 깔려 있다.

그러나 흉노는 중원의 편견에 휘둘리지 않았다. 중원이 천하의 중심이라고 자부했듯이, 흉노 역시 자신의 터전을 세상의 중심으로 여겼다. '하늘의 아들', 즉 천자(天子)가 중원을 다스리듯이, 하늘(Tengri)의 아들(Qut)인 '텡그리쿠트선우[撑犁孤塗單于]'가 북방을 다스렸다.

북방 초원은 매우 거친 땅이다. 북쪽인 데다 고원지대라 겨울은 매우 길고 여름은 매우 짧다. 몽골 고원의 추위가 어찌나 심한지 몽골국의 관공서는 매년 9월 중순에 난방을 틀어 5월 중순에야 멈춘다. 몽골어는 추위를 구분하는 말이 발달했는데, '양이 잠자는 바닥이 어는 추위', '세 살 된 황소의 뿔이 얼어 부러지는 추위', '네 살 된 황소의 꼬리가 얼어 부러지는 추위'[1] 등 추위의 이름도 매우 살벌하고 다양하다.

초원은 일조량과 물이 적고 건조하여 풀만 자랄 뿐 농사에 적합하지 않다. 게다가 한곳에 계속 머무르며 가축이 풀을 죄다 뜯어 먹으면, 초원은 금세 황무지와 사막으로 변한다. 따라서 몽골고원에 사는 이들은 가축을 데리고 목초지를 옮기며 살아가는 유목민이 되었다.

유목(遊牧)은 초원에 가장 적합한 생활양식이었지만, 그 삶은 결코 만만치 않았다. 정성껏 가축을 길러도 벼락 한 번, 폭설과 홍수 한 번에 몰살당하기도 한다. "장군도 화살 한 대면 끝장나고, 삼대 부자도 폭설 한 번이면 망한다."는 몽골 속담은 초원 생활의 어려움을 단적으로 보여준다.

유목민이라 해도 유목만으로 생활하기란 힘들었다. 사냥·약탈·장사 등 여러 활동을 병행해야 했다. 이런 유목민에게 전사(戰士)는 매우 중요했다. 목초지와 가축을 지키고, 사냥을 이끌며, 전쟁과 약탈을 수행하는 일은 부족의 생존과 직결되어 있었기 때문이다. 따라서 북방 유목민들은 용사를 존경했고, 지도자를 뽑을 때에도 능력을 최우선으로 고려했다.

여러 부족이 모여 회의를 통해 우수한 지도자를 선출하는 것은 평등하고 합리적으로 보이지만, 부작용도 만만치 않았다. 회의의 결정에 불복하고 "길고 짧은 것은 대봐야 안다."며 부족 연맹 간 전쟁을 치르는 일도 잦았기 때문이다. 탁월한 영웅이 유목민족을 규합하여 위세를 떨치다가도, 순식간에 분열하여 사라지는 일은 유목민족 역사의 전형적인 패턴이다.

흉노, 몽골을 통합하다

춘추전국시대 말에 진 시황이 중국 천하를 통일했을 때, 흉노의 영웅 두만선우(頭曼單于)는 몽골고원의 여러 부족을 병합했다. 남방의 진나라와 북방의 흉노가 팽팽히 겨루는 국면이 형성되었다. "진나라를 망하게 할 사람은 호[亡秦者胡也]"라는 점괘를 들은 진 시황은 '호(胡)'를 오랑캐, 그중에서도 북방의 흉노라고 여겼다. 그만큼 흉노는 진나라에도 위협적인 존재였다.

기원전 215년 몽염(蒙恬) 장군은 30만 대군으로 흉노를 쳐서 오르도스를 빼앗고, 44개의 성을 이어 쌓아 만리장성을 만들었다. 그러나 진 시황이 죽자 차남 호해(胡亥)는 간신 조고(趙高)와 함께 국정을 농단했다. 진나라는 연이은 반란으로 안에서부터 무너졌다. 진나라를 망하게 한다던 '호(胡)'는 바로 진 시황의 아들 호해였다.

기원전 209년 진승·오광의 난 이후부터 기원전 202년 유방의 천하 통일까지 중국은 장장 7년 동안 전란에 시달렸다. 천하 통일 이후에도 한나라가 제후들의 반란을 평정하고 전란의 상처를 수습하는 데에는 상당한 시간이 필요했다.

중국의 견제가 사라진 사이 흉노는 비약적으로 발전했다. 두만선우도 영웅이었지만, 그의 아들 묵돌은 대영웅이었다. 두만은 총애하던 후궁의 아들을 태자로 세우고 싶어서, 후계자로 내정되었던 묵돌을 경쟁국인 월지에 인질로 보내놓고 월지를 공격했다. 월지의 손으로 묵돌을 제거하려는 차도살인의 계략이었다. 그러나 묵돌은 혼란한 틈을 타서 월지의 명마를 훔쳐 타고 흉노로 돌아왔다. 영웅을 숭상하는 흉노인에게 묵돌의 인기는 한껏 높아졌다.

묵돌은 자신에게 절대적 충성을 바치는 친위대를 양성했다. 묵돌이 소리나는 화살인 명적(鳴鏑)을 날리면 1만 명의 친위대도 무조건 일제히 화살을 쏘도록 했다. 묵돌은 애마를 향해 명적을 날린 다음, 주군의 애마가 다칠까봐 주저하고 화살을 쏘지 않은 이들을 죽였다. 그 후 묵돌은 애첩을 향해 명적을 날리고, 역시 화살을 쏘지 않은 이들을 죽였다. 마지막으로 묵돌이 아버지 두만선우에게 명적을 쏘았을 때는 화살을 쏘지 않은 이가 아무도 없었다.

흉노를 장악한 묵돌은 숙적 월지를 격파하고 인근의 26국을 평정했다. 다시 한 번 남방의 중국과 북방의 흉노가 대립했다. 항우를 꺾은 유방도 흉노에 여지없이 완패했다. 한나라는 흉노와 형제의 맹약을 맺고 매년 솜·비단·쌀·술 등의 물품을 지급하며, 황실의 여자를 흉노 선우에게 시집을 보내기로 하고 휴전을 맺었다.

이후 흉노는 한나라 위에 군림하는 태도를 보였다. 묵돌은 유방이 죽자 홀몸이 된 여태후에게 경박한 서신을 보냈다.

고독해서 설 수 없는 임금은 음습한 땅에서 태어나 드넓은 초원에 소와 말이 사는 곳에서 자랐으나 여러 번 변경에 와서 중국에서 놀기를 원했소이다. 폐하께서도 홀로 즉위하시니 고독해서 설 수 없는 과부의 신세입니다. 두 임금

이 즐거움이 없고 스스로 즐길 수 없으니 그 가진 바로 부족함을 바꾸기를 바라는 바입니다.[2]

여태후는 성질이 고약하여 황제 유방마저 그녀를 두려워했다. 그러나 흉노군의 위력 앞에서는 여태후도 화를 억지로 참고 정중히 사양하는 답장을 보냈다.

며칠 동안 깊이 생각하였으나 나는 늙고 기운도 약해졌을 뿐만 아니라 머리카락과 이빨이 모두 빠져 걷는 것도 힘이 드오. 선우의 요청이 과분하시니, 스스로 그렇게 [즐기며] 더럽힐 수 없소. 우리나라는 잘못이 없으니 마땅히 용서해주시오. 천자가 타는 두 대의 수레와 그에 맞는 말 여덟 필을 드리니 일상적으로 타는 수레로 쓰십시오.[3]

한 문제(漢文帝)가 1척 1촌 목간(木簡)의 국서를 보내자, 노상선우(老上單于)는 그보다 큰 1척 2촌의 목간에 국서를 썼다. 봉인도 한나라 것보다 크게 만들어 썼고, 국서의 말투도 형처럼 으스댔다. "천지가 생겨난 곳, 해와 달이 머무는 곳의 흉노 대선우, 삼가 한의 황제에게 묻노니 안녕하신가?"[4]

이 시기 흉노가 자부한 대로 "여러 활을 쓰는 민족은 합쳐져 일가가 되고, 북방의 고을들은 모두 안정되었다."[5] 흉노는 동서 교역로의 상권을 장악해 재원을 확보하며 승승장구했다.

그러나 한나라 문제와 경제(景帝)는 2대에 걸쳐 와신상담하는 자세로 부지런히 힘을 길렀고, 한 무제는 집요하게 반세기나 흉노와 싸웠다. 결국 흉노는 한나라의 힘에 밀려 세력이 꺾인 데다가 권력을 둘러싸고 내분이 일어났다. 게다가 큰 눈이 내려 수많은 백성과 가축이 죽자, 흉노에 복속된 여러 유목민족(정령·오환·오손 등)은 만만해진 흉노를 공격했다.

흉노는 내분 끝에 남흉노와 북흉노로 갈라졌다. 한편, 한나라는 왕망(王莽)의 찬탈로 멸망했다가 광무제(光武帝) 유수(劉秀)가 후한을 열었다. 광무제는 북흉노에 밀려 내려온 남흉노의 여덟 부락을 병주(幷州)에 살게 했다. 후한 말 병주는 산시성(山西省)과 내몽골 일부를 합친 지역으로, 유목 문화와 한족 문화가 섞이는 땅이며 유목민족이 중국으로 진출하는 발판이었다.

천하무적의 맹장, 여포

《삼국지연의》는 중원과 한족 중심의 역사소설이라 변방과 이민족은 조연일 뿐이다. 그런데 《삼국지》를 읽었든 읽지 않았든, 누구나 다 아는 네이멍구 출신의 용사가 있다. 천하무적의 맹장 여포(呂布)다. 여포의 고향인 병주 오원군(五原郡) 구원현(九原縣)은 오늘날 네이멍구의 바오터우시(包头市, 포두시) 주위안구(九原區, 구원구)다.

《삼국지연의》는 사실과 허구가 매우 절묘하게 배합된 소설이다. '이건 사실이겠지.'라고 여긴 것은 허구이고 '이건 뻥이겠지.'라고 여긴 것은 사실인 경우가 종종 있다. 여포와 관련된 《삼국지연의》의 이야기는 의외로 사실과 일치하는 부분이 많다.

여포가 멀찍이 세워둔 창날을 활로 쏴 맞추어 유비와 원술의 싸움을 중재한 '원문사극(轅門射戟)' 이야기는 창작이라 여겼지만, 정사(正史)인 진수의 《삼국지》에도 버젓이 기록된 사실이다.[6] 이처럼 여포는 활쏘기와 말타기에 매우 뛰어나 스스로 '비장(飛將)'이라 자부했다. 여포의 고향이 네이멍구임을 감안하면 그가 활 쏘고 말 타는 법을 어디서 배웠을지 짐작이 간다.

또한 여포에게 명마 '적토(赤兎)'가 있던 것 역시 사실이다.[7] 《삼국지연의》의 3대 명마는 여포의 적토마, 조조의 절영, 유비의 적로마이지만 실제로 정사에 기록된 말은 적토마가 유일하다. '세상에 말은 많지만 그중 단 한 마리 뿐인 적토마, 천하에 사람은 많지만 그중 단 하나뿐인 여포 봉선[馬中赤兎 人 中呂布]'이라는 말도 당대에 실제로 회자되었던 말이다.

적토마는 흔히 한혈마(汗血馬)라고 부르는 아할테케(Akhal-Teke)로 추측된다. 오늘날 투르크메니스탄의 천연기념물이며, 크고 늘씬한 체구에 황금빛 털로 빛나 '세계에서 가장 아름다운 말'이라는 찬사를 받는 명마다. 말을 중시하는 네이멍구 현지인들이 초원 비단길 교역을 통해 투르크메니스탄의 명마를 입수했던 것이리라.

여포가 유비를 동생으로 여겼다는 것도 사실이다. 여포는 유비를 만나자 매우 반가워했다. "나와 그대는 모두 변변치 못한 변방 출신이오." 그러고는 "유비를 장막 안에 있는 부인의 침대에 앉히고 아내에게 술잔을 따르게 하고는 동생으로 삼았다."[8]

여포의 이와 같은 기행(?)은 중원의 예법으로는 매우 무례하게 비쳤지만, 북방의 풍습으로는 엄청난 친근감을 보인 것이 아니었을까? 여포가 유비에게 변방 출신으로서의 동질감을 강조한 것도 변방에 대한 중원의 싸늘한 시선에 서러웠는데 같은 변방의 무장을 만나 반가웠던 탓이리라. 그러나 유비는 여포가 신의도 없고 말에 일관성도 없는 사람임을 간파하고 "겉으로는 아무 일도 없는 것처럼 행동했지만 속으로는 기분이 좋지 않았다."[9]

여포는 조조에게 사로잡혔을 때도 호언장담했다. "명공이 보병을 거느리고 나 여포로 하여금 기병을 거느리게 한다면 천하를 쉽게 평정할 수 있을 것이오."[10]

그 말에 냉철한 조조도 마음이 흔들릴 만큼 여포의 무용은 뛰어났다. 조조는 배신을 일삼은 여포는 처단했지만, 여포 휘하의 장수인 장료와 장패(臧覇) 등은 중용했다. 위나라 기병이 삼국 최강이었던 것도 오환과 선비 등 북방 유목민의 기병을 고용했기 때문이다.

진(晉)나라는 삼국을 통일할 때까지 이들 북방 유목민들을 잘 제어했다. 그러나 팔왕의 난이 일어나 진나라가 북방에 대한 통제력을 잃자 곧 5호 16국 시대가 열렸다. 한화(漢化)한 선비족의 수·당이 중국을 통일했고, 당 태종 이세민은 북방 유목민들에게 '천가한(天可汗, 칸 중의 칸)'이라는 칭호를 얻었다.

당나라 이후 송나라가 중원을 통일했지만, 북방의 주도권만큼은 유목 제국인 요나라에 고스란히 내주어야 했다.

세계 제국을 건설한 영웅, 칭기즈칸

몽골고원에서는 오랫동안 여러 소부족이 각축전을 벌였다. 유목 제국 요와 금은 유목민들이 한번 결집하면 걷잡을 수 없도록 강해진다는 것을 잘 알았다. 그래서 요와 금은 군소 유목민 집단이 성장하는 것을 방해했다. 한 세력이 제법 커지면 다른 소부족을 키워서 그 세력을 없앴고, 이 소부족이 커지면 또 다른 부족을 키워 없애버렸다. 이런 과정이 반복되니 몽골의 모든 부족이 서로 얽히고설킨 원한 관계를 맺었다.

칭기즈칸의 아버지 예수게이(Yisügei)도 한창 떠오르는 유망주였으나 적대 부족에게 독살당했다. 몽골은 쇠로 된 말 등자 하나만 있어도 부자 취급을 받을 만큼 가난한 지역이었는데, 칭기즈칸의 부족은 그중에서도 더욱 가난했다. 칭기즈칸 일가를 먹여 살리기 힘들었던 부족은 일가의 재산을 빼앗고 밖으로 내쫓았다. 칭기즈칸 일가는 유목민의 생계 수단인 가축 한 마리 없이, 허허벌판에서 들쥐를 잡아먹으며 연명했다.

훗날 '세계 최대의 정복자'라는 칭호를 얻은 칭기즈칸은 의외로 '타고난 영웅'이 아니었다. 어릴 때에는 몽골인 최고의 친구인 개를 무서워했고, 활쏘기나 힘은 동생보다 못했으며, 용병술은 의형제 자무카(Jamukha)만 못했다.

자무카가 용병의 천재 조조 같았다면, 칭기즈칸은 인덕으로 사람들의 마음을 휘어잡은 유비와 같았다. 칭기즈칸은 자신이 배반당할지라도 상대를 배반하지 않았고, 이익에 흔들리지 않으며 대의명분을 따랐다. 칭기즈칸을 이긴 자들은 작은 이익을 얻었지만, 칭기즈칸은 패배하면서도 몽골인들의 마음을 샀다. 그래서 칭기즈칸은 몰락해 도망 다니는 상황에서도 끝끝내 다시 일어섰고, 그의 주변에는 사람들이 모였다.

또한 칭기즈칸은 총명하지는 않았지만 고난과 실패 속에서 배운 교훈을 잊지 않았다. 자무카에게 참패를 당한 칭기즈칸은 최후의 결전에서 압승을 거두었다. 결과적으로 전술의 귀재 자무카는 칭기즈칸을 '전쟁의 신'으로 만들어준 스승이 되었다.

이렇게 초원의 격전 속에서 대기만성의 영웅으로 성장한 칭기즈칸을 막을 자는 아무도 없었다. 몽골인들이 "우리 몽골 말들의 발굽은 어디든 간다. 하늘을 오르기도 하고 바다에 뛰어들기도 한다."[11]고 자부할 만큼 몽골의 말은 탁월했다. 몽골인들은 어떤가? "한가할 때 한족들은 이를 잡고, 우리는 칼을 간다."고 할 만큼 거친 용사들이다. 게다가 칭기즈칸을 깊이 흠모한 몽골의 용사들은 맹세했다. "그가 나를 불로 보내건 물로 보내건 나는 간다. 그를 위해 간다."[12] 뛰어난 용사와 뛰어난 말, 그리고 이 모두를 규합하는 대영웅을 누가 막을 수 있겠는가?

몽골군은 중국과 서아시아, 동유럽 일대를 휩쓸었다. 중국인들은 몽골군이 "하늘이 무너지는 것처럼 나타났다가 번개처럼 사라졌다."고 두려워했고, 영문학의 아버지 제프리 초서(Geoffrey Chaucer)는 《캔터베리 이야기(The Canterbury Tales)》에서 노래했다.

이 고귀한 왕의 이름은 칭기즈칸이었으니

네이멍구자치구 內蒙古自治區

그는 당대에 큰 명성을 떨쳐

어느 지역 어느 곳에도

만사에 그렇게 뛰어난 군주는 없었다.[13]

그러나 몽골이 세계 제국으로 발전한 것은 단지 군사력 때문만은 아니었다. 몽골은 반항하는 적에게는 잔혹했지만 순순히 항복한 이에게는 관대했고, 상업을 진흥하며 열린 자세로 여러 문화와 민족을 수용했다.

오고타이칸(Ogotai Khan)은 상인이 부르는 값의 두 배를 주며 상품을 사들였고, '상인이 얼마를 요구하든 거기에 10퍼센트를 얹어 사겠다.'고 포고했다.[14] 몽골제국의 수도 상도(上都)는 일확천금이 보장되는 땅, 따라서 상인에게는 천국과도 같은 땅이었다. 곧 상도는 유럽 상인들에게 '재너두(Xanadu, 이상향)'로 불렸다.

몽골의 관용적 자세는 종교를 수용하는 데서도 엿볼 수 있다. 유럽에서 온 선교사가 천주교의 절대성을 주장하자, 몽케칸(Möngke Khan)은 종교 대회를 열었다. 대결을 좋아하는 몽골인들은 종교 대회를 씨름 대회처럼 진행했다. 천주교·이슬람교·불교 대표들을 뽑아 선수단과 심판단을 구성했고, 선수단들이 자기 종교의 우수성에 대해 논증을 하면 심판단이 제일 우수한 논증에 손을 들어주었다. 그리고 한 라운드가 끝날 때마다 선수들은 마유주를 벌컥벌컥 들이켜야 했다.

처음에는 제법 논리적으로 흘러갔지만, 선수들은 곧 술에 잔뜩 취했다. 천주교도가 목청 높여 찬송가를 부르기 시작하자, 이슬람교도는 코란을 큰 소리로 암송했다. 불교도는 명상에 빠져 '고요함으로 격렬함을 제압[以靜制動]'하고자 했다.

결국 대회는 최종 승자 없이 모두 비긴 것으로 끝났다. 몽케칸은 말했다. "신이 손에 여러 손가락을 주셨듯이 사람들에게도 여러 가지 길을 주셨소."[15]

하나의 종교만을 고집하지 않고, 여러 사상과 종교를 모두 인정하는 관용의 자세였다.

칭기즈칸의 손자 쿠빌라이는 남송을 정복하고 몽골제국의 중국식 왕조이름으로 '대원(大元)'을 선택했다. 천하에서 '으뜸[元]'가고, 위대한 '시작[元]'을 여는 '텡그리[乾元]'의 나라라는 뜻이다.

《원사(元史)》〈지리지(地理志)〉는 말한다.

> 봉건이 변하여 군현이 된 이후로, 천하를 가진 자 가운데 한·수·당·송 등이 강성하였다. 그러나 그 강역의 넓이는 모두 원에 미치지 못하였다.[16]

몽골제국은 유목민족의 고질병인 후계자 싸움이 치열했고, 너무 방만하게 재정을 낭비하다가 국고가 비면 백성들을 쥐어짰으며, 몽골족에게 반항적인 민족을 중용하지 않아 토착 엘리트들의 불만을 샀다. 14세기 초반부터 장기간 전 지구적 이상기후로 중세 경제의 근간인 농업이 흔들렸고, 오랜 세월 동안 쌓인 모순이 폭발해 몽골제국은 끝내 붕괴했다.

그토록 강성했던 몽골제국도 100년 천하로 끝나니 중국의 선비들은 "오랑캐는 100년을 못 간다[胡不百年]."고 비웃었다. 그러나 중세 시대에 그토록 광활한 지역을 100여 년이나 통치했다는 것을 오히려 놀라워해야 할 것이다.

몽골제국은 몽골의 군사력으로 대륙을 정복하여 국경을 없애고, 중국의 생산력으로 쏟아낸 상품을 세계에 두루 유통시켰다. 국경 없는 무역은 사람들에게 '세계'의 범위를 넓혀주었다. 세계지도가 본격적으로 제작되기 시작했고, 대여행가 마르코 폴로와 이븐 바투타는 세계를 두루 돌아다닌 이야기를 남겨 사람들의 견문을 넓혀주었다. 13~14세기 대여행의 시대는 15~16세기 대항해시대로, 더 나아가 19~20세기 제국주의 시대로 이어졌다. 식민지 정복과 무역으로 세계를 지배한 유럽 열강들의 대선배가 바로 몽골제국이었다.

농경 바람이 유목 바람을 압도하다

몽골을 몰아내고 명나라를 세운 주원장도 몽골이 중국의 주인이었음을 시인했다. "몽골이 비록 오랑캐이긴 하나 백 년 동안이나 중국을 지배했으니, 짐과 경들의 부모는 모두 그들에 기대어 크고 자란 것이다."[17] 명나라는 중국 전통의 천명사상(天命思想)에 입각해, 원나라를 정통 왕조로 인정하고 그 천명이 명나라에 계승되었다고 주장했다.

또한 청 태종 홍타이지는 1632년 몽골의 릭단칸(Ligdan Khan)을 격파하고 칭기즈칸의 옥새를 손에 넣자, 청나라가 대원 제국의 정통성을 이어받았음을 천명했다. 몽골과 관련 없는 한족의 명나라도, 만주족의 청나라도 모두 원나라의 후계자임을 자처했다. 수백 년의 세월이 흘렀지만, 세계 제국 원나라의 위상은 그 누구도 부인할 수 없을 만큼 높았다.

또한 북방으로 쫓겨간 몽골족은 여전히 강력했다. 군사적 재능이 탁월했던 명나라 영락제(永樂帝)도 여섯 번이나 대규모 원정을 했지만, 끝내 몽골을 완전히 제압하지 못했다. 1449년 오이라트부 몽골족 에센(Esen)은 50만 대군을 거느린 정통제(正統帝)를 포로로 사로잡았고[土木之變], 1550년 알탄칸(Altan Khan)은 조공 무역 요청이 받아들여지지 않자 베이징을 포위했다[庚戌之變]. 이처럼 막강한 몽골 기병은 만주족 청나라가 중국을 정복할 때에도 중요한 파트너가 되어주었다.

청나라가 중국을 통일하고 한동안 잠잠하던 몽골고원에 또 하나의 영웅이 등장하여 선풍을 일으켰다. 중가르 부족의 지도자 갈단은 광활한 초원을 장악하고 청나라를 위협하는 패자로 떠올랐다. 강희제는 세 차례나 몸소 친정(1696~1697)한 끝에 결국 갈단을 처치했다.

그러나 몽골족의 생명력은 실로 끈질겼다. 건륭제 때 중가르는 중앙아시아와 신장성 일대를 위협하는 세력으로 자랐다. 건륭제는 한 지역을 점령할 때마다 주민을 몰살시키는 초강수를 두었고, 훗날 자신의 십전무공(十全武功, 건륭제의 10대 원정) 중 중가르 박멸을 으뜸 공로로 꼽았다.

근대적 제국인 청나라와 러시아는 몽골의 활동 영역을 크게 잠식해갔다. 결국 20세기에 이르러 몽골은 몽골국(외몽골)과 네이멍구(내몽골)로 분할된다. 몽골국은 소련의 위성국가가 되었고, 네이멍구는 중국의 자치구가 되었다. 한때 자신이 지배했던 세력들에게 양분된 것이다.

언어는 집단적 정체성과 공감대의 기초다. 소련은 몽골어를 억압하고 키릴문자와 러시아어 사용을 강요한 반면, 중국은 몽골어 사용을 허가하며 네이멍구자치구의 언어와 문화를 존중하는 척했다. 그러나 몽골을 근대 사회로 개조하려 한 점은 양국 모두 마찬가지였다.

신중국이 출범했을 때 재건을 위해 건축자재나 공장 설비 등을 옮기는 동력(動力) 수요가 높았지만, 자동차가 부족했다. 정부는 말을 운송 동력으로 이용하려고 몽골에 말을 대대적으로 키우도록 했다.

초원은 매우 취약한 땅이다. 유목민들은 가축이 풀을 먹더라도 뿌리까지는 먹지 않도록 목초지를 옮겨가며 세심히 초원을 보호해왔다. 그러나 정착 농경 사회인 중국은 유목민들의 목초지에 울타리를 두르고 정착 생활을 강요했다. 더욱이 '과학적인 생산방식'으로 매년 몇 퍼센트씩 생산량을 향상시키도록 목표치를 할당했다. 자연의 운행에 맞추어 풀이 잘 자랄 때는 가축을 늘리고, 못 자랄 때는 가축을 줄인 전통적 유목 방식과 상극되는 조치였다. 초원은 곧 황폐화되어 사막이 되었다.

정부는 가축을 해치는 늑대를 초원의 적으로 규정하고 대대적으로 사냥

네이멍구자치구 內蒙古自治區

했다. 처음에는 늑대가 줄어들어 가축 생산량이 늘어나는 것처럼 보였다. 그러나 천적이 사라지자 쥐와 토끼, 가젤 등이 폭증하여 초원의 풀을 죄다 뜯어먹었다. 결국 초원은 사막이 되었고, 가축 역시 전보다 더 키우기 힘들어졌다.

한족 이주민들은 초원을 개간하여 농지로 만들었다. 그러나 물이 부족하고 지력이 약한 땅에서 농사가 잘될 리 없었다. 개간 농지 역시 곧 사막이 되었다.

세상만사는 돌고 도는 것. 파괴자 베이징도 자연의 복수를 피할 수 없었다. 몽골의 사막은 베이징을 황사로 뒤덮었다.

장룽(姜戎, 강융)의 소설 《늑대 토템》은 문화대혁명 시대에 한족이 어떻게 네이멍구를 잠식해갔는지, 어떻게 몽골 초원을 파괴해갔는지를 생생하게 보여준다. 주인공은 트랙터가 초원을 갈아엎고 농지로 개간하는 모습을 보며 상념에 잠긴다.

트랙터 시대가 옴으로써, 풀을 생명처럼 여기는 민족과 풀을 제거해야 살아남는 민족 간의 깊은 갈등이 결국 어떤 결말을 맺게 될지 눈에 뻔히 보였다. 동남쪽에서 불어오는 새로운 농경 바람이 마침내 서북의 유목 바람을 압도하고 말 것이다. 하지만 결국 서북쪽에서 황사라는 거대한 폭풍이 일어나게 되면 동남쪽 모두를 덮어버리고 말 테지……[18]

정착 생활을 강요당한 유목민의 후예들

몽골이 중국의 한 주로 편입된 지 어언 70년. 몽골은 이제 완전히 변했다. 2000만 한족이 2500만 네이멍구 인구의 80퍼센트를 차지하고, 400만 몽골족은 '소수민족'이 되어버렸다. 네이멍구 박물관 광장에는 '민족단결보정(民族團結寶鼎)'이 놓여 있다. 한족·몽골족 구분 없이 '중화민족'으로 단결하자면서, 정작 그 상징물은 유목민의 상징인 말이 아니라 중원의 상징인 청동솥[鼎]이다. 한족과 몽골족의 역관계를 극명하게 보여준다.

네이멍구자치구는 가축 생산 기지이자 광업 기지가 되었다. 초원의 생태계는 파괴되어, 이제는 온갖 동물이 뛰어노는 모습을 볼 수 없다. 곳곳에 밭이 들어섰고, 풍차와 태양전지가 즐비하게 놓여 있다.

유목민은 정착 생활을 하고, 게르는 체험용 관광 상품이 되었다. 아니, 게르조차 온전하지 않다. 희한한 데에서 비상한 창조력을 발휘하는 중국인은 콘크리트 게르를 지었다. 기왕 네이멍구까지 왔으니 게르 체험은 하고 싶지만, 정착 생활과 현대 건축물의 편리함은 포기하고 싶지 않은, 모순된 욕망의 기묘한 타협책이다.

론리 플래닛 기자가 만난 몽골인은 네이멍구의 변화를 한마디로 표현했다. "사람은 늘고, 가축은 줄었어요."

유목민들도 21세기 속에서 살고 있다. 이제는 말 대신 오토바이를 타고 양을 치며 SNS로 가축을 매매한다. 어린 소녀는 소박한 꿈을 꾼다. "여성 사업가로 성공해서 TV, 냉장고, 차, 아파트를 사고 싶어요."[19]

한족·몽골족 구분 없이 같은 꿈을 꾸니 같은 민족이 된 것일까? 중국 정부는 네이멍구의 경제를 발전시키고 인민의 삶의 질을 향상시킨 것을 자신들의 공적이라 자랑한다. 네이멍구 경제 발전은 석탄·천연가스·희토류 등 네이멍구의 풍부한 자원 덕분이다. 그러나 그 자원은 대체로 네이멍구 외부의 경제 발전에 쓰이고, 광업 개발과 관련한 권리는 대부분 한족들이 차지한다. 몽골족 유목민들은 공해와 오염, 환경 파괴로 인해 생계를 위협받는다. 소수민족 자치구 중에서는 꽤 안정되고 민족 통합이 많이 진행된 네이멍구이지만, 민족 갈등으로부터 완전히 자유로울 수 없는 이유다.

2011년 5월 10일 몽골 유목민 메르겐은 20여 명의 동료와 함께 석탄 트럭이 목초지에 난입하는 것을 막으려다가 트럭에 치여 150미터나 끌려간 끝에 죽었다. 불과 닷새 후, 한 탄광의 한족 노동자가 탄광 공해에 항의하던 몽골 유목민 옌원룽을 지게차로 고의로 쳐서 죽였다. 연달아 일어난 사건들로 수천 명이 시위하는 등 네이멍구 분위기가 악화되자,[20] 후진타오 정부는 사건의 주범인 두 명의 한족 노동자를 신속하게 사형시켰다.[21] 그러나 겨우 넉 달 뒤인 10월, 석유 트럭이 목초지에 난입한 것을 막으려던 몽골 유목민이 죽는 사건이 또 일어났다.[22]

초원은 황폐화되고 사막은 넓어져간다. 황사가 베이징을 덮치자, 방목지를 초원으로 돌리고[退牧還草], 농지를 초원으로 돌리는[退耕還草] 프로젝트를 진행하지만, 초원의 복원력은 한없이 약하다. 기업들은 네이멍구 자원을 캐내는 것에 혈안이 되어 환경보호와 뒤처리에는 무관심하다. 어느새 절대 다수를 차지한 한족은 '소수민족' 몽골족을 존중하지 않는다. 몽골족 역시 현대 문명의 세례를 받아 목가적 생활 대신 도시의 삶을 꿈꾸며 돈벌이에 열중하지만 쉽지 않다.

얽히고설킨 숙제들이 네이멍구를 짓누른다. 열악한 환경을 딛고 세계 제국을 만들었던 몽골의 영광을 앞으로 다시 재현할 수 있을까?

新

새로울 **신**

신장웨이우얼자치구

新疆維吾爾自治區

아득한 서역, 대일통의 물결

❶ 신장 국제 대 바자르 이슬람 양식으로 지어진 국제시장.
❷ 할랄 푸드 이슬람 율법에 적합한 식료품을 모아놓았다.
❸ 우루무치 홍산 공원에서 바라본 우루무치 시내 전경.

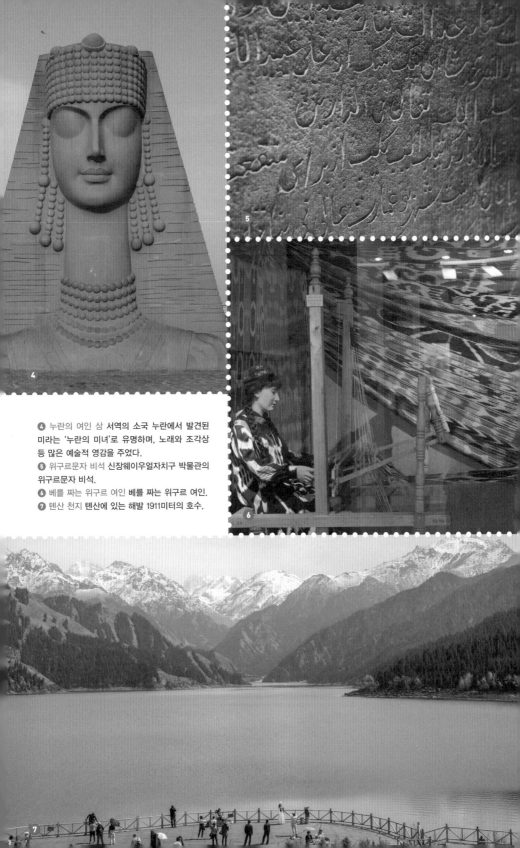

❹ 누란의 여인 상 서역의 소국 누란에서 발견된 미라는 '누란의 미녀'로 유명하며, 노래와 조각상 등 많은 예술적 영감을 주었다.
❺ 위구르문자 비석 신장웨이우얼자치구 박물관의 위구르문자 비석.
❻ 베를 짜는 위구르 여인 베를 짜는 위구르 여인.
❼ 톈산 천지 톈산에 있는 해발 1911미터의 호수.

1759년 건륭제가 청나라의 '새로운 땅'이라고 선포한 신장. 미국 독립선언(1776년)보다도 더 오래되었지만, 5천년 중국사에서 3백년도 안 되는 세월은 짧기만 하다. 베이징과 이란 사이의 한복판. 고선지의 당나라 군대가 아라비아 군대와 싸우고, 건륭제의 대포가 갈단의 낙타부대를 쓸어버리던 격전의 현장. 신장은 아라비아나 러시아 등의 침공을 막는 '대륙의 방파제'가 된다. 중국의 동화정책이 실시되며 한족이 위구르인의 자리를 잠식하고, 베이징 표준시간대를 따르는 바람에 밤 10시에도 해가 지지 않는 진풍경을 연출한다.

신장 우루무치(烏魯木齊, 오로목제)의 이슬람 시장에서 서양 친구와 함께 양꼬치를 먹었다. 노점은 주문 전에 꼬치당 2위안이라고 말했지만, 막상 계산할 때는 꼬치당 3위안이라고 말을 바꾸었다. 중국에서 여러 가지 일을 겪었지만, 최소한 식당 주인이 앉은자리에서 말을 바로 바꾸는 경우는 없었다.

내가 무척 황당해하자, 서양 친구는 말했다.

"난 이런 일을 겪은 적이 없었는데⋯⋯. 혹시 네가 한족처럼 보여서 그런 게 아닐까?"

이틀 후에는 다른 이슬람 식당에서 5위안짜리 량피(涼皮, 양피)를 시켰는데, 계산할 때 내가 먹은 게 량미엔(涼麵, 양면)이라며 8위안을 달라고 했다. 신장에 왔으니 위구르족(Uighur族)의 식당에 찾아갔는데, 연달아 유쾌하지 못한 경험을 했다. 한족과 위구르족 사이의 갈등이 팽팽한 곳, 겉으로는 평온해 보여도 물밑에서 미묘한 신경전이 진행되는 곳, 신장웨이우얼자치구(新疆維吾爾自治區, 신강유오이자치구)다.

신장웨이우얼자치구의 약자는 '새로울 신(新)' 자다. 1759년 청나라 건륭제가 신장을 정복한 후 '새로운 강역[新疆]'이라 불렀던 이름이 오늘날에도 쓰이고 있다. '중국의 서진(西進)'이 당도한 새로운 영토. 건륭제의 프런티어인 이 땅은 아직도 완전히 길들여지지 않은, '거칠고도 거친 서부(Wild Wild West)'다.

중국이 여기까지 손을 뻗지 못할 때, 중국인은 이 땅을 서역(西域)이라고 불렀다. 아무도 가본 적 없는 미지의 땅, 태양이 지는 서쪽 끝의 신비로운 땅. 태양이 떠오르는 동쪽이 생명의 땅이라면, 태양이 지는 서쪽은 죽음의 땅이다. 삶이 앎의 영역이라면, 죽음은 미지의 영역이다.

아득한 땅, 미지의 서역

그래서 중국인은 지리적 사실에 신화를 입혔다. 서쪽 끝의 신비로운 쿤룬산(崑崙山, 곤륜산)에는 여신 서왕모(西王母)가 산다. 천제(天帝)의 딸 서왕모는 생로병사(生老病死)를 주관하고, 먹으면 불로장생하는 복숭아와 불사약(不死藥)을 갖고 있다.

한 무제는 서역을 각별히 동경했다. 한나라의 절정기, 최고의 부귀영화를 누리던 한 무제는 불로장생과 불사밖에 더 바랄 것이 없었다. 자연스레 한 무제는 도교와 불로장생술에 심취했다.

한 무제가 천리마를 애타게 찾은 이유도 부국강병을 위해서일 뿐만 아니라 불로장생을 위한 것이라는 해석이 있다. 전설의 영웅 후예(后羿)가 곤륜산에 올라 서왕모에게 불로장생의 약을 얻었듯이, 한 무제도 날개 달린 천마(天馬)를 타고 와 곤륜산의 서왕모를 만나서 불사약을 얻고자 했다는 것이다. 아닌 게 아니라 한 무제가 대완국(大宛國, 지금의 우즈베키스탄 페르가나)의 천리마를 얻고 지은 〈천마가(天馬歌)〉에서 속내가 슬며시 드러난다.

천마가 왔도다. 궁궐 문을 활짝 열어라.　　　　　　　天馬徠開遠門

이 몸, 하늘로 치솟아 곤륜을 노닐어볼까나.　　　　竦予身逝昆侖[1]

　　　　　　　　　　　— 한 무제 유철(劉徹), 〈천마가(天馬歌)〉 중에서

신장은 면적 166만 제곱킬로미터로 중국에서 가장 큰 성이다. 중국 면적의 6분의 1을 차지하고, 유럽의 4대 대국인 영국·프랑스·독일·에스파냐를 합한 것만큼 크며, 국토 면적으로 세계 17위인 이란(164만 제곱킬로미터)보다도 넓다.

광활한 만큼 복잡다양한 지형이 펼쳐진다. 유라시아판과 인도판이 충돌해서 생긴 '세계의 지붕' 파미르고원(Pamir高原, 평균 해발 6100미터)은 신장에 세 줄기 산맥(알타이·텐산·쿤룬)을 뻗쳐놓았다. 산맥 사이에 거대한 분지(중가르·타림)가 있다. 그래서 신장의 지리는 '畺' 자와 닮았다. 세 줄기 산맥[三] 안에 큰 분지[田] 두 개가 있으니까. 북부에는 광활한 초원이 펼쳐져 있고, 남부에는 '다시는 돌아올 수 없는' 죽음의 사막 타클라마칸(Taklamakan)이 있다.

북부 초원지대에는 유목민이, 남부 사막지대에는 오아시스 정주민이 살았다. 양대 제국 중국과 로마를 잇는 중간에 있어 교역도 흥했다. 그래서 이지역에서는 농경·유목·상업 등 다양한 활동이 벌어졌으며, 자연스레 다양한 민족이 다양한 모습으로 살 수 있었다. 다만 강력한 중앙집권 통일국가를 이루지 못하고 군소 오아시스 도시국가나 유목 부족 연맹으로 지냈기 때문에, 중국·이슬람·중앙아시아·몽골·러시아 등 주변 제국들의 잦은 간섭과 침략에 시달렸다.

인류 역사의 초기 단계에서는 서아시아가 최고의 문명을 이룩했다. 스키타이(Scythai)의 전차, 히타이트(Hittite)의 철기가 유목민의 이동과 함께 서아시아에서 동아시아로 전파되었다. 그 길목에 있던 신장이 중국보다 철기를 더 먼저 사용한 것은 자연스러운 일이다. 또한 신장에는 유목민의 발길이 자주 닿았다. 흉노가 월지를 밀어내고 몽골고원의 패권을 차지하자, 월지가 신장으로 도망쳐왔고, 이어서 흉노도 신장에 세력을 뻗쳤다.

유목민에게 식량과 무역의 이익을 얻을 수 있는 신장은 매우 중요한 땅이었다. 한나라는 유목민의 세력 기반을 와해시키기 위해 신장을 공략했다. 한무제는 투루판(Tulufan)과 타림분지(Tarim盆地)에서 흉노를 축출하여 '흉노의 오른팔을 잘라'냈고, 장군 이광리(李廣利)는 한혈마를 얻기 위해 대완국으로 진격했다.

한나라는 위풍당당한 천자의 나라임을 자처했지만, 흉노를 제압하기 위해서는 수단과 방법을 가리지 않았다. 신장의 군소 왕국이 흉노와 친하다면 국왕 암살도 불사했고, 주민들이 저항할 경우에는 학살했다. 끝내 한나라는 타림 분지에 '서역도호부(西域都護府)'를 세웠고, 둔전(屯田)을 설치해 병사들이 농사를 지으며 주둔하게 했다.

한나라 사신 부개자(傅介子)는 누란국(樓蘭國)의 왕을 암살하고는 '복종과 배신을 반복'하는 누란국 왕을 죽여 서역 여러 나라에 본보기로 삼는다는 대의명분을 내세웠다. 그런데 애초에 한나라가 오만방자해서 누란국의 마음을 사지 못한 탓이 컸다. 누란국은 사막에 접해 물자가 부족한데도 항상 한나라 사신들을 영접했는데, 사신단 이졸들은 물건을 약탈하며 적반하장으로 누란국을 꾸짖었기 때문이다. 사마광은 《자치통감》에서 이런 자초지종을 서술하며 부개자의 비열함을 신랄하게 비판했다.

서역 36국을 평정한 영웅으로 추앙받는 반초(班超) 역시 별다를 바 없었다. 73년 반초가 서역에 사신으로 갔을 때, 흉노 사신이 오자 "야습을 감행하여 흉노의 사자들을 불태우고 수급을 베었다." 왜? "큰 공을 세워 부귀를 구하"기 위해서.[2]

당나라, 서역에 손을 뻗치다

한나라가 무너지고 중국의 통치력이 신장에 미치지 않자, 신장은 다시 오아시스 도시국가로 돌아갔다. 당나라 초기 현장법사(玄奘法師)가 불경을 구하러 천축국에 갈 때, 옥문관을 넘은 현장은 많은 도시국가들을 만났다. 현장은 《대당서역기(大唐西域記)》에 "천 개의 불교 사원과 불탑이 있"[3]는 불교 왕국 쿠차국(龜玆國, 구자국), 들쥐를 숭상하는 우전국(于闐國), 불을 숭상하는 아그니국 등 서역 여러 나라를 이채롭게 묘사했다. 한여름에 50도를 넘나들어 '하늘에 태양이 열 개 있다면, 그중 아홉 개는 투루판에 있다'는 고창국(高昌國, 투루판)은 《서유기(西遊記)》에서 화염산의 모티프가 되었다. 파초선은 한 번 부치면 강풍이 일어나고, 세 번 부치면 태풍이 일어나는 마법의 부채다. 손오공은 이 파초선을 마흔아홉 번이나 부친 끝에 화염산의 불길을 잡았다. 오늘날에도 투루판은 '중국에서 가장 더운 지방'으로 유명하다.

현장은 고창국과 각별한 인연을 맺었다. 당시 고창국은 120여 년이나 한족 국씨 왕조가 다스리고 있었다. 국왕 국문태(麴文泰)는 현장과 의형제를 맺었고, 천축에서 돌아올 때 고창국에서 3년간 같이 지낼 것을 부탁했다. 현장이 불교 강의를 하면 국문태는 몸소 향로를 들고 마중했고, 현장이 법좌에 앉을 때 국문태는 무릎을 꿇어 자기 등을 밟고 올라가게 했다. 헤어질 때는 "왕복 20년분의 여비로 황금 1백 냥, 은 3만 전, 비단 5백 필을 준비하고, 또한 말 30마리, 인부 25명을 보냈다."[4]

물론 이렇게 고생이 끝난 것은 아니었다. 돌궐 도적을 만나서 약탈당하기도 했고, 톈산산맥(天山山脈, 천산산맥)을 넘을 때는 일행의 3~4할이 얼어 죽는 등 온갖 고생을 겪었다. 천신만고 끝에 현장은 인도에 도착해 불법을 열심히 닦았으며, 귀중한 불경들을 갖고 귀국했다.

645년 현장이 귀국하자, 당 태종은 현장에게 서역 국가들의 사정을 상세히 보고하도록 명했다. 646년 현장은 출장 보고서 《대당서역기》를 완성했고, 당 태종은 이를 참고하여 648년에 아그니, 쿠차, 카슈가르(Kashgar) 등을 병합하고 안서도호부(安西都護府)를 설치했다. 그러나 머나먼 서역에 군대를 유지하는 것은 쉽지 않았다. 저수량(褚遂良)은 하서(河西) 군현이 무거운 노역과 세금에 시달려 "열 집에 아홉 집은 아무것도 없고 여러 군은 황폐"[5]해졌다며 서역폐기론(西域廢棄論)을 주장했다.

또한 당나라의 국력이 쇠퇴하는 한편, 신흥 라이벌인 토번과 아라비아 세력이 성장하며 중앙아시아를 노렸다. 현종은 고구려계 장수인 고선지(高仙芝)를 등용해 서역을 평정케 했다. 747~750년 동안 고선지는 연운보(連雲堡, 지금의 아프가니스탄 사르하드 부근)를 함락했고, 소발률국(小勃律國, 지금의 파키스탄 북부)을 정벌했으며, 석국(石國, 우즈베키스탄 공화국의 수도 타슈켄트의 수·당 시대 명칭)을 정벌했다. 파미르고원을 종횡무진하는 대활약이었다.

그러나 당나라의 처사는 지나쳤다. 서역 여러 국가를 도와주지는 않으면서도 종주국으로서의 위신과 권리는 다 챙기려 했다. 예컨대, 석국은 아라비아 세력이 압박해오자 당나라에 원병을 요청했다. 하지만 당나라는 석국을 위해 그 어떤 움직임도 보이지 않았다. 별수 없이 석국은 아라비아와 가까이 지내며 당나라와 소원해졌다. 그러자 당나라는 석국이 신하의 예를 취하지 않는다며 고선지에게 석국을 토벌하도록 했다. 석국 왕은 항복했지만, 당나라는 장안성까지 석국 왕을 끌고 와 목을 베어 죽였다. 뿐만 아니라 석국의 보물인 청금석(靑金石, Lazurite) 10여 개, 낙타 대여섯 마리분의 황금, 명마를 강탈해서 서역 여러 나라의 분노를 샀다.[6]

아라비아 세력은 이 틈새를 파고들었다. 751년 다시 고선지가 출격하여 당나라와 아라비아 제국이 한판 승부를 벌였다. 그 유명한 탈라스 전투다. 그러나 현지의 민심을 사지 못한 당나라가 이 전투에서 지는 것은 사실 당연했다. 고선지 휘하의 카를루크 유목민 부대가 배반해서 아라비아 군에 가세하자, 당나라 군대는 좌우에서 협공을 받아 참패했다.

파미르 전투 후 중앙아시아 일대에서 중국의 영향력이 크게 줄어들자, 중앙아시아는 독자적인 문화, 즉 투르크 이슬람 문화를 꽃피웠다. 중앙아시아는 7~15세기 800여 년에 걸쳐 투르크화와 이슬람화가 진행되었다. 투르크화란 투르크계 민족이 투르크어를 사용하며 유목 문화와 정주 문화를 융합한 문화를 만들어낸 것이다. 이슬람화란 이슬람교를 믿고 결혼·재판·재산 상속·기부 등 생활 전반에 걸쳐 이슬람 율법을 받아들인 사회 문화를 창출한 것이다.[7]

몽골 초원을 지배하던 돌궐 제국이 내분으로 무너지자, 744년 위구르족 수령 쿠틀룩 보일라(Qutlugh boyla)가 위구르 제국을 열었다. 때마침 755년 당나라에서는 안사의 난이 일어났다. 반란군에 쩔쩔매던 당나라는 주변 여러 나라에 원병을 청했다. 그중에서 가장 강력한 것이 바로 위구르 군대였다.

757년 위구르의 4000 기병은 당군과 함께 뤄양과 장안을 모두 수복했다. 당나라는 사례로 매년 비단 2만 필을 위구르에 보내기로 하고, 숙종(肅宗)의 딸 영국공주(寧國公主)를 위구르 카간에게 시집보냈다. 위구르 제국은 당나라에 지원군을 보낸 대신 당나라의 물자를 얻어 한층 성장했다.

다만 사마광은 위구르 제국이 문명화되면서 초기의 건강성을 잃었다고 지적했다.

초기에 위구르의 풍속은 질박했고, 군신 간의 차이가 심하지 않아 여러 사람의 뜻이 하나가 될 수 있었기 때문에 강하고 무적이었다. …… 궁궐을 건축해 부인을 거주하게 했다. 화장을 하고 무늬가 있는 비단옷을 입었다. 중국은 곤궁해졌고, 오랑캐의 풍속 역시 무너졌다.[8]

840년 키르기스인들은 폭설과 기근, 내분으로 삼중고를 겪던 위구르 제국을 쳐서 멸망시켰다. 위구르족은 크게 두 갈래로 피난을 떠났다. 당나라로 내려간 남주파(南走派)는 투항하지 않은 채 물자를 요구하다가 당나라군에게 몰살된 반면, 허시주랑으로 들어간 서주파(西走派)는 간쑤성·신장·중앙아시아 일대에 성공적으로 정착했다. 이때부터 신장의 주류는 위구르족이 되었다.

한편 중국 대륙은 북방의 요나라, 중원의 송나라로 재편되었다. 982년 송나라 사신 왕연덕(王延德)은 톈산(天山, 천산) 위구르 왕국의 고창을 방문하고, 이 지역의 농업이 상당히 발전했다고 썼다. "천산에서 흘러나온 물을 끌어 고창 주위에 돌게 하고 밭을 관개하며 수차를 움직인다. 오곡은 무엇이든 생산되지만 메밀만은 경작하지 않는다. …… 농산물 이외에도 솜 등의 직물을 생산한다."[9]

여진족의 금나라가 거란족의 요나라를 무너뜨리자, 일부 거란족은 서쪽으로 도망쳤다. 이들은 위구르 왕국을 무너뜨리고 새로 카라 키타이(西遼, 서요)를 열었지만, 말기에 착취를 일삼자 위구르족이 중심이 되어 반기를 들었다. 위구르의 지도자 바르추크는 칭기즈칸과 동맹을 맺어 서요를 멸망시킨다. 그는 칭기즈칸과 동맹을 맺은 최초의 외국 수장이었기 때문에, 위구르족은 몽골제국에서 상당히 우대받았다.

일찍이 아라비아와 페르시아 상인들은 중국을 오가며 교역했고, 그중에서도 이란계 소그드(Sogd) 상인이 특히 유명했다. 교역의 길목에 있던 신장의 위구르 상인들은 소그드 상인의 후계자가 되었다.

몽골제국이 전례 없이 광활한 육상 대제국을 건설하자, 국경과 장벽 없는 무역의 시대가 열렸다. 유라시아 전역에 걸쳐 물류와 교역이 흥했다. 이때 상업과 물류에 밝은 위구르 상인들은 몽골인의 핵심 브레인이 되었다.

몽골 왕족이 전쟁으로 얻은 막대한 재물을 위구르인에게 투자하면, 위구르인은 솜씨 좋게 운영하여 재물을 불려주었다. 몽골 왕족은 투자가가 되었고, 위구르인은 자본가가 된 셈이다. 뿐만 아니라 위구르인은 문자가 없던 몽골족에게 위구르 문자를 가르쳐주었고, 위구르 문자는 몽골 문자의 근간이 되었다. 풍부한 행정 실무 경험을 바탕으로 몽골제국에 공문서 체계와 관료도 제공했다.

몽골제국은 크게 4대 칸국으로 나누어지는데, 신장은 차가타이 칸국에 속했다. 이후 신장은 줄곧 몽골족의 통치를 받았다. 차가타이 칸국은 점차 기울어갔지만, 그 자리를 대신한 것은 역시 몽골계의 중가르였다.

청나라 대 중가르

청나라의 강희제가 중원에서 기반을 굳히고 있을 때, 신장에서도 일대 파란이 일어났다. 중가르에서 권력 다툼이 일어나 갈단의 형제가 살해되었다. 티베트에서 불법을 닦던 갈단은 신장에 돌아와 형제의 복수를 마치고 중가르를 석권했다.

근대에 이르면 몽골족도 상당히 변했다. 특히 사막이 많은 신장 출신인 덕분인지 갈단은 낙타를 잘 활용했다. 공격 시에는 대포를 낙타에 실어 전차처럼 활용했을 뿐 아니라, 방어 시에는 낙타로 즉석 성벽을 만들었다. 당시 갈단의 싸움을 본 이는 말했다. "낙타 1만 마리의 다리를 서로 묶어 펠트로 덮고는 그 뒤에 숨어서 성벽처럼 전개했다. 우리는 이것을 낙타의 성벽[駝城]이라고 불렀다."10

갈단은 문무를 겸비한 영웅으로, 낙타 100마리에 책을 싣고 다니며 독서를 즐겼다. 이처럼 뛰어난 영웅이 신장과 몽골을 아우르는 대제국을 건설하려 하자, 청나라는 심각한 위기를 느꼈다. 중가르는 청의 존망을 위협하는 라이벌이었고, 갈단은 강희제의 필생의 숙적이었다. 강희제는 몸소 비바람을 맞으며 사막을 횡단했고, 끼니를 거르면서까지 갈단을 추격했다. 강희제의 집념 어린 추격 끝에 결국 갈단은 죽고 만다.

그러나 중가르 세력은 체왕 랍단의 지도 하에 신장에서 다시 재기했다.

몽골고원까지 원정한 강희제도 신장까지는 어찌할 수 없었고, 옹정제는 우루무치를 점령하려다가 대군이 궤멸당한 후 신장 원정을 포기했다. 건륭제도 초창기 10년은 교역만 하면서 중가르와 친선 관계를 유지했다.

그러다 중가르 내부에서 권력 다툼이 일어나며 신장의 운명이 바뀐다. 아무르사나(Amursana)는 중가르의 권력을 차지하려고 청나라를 끌어들였으나 청나라가 원하는 권력을 주지 않자 반란을 일으켰다.

건륭제는 이 기회에 중가르를 뿌리 뽑기로 작정했다. 중가르 초원을 불사르고 포로를 모두 학살하라고 명령했다. 위원(魏源)의 《성무기(聖武記)》는 청나라 황제의 신장 정복을 칭송하기 위한 책이지만, 역설적으로 중가르 박멸의 증거물이 되었다.

수십만 가구 가운데 40퍼센트는 천연두로 죽었고, 20퍼센트는 러시아나 카자흐 영토로 달아났고, 30퍼센트는 대군에게 죽음을 당했다. 남은 여자와 아이들은 노예로 다른 이들에게 보내졌다. 수천 리 안에 준가르 천막이 하나도 없었다.[11]

결국 60만 명이 살았을 것으로 추정되는 중가르는 무인지경(無人之境)이 되어버렸다. 북부의 중가르가 무너지자, 남부 타림분지의 무슬림들은 중가르와 청나라의 지배를 받지 않는 독립국가를 건설하려 했다. 호자 지한(Khoja Jihan)은 청나라 원정군을 석 달이나 포위했지만, 청나라는 구원군을 보내 끝내 신장 남부마저 차지했다. 1759년 건륭제는 "국경에서 영원한 평화와 안보"를 얻었다고 선언했다.[12]

청나라는 애초에 숙적 중가르를 토벌하는 게 목적이었다. 신장은 그 과정에서 뜻하지 않게 생긴 부산물이었다. 많은 관료와 지식인은 신장이 쓸모없는 땅이고 반적은 토벌되었으니 철군해야 한다고 주장했다. 그러나 건륭제는 베이징을 지키려면 몽골을 지켜야 하고, 몽골을 지키려면 신장을 지켜야 한다고 주장했다.

건륭제는 둔전제로 신장을 통치하려 했지만, 대군이 자급자족하기에는 무리였다. 중국의 각 지역에서 신장으로 지원금을 보내야 했다. 신장 통치 초기에는 큰 무리가 없었다. 청나라의 재정은 신장 주둔군을 감당하기에 충분했고, 투르크계 무슬림과 몽골족, 한족 등 다양한 현지인에게 각자의 관습과 문화에 적합한 행정·법률 체계를 시행했다.

그러나 시간이 갈수록 점점 문제가 불거지기 시작했다. 신장에서 베이징까지의 거리는 신장에서 이란까지의 거리와 맞먹는다. 그토록 멀리 떨어져 있으니 중앙의 감독을 피해 부패하기 쉬웠다. 신장의 관료는 세금을 가혹하게 수탈했고, 군인은 현지 무슬림 여성을 주둔지로 납치했다. 분노한 주민들이 심심찮게 반란을 일으켰다.

1850년 중국 남부에서 일어난 태평천국운동은 머나먼 신장에 결정적인 타격을 주었다. 청 조정의 주된 세입원인 창장 중남부 성들이 태평군에게 빼앗기거나 황폐화되어서, 신장에 보낼 지원금이 끊겼다. 신장 관료들은 수입을 확충하려고 새로운 세금을 만들고, 고리대금업을 일삼거나 위구르 노동자들을 광산에 동원해 귀금속 채굴을 강요했다. 주민들의 원성이 극에 달했다.

이때, 중앙아시아 세력이 다시 등장한다. 중앙아시아의 유목 제국은 일찍이 '이교도들의 공격으로부터 무슬림 세계를 구원하기 위한' 성전을 검토한 바 있었다. 청나라가 수렁에 빠진 상황을 지켜본 코칸트 칸국(Kokand 汗國, 오늘날의 우즈베키스탄 지역을 근거로 한 왕국)의 통치자 알림 쿨리(Alim Quli)는 1865년 야쿱 벡(Yaqub Beg) 장군에게 신장을 정복하라고 명했다.

야쿱 벡은 신장을 손쉽게 접수했다. 그러나 이슬람 근본주의적 통치는 현지인들의 반발을 샀다. 이슬람교도인 위구르인들마저도 지나치게 엄격한

신장웨이우얼자치구 新疆維吾爾自治區

율법과 더 무거워진 세금에 불만을 터뜨렸다.

야쿱 벡은 러시아·영국·오스만투르크 제국의 지원을 얻으며 신장 통치를 공고히 하기를 꿈꾸었다. 그러나 청나라는 태평천국운동을 진압하자마자 바로 전쟁 영웅 좌종당(左宗棠)을 파견해 신장 탈환에 나섰다. 야쿱 벡은 청나라와 외교 담판을 지어 신장을 얻고자, 청나라 군대에게 발포하지 말라는 명령을 내렸다. 야쿱 벡은 민심도, 외국의 지원도 얻지 못했다. 이런 상황에서 발포 금지령이 내리자 좌종당은 야쿱 벡의 군대를 간단히 격파했다.

문제는 그다음이었다. '해안 지역을 지킬 것인가, 신장을 지킬 것인가'를 두고 논쟁이 일어났다. '해방(海防) 대 새방(塞防) 논쟁'이었다. 이홍장(李鴻章)은 해군을 앞세워 침략하는 서양과 일본 제국주의 세력을 막으려면 해군을 발전시켜야 하는데, 막대한 돈을 들이며 불모지인 신장을 지킬 필요가 없다고 주장했다. 반면, 좌종당은 중국의 위협은 항상 바다가 아닌 대륙에서 왔음을 상기시키면서, 영국이 인도에서, 러시아가 중앙아시아에서 쳐들어오는 것을 막기 위해서는 신장이 필수불가결하다고 역설했다. 아시아 대륙을 무대로 살아온 만주족의 청나라는 결국 좌종당의 손을 들어주었다.

황폐화된 신장을 재건하며, 신장은 다시 큰 변화를 겪는다. 거듭된 반란과 전쟁에 시달린 청나라는 현지를 안정시키기 위해 신장을 중원과 동질화시키기로 한다. 여러 민족이 어울려 살면서 저마다의 관습과 문화가 존중받던 다문화의 시대는 끝났다. 한족이 대거 이주해왔고, 유교 관료가 중국식 군현제로 지역을 통치했으며, 중국 문화가 표준이 되었다. 문화·인구적으로 동질화된 신장이 더 안정적이고, 통치도 쉽고, 비용도 적게 들 것이란 계산 아래, 교화(教化)와 동화(同化)가 강조되었다.

신장의 독립을 요구하는 위구르족

청나라가 붕괴되며 신장은 중원의 통치력에서 벗어난다. 한동안 군벌들이 자리를 다투다가 1944년에 위구르인을 중심으로 동투르키스탄 공화국으로 독립을 선포했다. 1946년 국민당은 동투르키스탄과 협상하여 장즈중(張治中, 장치중)을 주석으로, 아흐메트잔 카시미를 부주석으로 삼은 일종의 연합 정부를 꾸렸다.

국민당 대신 공산당이 들어오자, 동투르키스탄은 공산당을 용인했다. 1949년 8월 마오쩌둥은 동투르키스탄 공화국 대표단을 베이징 전인대에 초청했다. 그런데 몇 주 동안 아무 소식도 없다가 12월이 되어서야 중국 정부는 8월 27일 비행기 사고로 대표단 전원이 사망했다고 발표했다. 이때는 이미 인민 해방군이 북부 신장을 장악한 후였다.[13]

소련(소비에트 사회주의 공화국 연방)은 여러 공화국이 모인 '연방'을 표방했다. 그러나 중국은 연방제를 기피했고, 민족 자치는 주되 자치는 독립이 아님을 강조했다. 민족사무위원회는 법적 지위를 신청한 500여 개 집단 중 55개만을 소수민족으로 인정했다. 이 기준에 따르면, 신장에는 위구르족·한족·카자흐족·후이족·키르기스족·몽골족·시버족·러시아인·타지크족·우즈베크족·타타르족·만주족·다우르족 등 13개 민족이 있었다.

자치구의 주석은 각 지역의 주류 소수민족이었으나, 부주석은 한족 당원이었고, 각 자치 단위는 한족 중앙정부와 당에 책임을 졌다. 이 때문에 역설적으로 자치구가 형성된 후 오히려 더욱 강하게 중앙정부에 예속되었다. 자치 지역은 경찰권만 있었다. 군권은 병단에 있었고, 병단은 당과 중앙 정부에만 책임을 졌다. 군사뿐만 아니라 농업·목축업·광업·의료·교육 등까지 전방위적인 활동을 펼치는 신장 생산 건설 병단(新疆生産建設兵團)은 한나라 둔전제가 20세기적으로 재탄생한 것이었다.

신장웨이우얼자치구 新疆維吾爾自治區

신장 접수 직후 공산당은 여러 제도를 크게 바꾸었지만, 문화적 차이는 용인했다. 그러나 문화대혁명 시기에 이르면 이런 관용도 사라졌다. 한족 고유의 전통과 문화까지 파괴하는데, 변방 소수민족의 전통과 문화를 존중할 리가 없었다. 모든 가치는 사회주의적 규범을 따라야 했고, 전 중국은 베이징의 가치를 따라야 했다. 시간마저도 예외일 수 없었다. 신장과 베이징은 2~3시간의 시차가 난다. 그러나 문화대혁명 이후 신장의 시간대도 베이징 표준시에 맞추어졌다.

이슬람 율법에 따르면, 무슬림은 돼지를 키워서도 안 되고 먹어서도 안 된다. 그러나 문화대혁명 시기 신장의 모스크는 돼지우리로 변해 중국인이 사랑하는 돼지고기를 생산했다. 이슬람 교육 대신 중국식 교육만 받은 위구르인들은 돼지를 찬미하는 노래를 부르기까지 했다.[14]

신장 유목민들에게 잡화를 팔며 살던 리쥐안(李娟, 리옌)은 카자흐 유목민과 엄마가 문화대혁명 때의 노래를 합창하는 것을 신기하게 바라본다.

"조타수에 맡기고 바다를 항해하세……." 와우 …… 정말 대단했다…….
들리는 바로 카자흐 유목민들은 30년도 훨씬 전에 이 노래를 배우도록 강요받았다고 한다. 그 시대에 태어난 카자흐족에게 중국어에 대한 최초의 기억은 이 노래가 아니었을까?[15]

개혁개방 후 경직된 분위기가 다소 수그러들었지만, 최근에는 다시 강경한 기조로 선회하고 있다. 2009년 우루무치에서 위구르족이 신장 독립을 요구하다 200명이 사망했다. '우루무치 사태' 5주년인 2014년 전후에는 신장뿐만 아니라 베이징, 윈난성, 광둥성 등 중국 곳곳에서 위구르족의 테러가 벌어졌다.[16]

중국은 테러를 강경 진압하는 한편, 신장을 강하게 통제하고 있다. 2015

년 중국 정부는 신장에서 신원을 보고해야 식칼이나 가위 등을 살 수 있는 '칼 구매 실명제'를 실시했다. 2016년 신장 공안은 신장인이 여권을 신청할 때 DNA 샘플을 제출하도록 했고, 신장 서부 지역 거주자들의 여권을 박탈하기도 했다.[17]

2017년 바인궈렁멍구자치주(巴音郭楞蒙古自治洲)에서는 차량에 GPS 장착을 의무화했고, 신장에서 "종교적이거나 분리주의적 성향의 이름은 불허라는 지침"에 따라 신생아에게 이슬람식 이름을 주는 것이 금지되었으며,[18] 반(反)극단주의법을 발효해서 긴 수염을 기르는 것도, 공공장소에서 베일을 쓰는 것도 금지했다.[19]

위구르족의 고초는 눈물겹지만, 세상은 강자의 편이다. 2009년 '우루무치 사태'에 대한 소식이 페이스북을 통해 퍼지자, 중국 정부는 중국 내에서 페이스북을 차단시켰다. 그러나 페이스북의 CEO 마크 저커버그(Mark E. Zuckerberg)는 이에 대해 전혀 항의하지 않았다. 오히려 그는 2016년 미세먼지 가득한 베이징 톈안먼 광장 앞에서 만면에 웃음을 가득 띄우며 조깅했다. 자신은 중국을 매우 사랑하는 사람이니, 중국에서 사업할 수 있게 해달라는 러브콜이었다.

한편 압도적인 인구의 한족은 신장을 급속히 잠식하고 있다. 1955년 신장의 위구르족과 한족의 비율은 각각 73.9퍼센트와 6.2퍼센트였지만, 2000년에는 45.2퍼센트와 41.6퍼센트가 되었다. 특히 성도 우루무치의 경우에는 12.8퍼센트와 75.3퍼센트로 인구가 역전되었다.[20]

중앙아시아 진출의 교두보로 급속히 발전하고 있는 신장. 그러나 그 내부에서는 치열한 긴장과 대립이 벌어지고 있다. 신장이 진정 평화롭고 자유로워질 때는 언제일까?

신장웨이우얼자치구 新疆維吾爾自治區

저장할 **장**

시짱자치구
西藏自治區

티베트에는 달라이라마가 없다

❶ 라싸 중심가의 도로
❷ 라싸의 한 옷가게
❸ 세라 사원의 승려들
❹ 세라 사원
❺ 포탈라궁
❻ 포탈라궁에서 내려다본 라싸 시내
❼ 카일라스산의 모습

※시짱자치구는 가지 못해 셔터스톡의
사진으로 대신했다.

카일라스산
△

시짱자치구

안둬

진사장

라싸
쌍예쓰

야루짱부장

르카쩌
바이쥐쓰

에베레스트산
△

히말라야의 산자락에 넓게 펼쳐진 대평원. 티베트인들은 평균 고도 4500미터의 티베트 고원을 삶의 터전으로 삼았다. 북극과 남극 못지않은 환경이라 '제3극지'라고도 불리는 이 땅에서 사는 이들은 강인했다. 토번국은 대당제국과 천하의 동서를 양분하는 대등한 국가로 위세를 떨쳤고, 티베트 고승 앞에서는 대원제국의 절정기를 누렸던 쿠빌라이도, 대청제국의 절정기를 누렸던 건륭제도 머리를 조아렸다. 그러나 현대화된 중국은 이제 티베트 불교에 경의를 보이지 않고, 티베트의 풍경을 급속히 바꿔가고 있다.

지금까지 나는 중국의 34개 행정구역 중 33개 지역에 가보았다. 아직까지 가보지 못한 유일한 곳이 바로 티베트, 시짱자치구(西藏自治區, 서장자치구)다.

외국인은 티베트에서 자유롭게 여행할 수가 없다. 일단 중국 비자 외에도 티베트 여행 허가서가 필요하고, 미리 숙소를 예약·신고해야 하며, 항상 중국인 가이드 및 차량과 함께 다녀야 한다. 철저하게 통제된 여행만이 가능하고 너무나도 많은 여행 비용이 필요하다.

티베트 여행 허가서를 받더라도 아무 데나 갈 수 있는 것이 아니다. 라싸(Lasa)와 근교 이외 지역은 별도의 허가가 또 필요하고, 카일라스산(Kailas山) 등 '민감한' 국경 지역에 가려면 중국 국방부와 외무부의 허가까지 필요하다. 그나마 아무 때나 들어갈 수 있는 것도 아니다. 달라이라마(Dalai Lama)가 망명하고 티베트 민중이 봉기했던 3월이라든가 중국 건국 60주년 행사나 공산당 전국대표대회 등 특별한 시기에는 외국인의 여행이 곧잘 금지된다.

반면 중국인은 자유롭게 여행할 수 있다. 외국인에게는 엄격한 제한을 두고 중국인에게는 자유로운 활동을 허가하는 곳. 주민의 90퍼센트가 티베트족이며, 1951년에야 중국에 병합되어 중앙정부가 아직 완전히 소화를 시키지 못한 곳, 티베트다.

티베트자치구의 약칭은 '저장할 장(藏)'자다. 티베트 남부의 곡창지대 '짱' 지역의 이름에서 나왔다. 중국인들은 티베트인을 서강(西羌) 유목민들의 후예로 보았고, 티베트를 '시짱(西藏, 서장)', 티베트족을 장족(藏族)이라 부른다.

세계 최고봉 에베레스트산(Everest山, 해발 8848미터)이 중국 티베트와 네팔의 국경을 나누고, 히말라야산맥이 티베트와 인도·부탄의 국경을 가른다. 평균 고도 4500미터, 넓이 250만 제곱킬로미터의 티베트고원은 세계에서 가장 높고 넓은 평원이다. '세계의 지붕' 티베트고원[1]은 북극, 남극과 더불어 세계의 극지라 하여 '제3극'이라고 불린다. 날씨도 혹독하여 "장 탕을 지나가는 여행자는 한쪽 뺨에 화상을 입고, 다른 뺨은 동상에 걸린다."[2]는 티베트 속담이 있을 정도다. 높은 산이 극히 추워서 동상을 입는 동시에 강렬한 자외선에 노출되기에 화상을 입는다는 뜻이다.

이처럼 극한 환경에서 살아가는 것은 쉬운 일이 아니었다. 그래서 티베트고원의 사람들은 수는 적어도 강인했다. 이들은 주로 유목을 했지만, 신석기 시대에 농경에도 성공했다. 농민들은 비교적 저지대인 중부 지역(평균 고도 3700미터)에서 추위에 강한 보리를 경작했다. 이들의 정착촌은 점차 도시를 이루었고, 결국 티베트고원의 중심지가 되었다.

너무나도 광활한 땅에 희박한 인구. 더욱이 이들은 유목으로 여기저기 옮겨 다니는 거친 사람들이다. 중앙의 행정력이 쉽사리 닿지 않고, 지방 여기저기에 크고 작은 집단들이 흩어져 살았다. 약한 중앙집권력은 티베트 역사의 중요한 특징이다.

토번국, 당나라를 위협하다

티베트는 열악한 환경을 딛고 느리지만 꾸준히 발전을 거듭했다. 티베트고원에는 오랫동안 여러 크고 작은 나라가 난립했다. 6세기에 이르자 샹슝(象雄, 상융)·숨파(蘇毗, 소비)·토번 삼국이 중남부의 패권을 다투었고, 선비족의 토욕혼(吐谷渾)이 북부(지금의 칭하이 일대)를 다스렸다.

630년 토번의 국왕 남리손챈(Nam-ri srong-btsan)이 독살당하자, 열세 살의 소년 손챈감포(Srong-btsan sgam-po)가 토번왕이 되었다. 이때부터 티베트는 크게 변한다. 소년왕 손챈감포는 안으로 반란을 수습하고 밖으로 활발한 대외 정복 사업을 벌였다. '티베트의 광개토대왕' 손챈감포는 티베트 일대를 제패했을 뿐만 아니라, 당 태종을 압박해서 문성공주(文成公主)와 결혼했다.

토번의 약진은 멈추지 않았다. 670년 토번은 당나라의 침공을 격파했고, 안사의 난으로 당나라가 쇠약해지자 763년 당나라의 수도 장안을 점령해서 꼭두각시 황제를 세우기까지 했다. 토번의 장수왕 치송데첸(Khri-srong iDe-btsan)은 티베트고원뿐만 아니라 북으로 비단길, 남으로 네팔·인도 북부, 동으로 간쑤·쓰촨·윈난·산시 서부 지역까지 판도를 넓혔다.

당나라는 토번과의 분쟁을 끝내고 싶었지만, 토번이 조공을 바치는 '신하의 나라'임을 맹약하길 원했다. 그러나 치송데첸은 티베트가 당나라의 신하가 아니라 당나라와 혼인 동맹을 맺은 동등한 관계임을 강조했다. 결국 822년 토번은 당나라와 분쟁을 끝내며 당번회맹비(唐蕃會盟碑)를 세웠다. 당번회맹비는 당나라와 티베트가 각각 동쪽과 서쪽을 지배하는 대등한 세력이었음을 말해준다.

> 티베트와 중국 양자는 현재 지배하고 있는 영토와 경계를 유지하여, 동쪽 전체는 중국의 영토, 서쪽 전체는 확실하게 대 티베트의 영토로 삼고 이제부터 서로 논쟁이나 전쟁을 하지 않으며, 경계를 침범하지 않고, …… 티베트는 티베트 자신의 나라에서, 중국은 중국에서 평화로울지라.[3]

그러나 치송데첸은 오늘날 티베트인들에게 영토를 최대로 넓힌 왕이 아니라 불교를 널리 전파한 왕으로서 더욱 유명하다. 신라의 혜초대사(慧超大師)가 여행할 때만 하더라도, 토번은 "국왕과 백성 모두 불교를 모르고, 절도

309

시짱자치구 西藏自治區

없"었다.[4] 당시 티베트 일대에는 샤머니즘 토착 종교인 본교(Bon敎)가 주류였다. 그러나 손챈감포의 왕비인 문성공주가 조캉 법당을 지은 이래 불교는 꾸준히 전파되었고, 치송데첸은 인도의 고승 샨티라크시타, 파드마 삼바바를 초청하며 대대적으로 불교를 포교했다.

779년 티베트 최초의 절인 쌍예쓰(桑耶寺, 삼예사)가 완공되었고, 794년에는 인도 불교 승려들이 중국 불교 승려들에게 3년간의 논쟁에서 승리하며 티베트는 인도 불교의 나라가 되었다. 그러나 이때의 불교는 지배자를 옹호하고 찬양하는 지배자의 불교였다. 부유한 승려는 민중과 본교의 반감을 샀다. "가짜 중에게도 머리 숙여 인사하라.", "스님을 손으로 가리키는 자는 그 손가락을 잘라라. 스님을 삐딱하게 쳐다보는 자는 그 눈알을 뽑아라."[5]라며 불교를 지나치게 떠받들던 랄파첸(Ralpachen) 왕이 암살당하고 랑다르마(Langdarma) 왕이 즉위하자 불교는 대대적으로 탄압받았다. 랑다르마 왕마저 암살을 당하자, 토번은 내전과 반란에 시달리다 결국 842년에 멸망했다.

비록 왕국은 멸망했지만, 불교는 탄압 속에서 기적적으로 부활했다. 쭉정이 승려들이 일소되고, 참된 승려들이 민중과 함께 울고 웃으며 불교를 전파했다. 티베트 불교는 지배자의 종교에서 민중의 종교로 거듭나며 진정한 생명력을 얻었다.

한편 혜초가 인도를 여행할 때 목격한 것처럼, 인도에서는 이슬람의 영향력이 점점 더 커졌다. 10세기에 이르러 이슬람 세력이 불교 사원을 파괴하자, 인도 승려들이 주변 여러 나라로 도망쳤다. 이때 인도 주변에서 최대의 불교 국가가 된 티베트는 정통 인도 불교의 법맥을 이어받았다고 할 만했다.

그러나 불교는 중흥하면서 다시 타락의 늪에 빠져들었다. 사원이 지역의 중심이 되다 못해 아예 지방 호족화되었다. 여러 종파가 갈렸고, 종파끼리 교리의 차이를 명분으로 내세웠지만 실상은 정치·경제적 문제로 싸웠다. 14대 달라이라마 텐진 갸초(Tenzin Gyatso)도 이 점을 순순히 인정했다.

"가장 나쁜 점은 그들이 그렇게 염려했던 것들이 진정한 종교가 아니라는 것입니다. 큰 사원을 짓는 것이나 큰 불상을 만드는 것처럼 모든 것을 그저 크고 화려하게 하는 데만 신경을 썼을 뿐이지요."[6]

몽골의 등장, 달라이라마의 탄생

사원 호족 사회로 분열되어 있던 티베트에 몽골제국이 찾아왔다. 인구가 적은 몽골족은 현지 세력이 적대적이지 않는 한 현지 세력을 우대했다. 몽골제국은 티베트가 불교 문화권임을 간파하고 여러 티베트 불교 종파 중에서 사캬파(Sakya派)를 통치의 파트너로 삼았다. 몽골제국이 사캬파를 통제하고, 사캬파가 티베트를 관할하는 간접 통치 방식이었다.

티베트 불교는 처음에는 정략적 파트너에 불과했지만, 무속 신앙 단계에 머물러 있던 몽골제국은 점차 티베트 불교에 감화되었다. 쿠빌라이칸은 파스파('Phags-pa)를 국사(國師)로 모셔서, 세속적인 자리에서는 파스파가 쿠빌라이에게 절했지만, 종교적인 자리에서는 쿠빌라이가 파스파에게 절했다.

사캬파에 심취한 쿠빌라이는 모든 티베트인에게 사캬파 외의 다른 종파를 믿는 것을 금지하려 했다. 그러자 파스파는 강력히 반대했다. "어느 종파를 믿을 것인가는 자기 선택에 맡겨야 합니다."[7] 이 일화만 보더라도 파스파는 덕망 높은 고승임을 알 수 있다. 그러나 세계 최대의 제국이 후원하는 종교가 부패와 타락의 유혹을 견디기란 힘들었다.

더욱이 사캬파는 밀교(密敎)의 영향을 강하게 받는 종파였다. 밀교는 육체를 깨워 정신을 깨우려 했다. 이에 따라 호흡과 명상을 중시하는 요가를 수행했고, 더 나아가 좌도밀교는 음양 합일의 쾌락을 통해 해탈에 이르려 했다. 물론 좌도밀교는 이 무상요가가 위험한 수행이므로 훌륭한 스승의 인도

를 받아야 한다고 강조했지만, 사이비 승려들이 강간과 난교 파티의 수단으로 삼기 쉬웠다.

몽골제국이 남송을 멸하고 중국을 통치하면서, 티베트 불교와 중국은 깊은 악연을 맺었다. 중국인이 보기에, 티베트 승려들은 몽골족의 앞잡이였고, 괴상한 교리를 주장하며 부녀자를 강간하고 착취를 일삼았다.

티베트 승려 양련진가(楊璉眞伽)가 "남송 여섯 황제의 능을 파헤쳐 시체를 꺼내어 머리와 몸을 잘라 각각 따로 두어야 다시는 송나라가 부흥하지 못합니다."라고 말하자, 몽골군은 남송 황제의 여섯 개 황릉과 중신·귀족의 묘 100기를 파헤쳤다. 양련진가는 묘에서 나온 귀한 보물을 챙겨 큰 부자가 되었고 중국인들의 공분을 샀다.

몽골제국이 붕괴하며 티베트에서도 다른 종파들이 들고일어났다. 타락한 사캬파에 염증을 느낀 티베트인들은 깨끗한 겔룩파(Gelug派)에 호감을 느꼈다. 겔룩파는 체계적으로 교리를 익히고 엄격한 계율을 준수했다.

꽤 오랜 세월 동안 몽골과 티베트는 각자의 길을 걸었다. 그러나 1578년 겔룩파의 지도자 소남 갸초(Sonam Gyatso, 3대 달라이라마)와 몽골고원을 제패한 알탄칸(Altan Khan)이 만나면서, 티베트와 몽골은 다시 제휴한다. '달라이라마'라는 호칭도 몽골의 알탄칸이 선사한 것이다. 몽골과 티베트의 제휴는 성공적이었다. 몽골은 티베트 불교를 보급하며 단결력을 높였고, 티베트는 강력한 군사동맹을 얻었다. 청나라는 무서운 맞수 몽골족을 회유하기 위해 티베트와 친하게 지냈다.

5대 달라이라마 걀와 나왕 롭상 갸초(Ngawang Lobzang Gyatso)는 티베트를 중흥기로 이끌었다. 그는 온갖 종파와 사원으로 분열된 티베트를 재통일하고 신정국가(神政國家)의 수장이 되었다. 달라이라마가 티베트의 종교뿐만 아니라 행정과 군대마저 좌지우지하는, 티베트의 최고 지도자가 된 것이다.

5대 달라이라마는 손챈감포 궁전 터 위에 포탈라궁을 지었다. 티베트인들은 티베트 최고의 영웅 손챈감포를 관세음보살의 화신으로 여겼다. '포탈라카'는 관세음보살이 사는 산이다. 따라서 포탈라궁은 관세음보살을 모시는 곳이며, 관세음보살의 화신이자 티베트의 영웅인 손챈감포를 계승하는 곳이다. 종교·정치·역사적 의미가 중층된 포탈라궁은 '신왕(神王) 달라이라마의 궁전'이며 티베트의 상징이다. 1645년 중세 시대에 완공되었지만, 117미터 13층 높이로 주위를 압도하는 박력을 자랑한다. 서양인들은 포탈라궁을 '수직의 베르사유궁전', '동양의 교황청'이라 부른다.

광활한 티베트고원을 아우르고 강력한 몽골족이 우러러보는 5대 달라이라마는 청나라에도 중요한 전략적 파트너인 동시에 흠모의 대상이었다. 1652년 순치제는 5대 달라이라마를 초청해서 베이징 교외까지 몸소 나가 마중했다. 순치제는 달라이라마와 나란히 방석에 앉아 차를 마시며 이야기를 나누었고, "서방에서 스스로 대자대비하신 부처이시며 천하 불교를 다스리시는 와치르다라 달라이라마"라고 만주어·몽골어·티베트어·중국어로 쓰인 금책(金冊)을 선물했다.[8]

그런데 만주와 몽골이 대립하면서 청나라와 티베트의 관계도 나빠졌다. 신장 중가르 초원에서 갈단이 일어나 몽골고원을 규합하자, 강희제는 전력을 기울여 맞섰다. 티베트는 이때 중립인 척했지만, 속으로는 오랜 우방인 몽골을 지원했다. 1720년 청나라는 라싸에 3000 병력을 주둔시켰고, 1757년에는 중가르를 멸망시켰다.

티베트, 깊은 잠에 빠지다

그래도 티베트는 여전히 청나라에 우대받았다. 티베트 불교에 심취한 건륭제는 자신을 쿠빌라이의 환생이며 문수보살의 화신으로 여겼다. 막강한 제

국 청나라의 후원을 받는 티베트는 무사안일주의에 빠졌다. 티베트는 어떤 일이 생겨도 '문수보살 황제가 허락해야 한다'며 스스로 움직일 생각을 하지 않았다.

달라이라마의 환생 제도도 티베트의 발목을 잡았다. 전대 달라이라마가 죽으면 그 환생인 아이를 후대 달라이라마로 삼았다. 그러나 어린아이가 어떻게 통치를 하겠는가? 아이가 클 때까지 티베트 불교의 2인자 판첸라마(Panchen Lama)가 섭정으로서 대신 통치하고, 어린 달라이라마를 교육시켰다. 그 결과를 보자.

9대 달라이라마 11세 급사

10대 달라이라마 22세 급사

11대 달라이라마 18세 급사

12대 달라이라마 20세 급사[9]

왜 이들은 급작스레 돌연사했을까? 하필이면 직접 통치가 가능한 20세 전후의 한창 나이에? 권력을 놓고 싶지 않은 섭정들이 달라이라마들을 독살한 것이 아닐까? 티베트에서 독살은 오랜 전통에 가깝다. 오죽하면 손챈감포의 신하들이 "음식에 절대로 손을 대거나 독을 섞지 않으리라!" 하고 충성을 맹세했겠는가?[10]

현 14대 달라이라마는 독살설을 완강히 부인하지만 그사이 섭정들이 국정을 농단한 것만큼은 인정한다. "부패했을 뿐 아니라, 섭정들은 나라 밖 세계가 어떻게 돌아가는지 아무런 경험도 없었습니다."[11]

세계가 급변하고 있는 동안, 티베트는 깊은 잠에 빠졌다. 영국은 인도·스리랑카·버마(1989년 6월 이후에는 미얀마) 일대를 석권해 1877년 인도제국을 수립했다. 1878년 티베트에서는 네 살의 13대 달라이라마 툽텐 갸초(Tubten

Gyatso)가 포탈라궁 사자좌에 앉았다. 인도에서 산맥 하나만 넘으면 바로 티베트였다. 영국은 인도 캘커타, 티베트, 중국 쓰촨성을 철도로 이어 인도와 중국을 석권할 야심을 품었다.

1904년 영국군은 칼과 화승총만 가진 티베트 민병대를 기관총으로 간단히 학살하고 라싸를 점령했다. 13대 달라이라마는 1904년 영국군을 피해 몽골로, 1910년 청나라를 피해 다시 인도로 가서 총 8년의 망명 생활을 했다. 인도의 근대화는 달라이라마에게 신선한 충격을 주었다. 30대 청년 달라이라마는 동물원에 열광했고, 전화가 신기한 나머지 용건이 있어 전화를 거는 게 아니라 전화를 걸기 위해 용건을 만들었다.

1911년 신해혁명 후 청나라가 붕괴할 때, 차롱 다쌍 담둘(Tsarong Dazang Dramdul) 장군이 티베트 군을 지휘해 중국군을 몰아냈다. 1912년 티베트로 돌아온 달라이라마는 티베트의 개혁에 온 힘을 쏟았다. 달라이라마는 8년간 몽골과 중국, 인도를 두루 돌아보았다. 이미 세계가 너무나 크게 변했으며, 지금 이 순간에도 급변하고 있음을 너무나도 잘 알았다. 긴 망명 생활을 통해 견문을 넓히고, 고국에 돌아와 지도자가 되어 개혁을 추진한 점에서 13대 달라이라마는 진 문공(晉文公)과 비슷했다. 그러나 티베트와 외국의 격차는 엄청나게 컸고, 특단의 개혁을 하기에 티베트는 지나치게 보수적이었다.

달라이라마는 군대·경찰·법·교육·공장·통신·상업 등 전방위적인 개혁을 추진했다. 개혁은 귀족과 사원 등 기득권의 이익을 침해했다. 사원은 대호족이자 대지주였다. 라싸의 데풍 사원만 하더라도 2만 농민과 1만 6000마리의 가축, 185개 농지와 300개 방목지를 거느리고 있었으나,[12] 세금 납부에는 격렬히 저항했다. 달라이라마가 판첸라마에게 세금을 조금만 내라고 하자, 판첸라마는 아예 중국으로 도망가버렸다. 티베트의 2인자가 중국으로 도망가자, 기득권들은 전면적으로 반발하고 나섰다.

시짱자치구 西藏自治區

끝내 개혁은 좌절되었다. 개혁적 관료는 직위가 강등되었고, 영국식 학교는 폐교되었다. 13대 달라이라마마저 세상을 떠나자, 기득권층은 개혁의 선봉장이던 룽샤(Tsipön Lungshar)의 두 눈을 뽑아 죽여버렸다.

13대 달라이라마의 개혁은 티베트의 마지막 불꽃이었다. 그는 절박한 심정으로 '최후의 유언'을 남겼다.

> 강력한 군대가 있는 …… 최강의 인접 강대국은 인도와 중국이다. 이 때문에 우리 역시 젊고 잘 훈련된 병사들의 효율적인 군대를 필히 유지해야 한다. …… 우리 스스로 지킬 준비를 하지 않는다면 …… 우리는 살아남을 가능성이 거의 없을 것이다.[13]

그러나 권력과 이익에 취한 기득권층은 그의 유언을 귀담아듣지 않았다. 중국이 티베트를 침략할 때마다 공교롭게도 신해혁명, 군벌 전쟁, 일본의 중국 침략 등이 일어나 번번이 좌절되자, 기득권층은 티베트가 부처님의 가호를 받기 때문에 안전하다고 여겼다. 그사이 중국공산당은 이미 국공내전의 승리를 굳혔고, 1949년 10월 1일 중화인민공화국의 설립을 선포했다. 1950년 중국인들이 티베트 동부로 손을 뻗치고 있을 때, 한 신하가 중국의 침략을 우려하자, 궁내 대신은 말했다. "하나도 걱정하실 필요 없습니다. 이곳은 고승과 붓다와 보살의 땅이 아닙니까. 중국군에 대해서는 걱정일랑 붙들어매십시오."[14]

1950년 10월 7일 중화인민공화국의 인민 해방군이 티베트에 들어오고 있을 때, 티베트 정부 고관들은 야유회를 즐기고 있었다. 전방의 장교가 급히 사태를 보고했을 때, 연락받은 하급 관료는 대신들의 야유회를 망칠 수 없다고 답했다. 중국군은 아주 간단히 티베트를 '해방'했다.

허울뿐인 노벨평화상, 계속되는 독립투쟁

티베트는 중국이 물러가게 해달라고 국제연합 총회에 탄원했지만, 그 어떤 강대국도 티베트의 편을 들어주지 않았다. 1950년, 티베트 문제는 한국전쟁 속에 묻혀버렸다. 속수무책으로 티베트는 중국의 지배를 용인할 수밖에 없었다.

초기 중국공산당은 중국과 티베트를 연결하는 길을 닦기 위해 동원된 농민들에게 임금을 지불했고, 약탈 등으로 민간에 피해를 주지 않았으며, 기득권층에게도 새 정부의 직책을 주며 회유했다. 중국의 유화적 조치는 티베트인들의 마음을 누그러뜨렸다.

닫힌 문은 억지로 열렸고, 사회는 변해야 했다. 많은 티베트인은 중국이 새 바람을 불어넣어줄 거라는 기대를 품었다. 14대 달라이라마도 1954년 마오쩌둥을 직접 만나자, "훌륭하고 강력한 혁명가"이고 "타고난 지도자"이며 최소한 "전반생은 국민을 위해 바친 사람"인 "마오 주석을 어느 정도 존경"했다.[15]

당시 중국에서는 새 시대의 활력이 넘쳤고, 산업화와 근대화가 활발히 진행 중이었다. 소년 달라이라마는 새로운 세상을 만들 수 있다는 희망에 부풀었다. 티베트 역사가 체링 샤캬(Tsering Shakya)도 당시 민중들이 공산당의 개혁을 지지했다고 증언했다.

> 티베트 사람들은 중국공산당 간부들에게 완전히 조종당하는 수동적 대행자가 아니었다. 현대화, 진보, 경제를 비롯해 사회 정의에 대한 공산당의 약속은 티베트 사람들이 새로운 사회를 건설할 수 있게끔 고무했다. …… 토지 개혁이 티베트 농민들의 진정한 지지를 받았다.[16]

그러나 상황은 악화되기만 했다. 중국은 티베트고원의 절반이 넘는 부분, 전체 티베트인의 3분의 2가 사는 지역을 칭하이·간쑤·쓰촨·윈난에 쪼개 넣어 티베트자치구를 크게 축소시켰다. 공산당은 인민을 집단으로 묶어 통제했고 유목민에게 정착 생활을 강요했다. 비협조적 부족장과 라마는 반동으로 체포되었고, 종교 활동에도 점점 제약이 많아졌다. 한족의 인구도 급속히 늘었다. 1950~1957년 동안에만 한족 330만 명이 티베트로 이주했다.

티베트인의 불만이 높아지며 무장투쟁이 발생했다. 난리를 피해 네팔이나 인도 등으로 도망친 티베트 난민들도 늘어났다. 1957~1965년 동안 미국 CIA는 티베트 난민촌 젊은이들 가운데 최소한 259명을 훈련시켜 무장투쟁을 이끌도록 했고, 장비 325톤을 지원했다. 그러나 이 지원은 티베트를 해방시키기에는 턱없이 적었고, 티베트 배후에 미 제국주의가 있다는 중국의 의심을 사기에는 충분했다. 중국의 진압은 더욱 강경해졌다.

훗날 달라이라마의 형인 걀로 톤둡(Gyalo Thondup)은 불만을 터뜨렸다.

나는 아직도 CIA가 더 많은 무기를 지원했더라면 티베트 무장투쟁이 성공할 수 있었다고 믿는다. CIA가 그토록 하찮게 지원할 줄 알았더라면 티베트 젊은이들을 결코 (미국) 군사훈련에 보내지 않았을 것이다. 티베트 사람들을 속인 건 마오쩌둥뿐 아니라 CIA도 마찬가지였다.[17]

1959년 3월 10일 중국군은 달라이라마를 연극 공연에 초청하면서 경호대 없이 오라고 요구했다. 달라이라마가 걱정된 라싸 시민 3만 명이 순식간에 모였다. 모여든 이들은 티베트의 독립을 외치기 시작했고, 중국군은 이들을 진압했다. 결국 일주일 뒤 달라이라마는 인도로 탈출하여 다람살라(Dharamshala) 망명정부를 꾸렸다.

1961년 중국군은 공식적인 티베트군 소탕 작전을 끝냈다. 이후 대약진운동과 문화대혁명의 광풍이 불어닥쳤다. 이 시기에는 한족들의 전통문화마저도 거리낌 없이 파괴되었으니, 티베트인들의 전통과 문화, 종교가 지켜질 리 없었다.

그 와중에 심심찮게 촌극도 벌어졌다. 티베트에서는 농작물이 우박을 맞는 피해가 심각해서, 전통적으로 무당들이 우박을 막는 굿을 했다. 그러나 공산당은 굿이 전혀 쓸모가 없으니, 자신들이 우박을 '과학적으로' 막아주겠다고 호언장담했다. "산꼭대기에서 폭약을 터트리면 구름이 흩어져 우박이 내리지 않을 거요." 그러나 구름이 미동도 하지 않자, 공산당은 참신한 주장을 했다. "보리밭에서 마오쩌둥 어록을 외우면 우박을 막을 수 있소." 이 방법마저도 소용이 없자, 공산당은 무당들이 앙심을 품고 저주를 했기 때문에 마오 주석의 영도력이 발휘되지 못한 거라고 하면서 무당들을 탄압했다.[18]

문화대혁명이 끝나고 1979년 덩샤오핑이 개혁개방을 선언하며 분위기가 호전되었다. 자유파인 후야오방(胡耀邦, 호요방)과 자오쯔양(趙紫陽, 조자양)은 티베트에 대해 동정적이었고, 덩샤오핑도 외자 유치를 위해서 중국이 달라졌음을 보여줄 필요가 있었다. 이미지 변신을 위해 티베트에도 유화 조치가 취해졌다.

1988년 12월 정계의 샛별 후진타오가 신임 시짱자치구 제1서기를 맡자마자 사건이 터졌다. 1989년 1월 17일 티베트의 2인자 판첸라마가 대담한 연설을 했다. "중국공산당이 티베트에 들어와 인민해방을 시킨 이후에 발전이 있었던 것은 분명하지만, 사실 이런 발전으로는 얻은 것보다 잃은 것이 더 많습니다."[19]

불과 열흘 후 판첸라마가 급사하자, 티베트인들 사이에서는 판첸라마가 독살당했다는 소문이 퍼졌다. 3월 5일 티베트인들이 중국군과 충돌을 일으켰고, 3월 7일 중국 정부는 티베트에 계엄령을 선포, 계엄 상태를 18개월이나 유지했다. 3월 5일부터 8일까지 256명이 사망했고 1000명이 체포되었

다. 덩샤오핑은 후진타오의 과단성에 강한 인상을 받았고, 후일 장쩌민(江澤民, 강택민)의 후계자로 점찍는다.

1989년 6월 4일 인민 해방군은 톈안먼의 평화 시위자들을 진압했다. 덩샤오핑은 인민들에게 경제적 자유는 허락하되, 정치적 자유는 허용하지 않음을 분명히 했다. 그해 말 14대 달라이라마는 노벨평화상을 수상했다. 그러나 세계는 상징적 인물인 달라이라마에만 주목할 뿐, 티베트의 독립을 적극 지지하지는 않았다. 2004년 뉴욕 국제연합 본부 앞에서 티베트 청년 셋이 32일이나 단식투쟁을 벌였다. 그중 한 명은 티베트 비폭력 투쟁에 대한 무관심에 불만을 터뜨렸다. "폭탄으로 사람들을 죽이지 않았다고 아무런 관심도 주지 않아서야 되겠습니까."[20]

2006년 라싸를 찾은 작가 박근형은 현지 티베트인에게 말했다. "라싸는 조용해요. 사람들도 잘 살고 있어요. 아무 문제가 없는 것 같아요." 그러자 티베트인은 말했다. "당신처럼 한 달 이내 머물다 가는 외국인은 그렇게 느낍니다. 하지만 1년 이상 라싸에 사는 외국인들은 모두 이상함을 느낍니다. …… 중국 모든 경찰과 군부대는 반드시 이름을 새긴 간판이 있습니다. 그러나 티베트는 저렇게 간판도 없는 장소가 많습니다. 저런 곳에서 지금 무슨 일이 벌어지고 있는지 저도 모릅니다. 그리고 라싸에 계시는 동안 언제나 조심하세요. 라싸와 시쩨는 감시자가 많습니다. 그 감시자는 제 친구일 수도 있습니다."[21]

불과 2년 뒤인 2008년, 베이징 올림픽이 열리는 해였다. 티베트인에게 특별한 날인 3월 10일, 라싸 조캉 사원에서 승려 15명이 티베트 독립을 요구하는 평화 시위를 벌였다. 경찰이 이들을 무력으로 진압하자 분노한 티베트인들이 티베트 전역에서 일주일간 시위를 벌였다. 중국군의 유혈 진압으로 최소한 130명이 죽은 것으로 추정된다. 한 티베트인은 당시의 참상을 한마디로 증언했다. "장갑차가 시내를 달리며 기관총을 난사했습니다."[22]

중국 정부는 매우 단호한 태도를 보인다. '티베트 문제는 종교 문제도 인권 문제도 아니고, 오직 중국의 종주권과 영토 보존 원칙에 관한 문제'이며,[23] '분열과 반분열의 투쟁'이다. 이에 달라이라마는 응수한다. "중국 정부가 진정한 문제는 중국이 과거에 취했던 대우에 대한 600만 티베트 사람들의 분개와 깊은 불만족이라는 것을 깨닫지 않는 한, 아무것도 해결되지 않을 것입니다."[24]

티베트를 둘러싼 양극단의 이미지

중국 친구는 내가 중국을 여행하며 글을 쓰고 있다는 이야기를 듣고 말했다.
"티베트도 꼭 가보고 글을 써줘. 중국인이 티베트에 대해 쓴 글은 많은데, 외국인이 쓴 글은 거의 없어서 외국인의 시각이 궁금해."
나는 속으로 생각했다.
'외국인이 쓴 티베트 책은 엄청나게 많지. 다만 중국 정부가 중국에서 출판·판매하는 걸 허용하지 않을 뿐이지.'
중국인이 쓴 티베트에 대한 글은 정말 '그 밥에 그 나물'이다. 아름다운 자연과 순박한 티베트인에 대한 예찬이 전부다.

새파란 하늘과 유유히 떠다니는 구름 아래 광활한 설산의 고원에 진주처럼 흩어져 깃발을 휘날리고 있는 사원들과 진지하고 명랑한 장족 민중, 그리고 신기한 자연과 인문 경관은 티베트 사회 발전의 귀중한 재산이 되고 있다.[25]

중국은 공식적으로 티베트의 밝은 면만 애써 강조한다. 그러나 공식 이데올로기와는 다르게 중국인들이 실제로 가서 만나본 현지 분위기는 그리 따

스하지 않다. 쑨수윈(孫淑芸, 손숙운) PD는 BBC 다큐멘터리 촬영을 위해 티베트에서 1년 동안 살았다. 그녀가 한 티베트 식당에서 피자를 시키자 1시간이 넘도록 나오지 않았다. 겨우 나온 피자는 돌덩이처럼 딱딱했다. 쑨수윈이 항의하자 티베트 여주인은 쏘아붙였다.

"돈이 없으면 차라리 우리 식당에 오지 마세요. …… 주변에 싸구려 중식당이 많이 있잖아요. 아니, 차라리 고향으로 돌아가는 게 어때요? 누가 여기 오라고 했나요? 우리는 당신을 원치 않아요. 나가주세요."[26]

그래서 많은 중국인은 신장·티베트인들을 "흉(凶, 사납다, 흉악하다)하다."고 말한다. 중국의 공식 채널은 티베트를 순수하고 아름답다고 말하는 반면, 민중 사이에서는 무섭고 야만적이라는 말이 돈다. 양극단의 이미지가 다른 채널에서 비춰진다.

중국이 티베트를 '해방'한 지 70년이 되어간다. 중국은 한족 중심으로 티베트를 관리했다. 외지에서 온 한족이 채용되고, 한어(漢語)를 못하는 티베트인은 소외되었다. 중국 정부는 한족이 티베트로 이주할 경우 이주 정착비를 지원하고 취업을 알선했다. 티베트에서 한족 인구가 급속히 늘었다. 2010년 현재 시짱자치구의 인구는 300만 명이고, 그중 티베트족이 약 271만 명(90.48퍼센트)이며 한족은 24만 명(8.17퍼센트)이다. 그러나 2000년 자치구의 중심지 라싸시 청관구(城關區, 성관구)의 인구 22만 명 중에서 티베트족은 14만 명(63.0퍼센트)이고 한족은 7만 명(34.3퍼센트)이다. 정치·경제의 중심을 한족이 잠식하고 있다.

쑨수윈은 티베트를 순수하게 좋아했기에 식당에서 박대당한 뒤 눈물을 삼켰지만, 곧 티베트인들의 처지를 이해했다. 티베트의 번화가에 즐비한 상점들은 대체로 중국인의 것이고, 티베트의 특산물이라고 파는 버터·카타·밤디안 등은 사실 티베트 밖에서 만들어 가져오는 것이다. 티베트인들은 상점도 갖지 못하고, 특산물도 만들지 못하며, 외지인들과의 일자리 경쟁에서

도 밀려나고 있다. 물밀듯 밀려들어 오는 외지인 앞에서 생존의 위협마저 느끼고 있다.[27]

중국의 티베트 '개발'은 티베트의 풍경을 크게 바꿔놓았다. 한족 관광객들조차 "티베트에 갈 때마다 너무 많이 달라지고 있다."고 불평을 터트릴 정도다.

포탈라궁 광장은 신성한 장소에서 정치적 장소로 바뀌었다. 독립 시위를 경계하는 군인들이 주둔하고 있다. 티베트를 좋아하는 한족에게도 티베트의 변화는 달갑지 않다. 작가 다빙은 어느날 티베트가 몹시 그리워 찾아갔다. 그러나 정든 벗들은 간 곳 없고, 삭막한 무장 경찰만 남아 있는 티베트는 이미 다빙이 그리워하던 티베트가 아니었다.

…… 라싸 궁가 공항에 도착했다. 다시 그곳에 서자 울먹울먹 말이 나오지 않았다. …… 택시를 타고 셴쭈다오로 향했다. 객잔이 빽빽하게 들어차 있었지만 내가 아는 간판은 하나도 없었다. 핸드폰 주소록을 뒤져 하나씩 모두에게 전화를 걸어봤다. 없는 번호, 없는 번호, 통화중……. 없어, 모두 다 사라졌어. 괴로웠다. 열일곱 강호를 떠돌던 시절부터 시작해 십수 년 만에 처음으로 사고무친이 된 느낌이 들었다. 가지 못하는 곳은 없었다. 다만 더 이상 돌아갈 곳이 없을 뿐이었다.[28]

현실은 옳고 그름을 초월한다. 14대 달라이라마조차 중국이라는 현실을 부정할 수 없어 티베트 독립 아닌 자치를 주장할 뿐이다. "저는 독립을 추구하는 것이 아닙니다. 진정한 종류의 자치를 추구할 뿐입니다."[29]

낙천적이고 배포가 큰 티베트인들은 "수미산을 겨자씨 안에 넣어도 겨자씨는 끄덕도 하지 않는다."[30]고 말하며 묵묵히 오늘을 살아간다. 내일의 티베트는 어떤 모습일까? 티베트 속담은 말한다. 미래는 결코 알 수 없는 것이라고. "내일과 내세 중 어느 것이 먼저 찾아올지 우리는 결코 알 수 없다."[31]

칭하이성

青海省

티베트 아닌 티베트

❶ 난찬쓰 북송 시대에 세워진 선종 사찰이지만, 현지화의 영향으로 티베트 불교의 오색기가 달려 있다.
❷ 만다라 파편 티베트 불교의 세계관을 보여주는 도금한 동 만다라 파편.
❸ 몽골식 천막 관광객의 숙박을 위한 몽골식 천막 단지.

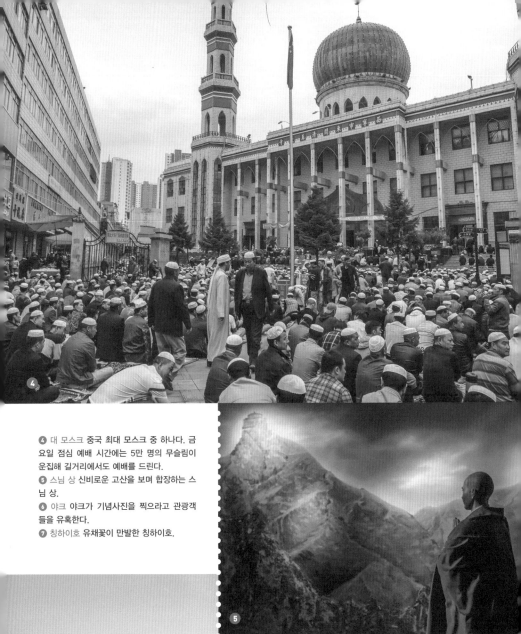

❹ 대 모스크 중국 최대 모스크 중 하나다. 금요일 점심 예배 시간에는 5만 명의 무슬림이 운집해 길거리에서도 예배를 드린다.
❺ 스님 상 신비로운 고산을 보며 합장하는 스님 상.
❻ 야크 야크가 기념사진을 찍으라고 관광객들을 유혹한다.
❼ 칭하이호 유채꽃이 만발한 칭하이호.

중국 최대의 호수 칭하이호가 있는 곳. 티베트 고원의 티베트 문화, 간쑤·쓰촨의 중국문화, 네이멍구의 몽골문화, 신장의 이슬람문화가 교차하는 이곳에서 각양각색의 사람들이 마주쳤다. 토번과 당나라가 싸운 충돌의 무대이기도 했고, 토번의 송첸감포 대왕이 당나라의 문성공주를 맞이한 만남의 무대이기도 했다. 이 땅에서 태어난 종카파는 티베트 불교 최대의 종파인 겔룩파를 창시했고, 한 시골 소년은 14대 달라이라마가 되었다. 사방에서 사람들이 모여들고, 사방으로 아낌없이 물줄기를 보내주는 곳. 칭하이에서 발원하는 황허·창장·메콩강은 오늘도 수많은 사람들의 생명수가 되어주고 있다.

칭하이호(靑海湖, 청해호)로 가는 버스 안에서 미국인 유학생을 만났다. 그녀는 칭하이에서 4년 동안 중국어를 전공할 거라고 했다.

"중국어 전공이라면, 표준어를 구사하는 베이징에 가는 게 낫지 않아?"

"베이징은 공해가 심하잖아."

동부 해안 지역의 정반대편, 서부 고산지대인 칭하이. 무지막지한 개발의 손길이 덜 닿았기 때문에 비교적 깨끗한 자연이 남아 있는 곳. 자연을 좋아하는 서양인의 취향에 어울릴 만하다.

"칭하이호에 가는 건 이번이 처음이야?"

"아니, 2주 전에 갔어."

"와, 넌 정말 칭하이호를 좋아하는구나."

"응, 아름다운 곳이잖아. 가능하다면 매주 가고 싶어."

중국 최대의 호수인 칭하이호. 역시 칭하이성(靑海省, 청해성)의 대표적인 명소답다.

칭하이성의 약자는 '푸를 청(靑)' 자다. 칭하이성이란 이름은 칭하이호에서 따온 것이다. 칭하이호는 면적이 4489제곱킬로미터[1]로 중국 최대의 호수다. 서울시(605.18제곱킬로미터)의 7.4배, 경기도(약 1만 제곱킬로미터)의 44.8퍼센트에 해당하는 넓이다. 칭하이호는 클 뿐만 아니라 매우 영롱하고 푸르러, 중국어로 '칭하이(靑海, 푸른 바다)', 몽골어로 '코코노르(Koko Nor, 푸른 바다)'라는 이름이 생겼다.

칭하이성은 티베트의 북부 고원 지역이다. 매우 삭막한 곳일 것 같지만, 곳곳에 호수가 있고 물이 흐른다. 중국의 젖줄 황허와 창장, 윈난성을 거쳐 동남아의 젖줄이 되는 란찬장(메콩강 상류)이 바로 여기 칭하이에서 시작된다.

칭하이성은 광활하다. 신장, 시짱, 네이멍구에 이어 중국에서 네 번째로 큰 성이다. 광활한 고원은 유목에 적합하다. 티베트의 북쪽 지방이라 '암도(Amdo)'라고 불리지만, 몽골·신장의 유목민, 간쑤·쓰촨의 중국인, 신장·간쑤의 후이족과 접촉이 잦았다. 그래서 칭하이는 티베트 문화권이면서도 독특하고 다양한 색채를 띠게 되었다.

황허와 창장은 중국 문명의 양대 원류다. 중국인들은 이토록 큰 강이 어디서 오는지 늘 궁금해했다. 이백은 "그대는 보지 못하였는가? 황허가 하늘에서 내려와 바다로 흘러 다시는 돌아오지 못하는 것을[君不見, 黃河之水天上來, 奔流到海不復回]."이라고 노래했고, 굴원(屈原)은 "(창장의) 물이 동쪽으로 흘러도 가득 차지 않으니, 누가 그 연고를 아는가?"라고 찬탄했다.

중국인에게 서역이 그토록 신비로웠던 이유는 해가 지는 신비의 땅일 뿐만 아니라, 중국인의 일상을 지탱해주고 중국 문명을 낳은 황허와 창장이 오는 곳이기 때문이었다.

한 무제는 황허의 발원지를 찾도록 명령했다. 개인적으로는 서왕모를 만나 불사의 복숭아를 먹고, 국가적으로는 황허의 발원지를 관리해 치수(治水)를 하기 위해서였다.

황허의 발원지인 칭하이성에 살았던 이들을 중국인들은 강족(羌族)이라고 불렀다. 간쑤·칭하이 일대에 살았던 강족은 몽골고원의 흉노와 교류가 잦았다. 흉노 토벌을 일생 최대의 과업으로 삼은 한 무제는 '호(胡, 몽골족)와 강(羌, 티베트족)이 통하는 길'인 간쑤성 허시주랑을 장악해 호와 강의 연계를 끊고, 흉노의 중요한 근거지를 빼앗았다.

'사이를 정벌해 새 땅을 얻고 영역을 넓힌다[征伐四夷, 開地廣境].'는 한 무제의 대외 확장 정책은 간쑤 일대에 거주하던 강족의 생존권을 위협했다. 한나라 군대가 대규모로 둔전을 실시하며, 간쑤에는 긴장이 감돌았다. 한나라는 강족을 오랑캐로 보았고, 언제 반란을 일으킬지 모른다는 의심을 거두지 않았다. 더욱이 한나라 말기에는 부패한 관료들이 가혹한 수탈을 일삼았다.

사마광도 한나라 말기 강족의 처지에 동정을 금치 못했다.

만이융적이 비록 이민족이기는 하나 이익을 좇고 해를 피하며 삶을 좋아하고 죽음을 싫어하는 것은 우리와 하등 다를 바가 없다. …… 만일 치도(治道)가 도리에 맞지 않는다면 설령 화하(華夏)의 한인(漢人)일지라도 봉기하지 않을 수 없었을 터인데 어찌 능히 이들을 모조리 없앨 수 있겠는가.[2]

토욕혼 대 토번, 토번 대 당나라

이때 많은 강족이 칭하이의 티베트고원으로 넘어왔다. 5호16국 시대는 여러 유목민족이 발흥한 대파란의 시대였다. 몽골과 만주, 중원을 휩쓸던 이들은 티베트고원까지 왔다. 선비족 모용토욕혼(慕容吐谷渾)은 칭하이에서 강족과 연합해 토욕혼국을 세웠다. 토욕혼은 토번과 당나라 사이에서 중개무역으로 부를 축적했고, 티베트 북부를 장악해 위세를 떨쳤다.

그러나 토번의 영웅 손챈감포는 토욕혼을 칭하이에서 몰아내며 티베트고원을 통일했다. 오랜 세월 동안 선비족은 강족과 섞이며 탕구트족이 되었고, 토번에 밀려난 탕구트족은 간쑤와 닝샤 일대에 정착했다. 이들은 먼 훗날 1038년에 대하제국을 건국하고 칭하이의 시닝과 칭하이호 일대를 탈환한다.

638년 토번은 토욕혼 군대를 격파하고, 당나라의 송주(松州, 지금의 쓰촨성 쑹판)를 포위했다. 당 태종은 북쪽의 돌궐, 동북의 고구려에 이어 이제 서남의 토번에 둘러싸인 형국이 되었다. 634년 손챈감포가 당나라 공주와 결혼하고 싶다고 요청했을 때 당 태종은 코웃음 쳤지만, 결국 641년에 문성공주를 시집보냈다. 손챈감포는 칭하이호까지 마중 나와 문성공주를 맞이했다.

우여곡절은 있었지만, 이 결혼은 양국 모두에 이익이었다. 서로의 침입을 걱정할 필요가 없게 되자, 손챈감포는 644년 서부 티베트의 상슝을 공격했고, 당 태종은 645년 30만 대군을 이끌고 고구려를 쳤다. 다만, 손챈감포는 티베트 통일에 성공했지만, 당 태종은 안시성(安市城)을 넘지 못하고 고구려 공략에 실패했다.

당 태종의 고구려 원정은 실패로 끝났지만, 한 사나이를 출세시켰다. 가난한 농민이었던 설인귀(薛仁貴)는 여러 전투에서 공을 세워 밑바닥에서부터 장군이 되었다. 설인귀는 660년 백제의 부여성을 함락하고 668년 고구려의 평양성을 함락시키며 종횡무진으로 활약했다. 그 공로로 설인귀는 고구려 지역을 다스리는 안동도호(安東都護)가 되었다.

손챈감포가 죽은 후, 토번과 당나라는 토욕혼을 두고 싸웠다. 토번은 659년 친당 토욕혼 정권과 당나라 군에 타격을 가했고, 666~670년에는 비단길 도시국가 네 개를 점령했다. 당나라 군대도 667년부터 북부 티베트를 조금씩 잠식해 들어갔다. 670년 마침내 당나라와 토번이 정면 대결했다. 설인귀의 10만 당군과 가르친링 첸드로의 40만 토번군이 칭하이호에서 싸웠다. 설인귀는 토번의 유인작전에 말려들어 전군이 몰살당하는 참패를 겪었다.

당나라의 전선은 두 개로 나뉘었다. 동쪽에서는 신라와, 서쪽에서는 티베트와 싸웠다. 신라는 670~676년 당나라의 집요한 공세를 잘 막아내 나당전쟁을 승리로 이끌었다. 설인귀는 나당전쟁 중 세 번이나 해군을 이끌었으나 세 번 다 패했다. 서쪽의 상황도 좋지 않았다. 토번은 678년 당나라의 18

만 대군을 다시 한 번 몰살시켜, 칭하이호에서 2연승을 기록했다.

결국 당나라는 양쪽 전선에서 모두 물러났다. 710년 당나라는 토번국왕 치쏭데찬(Khri srong sde btshan)에게 금성공주(金城公主)를 시집보내며 화친을 맺었고, 당 현종은 713년부터 '개원의 치(開元之治)'를 시작했다. 토번이 파미르로 진출하자, 중흥기를 맞은 당나라는 747년 고선지의 원정군을 보내 비단길을 장악했다.

그러나 40여 년의 당나라 중흥기는 덧없이 끝났다. 751년 탈라스 전투에서 고선지가 아라비아 군에게 패배했다. 안사의 난이 일어나자, 763년 토번은 칭하이와 간쑤를 장악하고 수도 장안을 한 달 동안 점령하기에 이른다. 당나라는 위구르와 동맹을 맺어 간신히 장안을 되찾았으나, 환관 정치로 몰락해갔다. 821년 토번에 더 이상 신경 쓸 수 없었던 당나라는 토번과 국경 조약을 맺으며 화해했다. "티베트는 티베트의 땅에서, 중국은 중국에서 평화"[3]로운 시대, 중국에서는 당나라, 5대10국, 북송 시대가 지나갔다. 금나라는 송나라의 수도 카이펑을 함락해 북송을 멸망시켰고, 송나라의 피난 정부는 임안(臨安, 지금의 저장성 항저우)에서 남송을 열었다.

남송 시대에는 유목민족 국가가 세력을 떨쳤다. 여진족의 금나라가 만주와 화베이를, 탕구트족의 서하가 오르도스·닝샤·간쑤·칭하이 시닝을, 거란족의 서요가 신장을, 티베트족의 토번이 티베트고원을, 바이족의 대리국이 윈난 일대를 다스렸고, 남송은 화난(華南, 화남) 지방만을 다스렸다. 그러나 이 모든 이들을 쓰러뜨린 세력은 다름 아닌 몽골이었다.

종카파와 겔룩, 몽골과 청나라

몽골의 쿠빌라이는 티베트 고승 파스파를 스승으로 모시며 티베트와 우호

관계를 유지했다. 몽골제국이 선택한 종파인 사카파의 위상은 매우 높았지만, 몽골이 쇠퇴하자 사카파도 수그러들었다. 티베트 최대의 종파인 카담-겔룩파(Kadam-Gelug派)의 탄생에는 칭하이성이 중요한 역할을 했다.

인도의 탁월한 학승 아티샤(Atisa)가 1042년 티베트에 와서 가르침을 폈고, 아티샤의 법통을 카담파가 이어받았다. 카담은 사카와 카규에 밀려 350년간 티베트에서 큰 힘을 발휘하지 못했지만, 1357년 칭하이 시닝에서 태어난 종카파(宗喀派)는 카담을 티베트 최대의 종파 겔룩으로 재탄생시켰다.

종카파는 티베트 전역을 두루 다니며 부지런히 수행했다. 종카파는 불법에 정통했을 뿐만 아니라, 계율을 모범적으로 실천해 많은 사람들의 존경을 받았다. 1409년 1월 1일부터 보름 동안 종카파는 라싸 조캉 앞 광장에서 성대한 법회를 열었다. 티베트인들은 종카파의 설법에 감동했고, 한편에서 먹고 마시며 춤추고 노래했다. 이때 생긴 티베트의 대축제 묀람첸모(Smon lam chen mo, 대기원 법회)는 1959년까지 550년 동안 이어졌다. 종카파의 고향 시닝에는 쿰붐 초르텐(Kumbum Chorten)이 세워져 종카파를 기렸다.

티베트인들은 카담을 '겔룩(계율에 밝다)'이라 불렀고, 겔룩 승려들은 종카파의 정신을 이어받아 불교 교리와 계율을 중시했다. 오늘날 겔룩파는 티베트 불교의 98퍼센트를 차지한다.

겔룩파의 교세 확장은 몽골이 다시 한 번 힘을 쓴 덕분이기도 하다. 1578년 티베트 겔룩파 수장 소남 갸초와 몽골의 알탄칸은 칭하이에서 만났다. 칭하이 회동은 티베트와 몽골 양쪽에 매우 중요했다. 알탄칸은 몽골고원을 새로 제패한 실력자였으나, 칭기즈칸 황금 가문 출신이 아니었다. 몽골에서 칭기즈칸의 권위는 절대적이라 칭기즈칸 가문만이 '칸'을 칭할 수 있었다. 알탄칸은 쿠빌라이가 티베트 고승 파스파를 스승으로 모셨음에 착안해 티베트 불교로 자신의 권위를 세웠다.

알탄칸은 소남 갸초에게 '와치르다라 달라이라마'라는 칭호를 선사했다.

이때, '달라이라마'라는 호칭이 최초로 등장했다. 몽골어 '달라이'와 티베트어 '갸초'는 모두 '바다[海]'라는 뜻이다. 즉, '와치르다라 달라이라마'는 '금강보살처럼 위대한 고승(高僧) 갸초'라는 뜻이다. 이후로 모든 달라이라마의 이름에는 '갸초'가 들어간다.

소남 갸초는 알탄칸에게 '차크라와르 세첸칸', 즉 '불법(佛法)을 보호하는 현명한 호법왕(護法王)'이라는 칭호를 부여하며, 알탄칸이 쿠빌라이의 전생이라고 선언했다. 알탄칸은 칭기즈칸 직계 가문이 아니지만 쿠빌라이의 전생이라고 달라이라마에게 인정받은 덕분에 몽골의 관례를 깨고 칸으로 인정받을 수 있었다.

알탄칸은 몽골인들에게 전생 개념을 주입시키기 위해 티베트 불교를 믿도록 종용했다. 티베트 불교의 교세가 크게 확장되었고 달라이라마의 권위는 더욱 높아졌다. 티베트 불교가 흥하니, 달라이라마가 보증한 칸의 권위도 더욱 공고해졌다. 또한 티베트는 최강 몽골군을 든든한 후원자로 둘 수 있었다. 알탄칸과 소남 갸초는 서로 상대방의 권위를 높여주고 보증해, 티베트와 몽골에서의 권력을 강화시켰다.

칭하이는 티베트와 몽골을 이어주었다. 티베트를 지키러 몽골군이 칭하이에 주둔하기도 했고, 양 지역을 오가던 몽골인들이 칭하이에 정착하기도 했으며, 몽골고원에서 분쟁이 일어나면 몽골족들이 칭하이로 피난을 오기도 했다. 이들은 칭하이 몽골족이 되어 칭하이 인구의 한 축이 되었다.

그러나 만주족의 청나라가 등장하며 티베트와 몽골의 제휴는 깨진다. 청나라는 잠재적 라이벌인 몽골족들을 회유했고, 말을 안 들으면 강경 토벌에 나섰다. 중가르의 갈단이 신장과 몽골 일대를 석권하자, 강희제는 정면 대결에 나서 결국 갈단을 죽였다. 하지만 도망친 중가르 몽골족은 신장에서 재기했고, 티베트는 겉으로는 청나라와 친한 체하면서 중가르와 제휴했다.

티베트와 청나라는 달라이라마의 계승권을 둘러싸고 첨예한 갈등을 빚었

다. 청나라는 티베트의 달라이라마를 칭하이 시닝에 가두고 다른 사람을 달라이라마로 내세웠다. 이때, 중가르는 티베트를 포섭하고자 납치된 달라이라마를 데려오겠다며 라싸에 들어왔다. 티베트인은 처음에는 중가르를 환영했지만, 중가르가 공약을 지키지도 않고 계속 라싸에 주둔하며 물자를 수탈하자 환멸을 느꼈다.

이때 청나라는 칭하이와 쓰촨에서 두 갈래로 군대를 보내 중가르를 축출하고 티베트를 다시 세력권으로 끌어들였으며, 끝내 신장의 중가르 세력을 뿌리뽑았다. 청나라는 달라이라마를 선출할 때 영향력을 행사했고 외교관 격인 암반을 파견했지만, 내정에는 크게 관여하지 않았다.

그럼에도 불구하고 청나라는 티베트를 은근히 경계했고, 티베트를 제어하기 위해 칭하이를 병합했다. 옹정제의 장군 연갱요(年羹堯)에 따르면, 칭하이의 티베트인은 "단지 몽골족을 알 뿐 중국의 민간 통치나 주둔지에 대해서는 전혀" 몰랐지만 이제 "그들은 우리의 백성이며 …… 그들의 땅은 우리의 땅"이 되었다.[4] 더 나아가 연갱요는 만주족과 한족 1만 가구를 칭하이로 이주시켜 몽골족을 약화시키고 정착민으로 만들자고 제안했다.[5] 티베트의 영토를 분할하고 이주민을 정착시키는 등 청나라의 티베트 경영 전략은 훗날 중화인민공화국도 그대로 계승한다.

잃어버린 골든타임

바야흐로 세계는 제국주의의 시대로 치닫고 있었다. 청나라 말기에서 국공내전까지의 시간은 티베트가 근대국가로 변신할 마지막 기회였다. 13대 달라이라마가 티베트를 개혁해보려 고군분투했으나, 기득권층의 방해로 뜻을 이룰 수 없었다.

청나라 말기 산시(陝西)와 닝샤에서 후이족의 반란이 거세게 일어났다. 좌종당이 무슬림 봉기를 진압하면서, 산시와 닝샤에 살던 후이족들이 간쑤와 칭하이로 많이 넘어갔다. 1911년 청나라가 붕괴하자, 후이족 마씨 군벌이 칭하이를 다스렸다. 1928년 북벌을 성공시킨 국민당이 칭하이성을 접수하려 하자, 교활한 마부팡(馬步芳)은 티베트를 도발했다. 1932년 티베트가 칭하이를 공격하자, 국민당은 마부팡에게 칭하이를 격퇴하라고 지시했다.

여기서 13대 달라이라마와 마부팡의 영욕이 갈렸다. 전권을 위임받은 마부팡은 티베트군을 격퇴하고 1949년 중국 인민 해방군이 칭하이에 들어올 때까지 칭하이를 다스렸다. 인민군이 칭하이를 접수할 때, 마부팡은 서아시아로 도망쳤고, 훗날 타이완 국민당 정권의 사우디아라비아 대사로 임명되어 그곳에서 눈을 감는다.

13대 달라이라마는 개혁과 전쟁 모두 소득을 거두지 못한 채 1933년 세상을 떠났다. 1940년 칭하이의 소년 텐진 갸초가 14대 달라이라마로 등극했다.

"티베트 사람들은 이런 이야기를 믿더군요. 중국의 영향력에서 티베트를 해방하려고 평생 동안 싸운 13대 달라이라마가 중국인들의 눈 바로 앞에서 환생해 쐐기를 박으려고 했다고요. '자, 이곳 극동북 지방도 티베트다.' 하면서요."

14대 달라이라마는 토머스 레어드(Thomas Laird)가 전해준 소문을 들어본 적은 없지만, 자신이 달라이라마가 되면서 오랫동안 소원했던 칭하이와 라싸가 다시 친밀해지기는 했다고 말했다.[6]

그런데 전후 맥락을 살펴보면, 13대 달라이라마의 개혁을 성가셔한 기득권층이 세상 물정, 현지 물정을 모르는 어린애를 달라이라마로 뽑아 자기 잇속을 차리려 했던 것으로 짐작된다. 텐진 갸초가 14대 달라이라마로 인정받았을 때, 그는 중국색이 강한 칭하이 시닝 부근 출신이라, 티베트어를 모

칭하이성 青海省

르고 시닝어의 사투리만 알았다. 시닝어 자체가 중국어의 사투리니까, 텐진 가초는 중국어 사투리의 사투리를 말했던 것이다. 가뜩이나 어려서 세상 물정도 모르는데 언어 장벽까지 높으니, 기득권층이 전횡을 일삼기 더욱 쉬웠을 것이다.

실제로 섭정 레팅 린포체는 썩은 기득권층의 전형이었다. 그는 파티와 승마, 여자를 즐겼고, 13대 달라이라마가 간신히 양성한 신식 군대를 해산시켰으며, 반대 세력을 탄압했다. 그의 전횡은 전근대국가 티베트의 국력을 더욱 약하게 만들었다. 1950년 중국 인민 해방군이 티베트로 진격하는 상황에서도, 14대 달라이라마가 요즘 시국에 대해 물어도, 섭정은 일언반구도 없었다. 그러나 중국군이 티베트 5000 병력을 정리하고 라싸 200킬로미터 앞까지 진격하자, 그제야 섭정은 소년 달라이라마에게 모든 책임을 떠넘겼다. "섭정은 제가 책임을 지고 나설 때라고 했습니다. 상황이 점점 어려워지고 있으니 이제 제가 전권을 행사해야 한다고 말했습니다."[7]

중국은 강하고 티베트는 약했다. 아무도 티베트의 편을 들어주지 않았다. 달라이라마는 어쩔 수 없이 침략자인 중국에 협조해야 했다고 뼈아프게 고백했다.

소년이었던 14대 달라이라마는 초기 공산당의 이상주의에 상당히 동조했다. 그러나 공산당은 차츰 본색을 드러냈고, 티베트인들은 독립 투쟁에 나섰다. 긴장이 고조되며 달라이라마의 신변도 위협을 받자, 달라이라마는 결국 인도로 망명, 아직까지도 티베트에 돌아가지 못하고 있다.

14대 달라이라마의 처지는 참으로 딱하다. 국제사회는 달라이라마 개인은 존경하지만, 중국의 심기는 거스르려 하지 않는다. 트럼프조차 타이완의 차이잉원 총통과 전화 통화를 했을 뿐, 티베트에 대해서는 언급도 하지 않았다.

2016년 11월 달라이라마가 몽골을 방문하자, 중국은 몽골 국경을 넘는 화물차에 국경통관비를 징수하고 중국-몽골 회의를 무기한 연기했다. 몽골은 '달라이라마가 다시 오지 못하게 하겠다'고 중국에 약속했다.[8] 몽골은 중국에 대한 감정이 좋지 않고 티베트와 오랜 동맹이었지만, 울며 겨자 먹기로 티베트가 아닌 중국을 선택했다.

달라이라마는 실질적으로 티베트 독립 또는 자치에 대한 압력을 이끌어내지 못한다. 미국의 지지를 받고 인도에서 망명정부를 꾸려야 하는 처지라 오히려 미국과 인도의 눈치를 본다.

인도가 핵실험을 하자, 1998년 부처님오신날에 달라이라마는 인도도 핵무기를 가질 권리가 있다고 말했다. 참으로 부처님오신날과 어울리지 않는 발언이었다.[9] 또한 미국이 아프가니스탄을 공격한 2001년, 달라이라마는 기자회견에서 미국의 폭격 방법을 칭찬했다. "놀랍고 감탄스럽다. 두 차례 세계대전, 한국전쟁, 베트남전쟁과 달리 이번엔 미국이 아주 신중하게 공격 목표물을 골라 시민 희생을 최대한 경계하는 것 같다. 이건 보다 나은 문명화의 신호다."[10]

이 모든 발언이 달라이라마의 진심은 아닐 것이다. 셋방살이하는 사람은 집주인의 눈치를 볼 수밖에 없으니까. 다만 셋방살이 눈치보는 데에 급급한 달라이라마가 과연 언제 자기 집을 다시 찾을 수 있을까?

중국의 탈색 작업

중국은 티베트에 대해 낭만적인 립서비스를 아끼지 않는다.

세상과 격리되어 광활한 대지를 대하면서 살다 보니, 장족 민중은 낭만적 기질과 풍부한 상상력을 갖게 되었고, 순진한 마음과 함께 생활에 만족할 줄 아

는 낙천적 성격을 갖게 되었다. …… 장족 민중은 이런 자연환경 속에서 자연의 계시를 받아 영혼을 정결하게 유지하며 밝고 명랑한 마음으로 편안하고 안정된 생활을 누리기 때문에 다툼을 모른다.[11]

특히, 비교적 안정적인 칭하이 같은 경우는 "외지인의 천국"이라느니 "오래전부터 타지 사람들을 포용해온 이 지역 사람들의 가슴은 마치 푸른 바다처럼 넓고 그 기량은 초원처럼 광활하다"느니[12] 너스레를 떤다. 칭하이와 티베트에 많은 외지인들을 끌어들여 한화(漢化)시키려는 중국 정부의 속내가 엿보인다.

앞에서 말했듯이, 칭하이는 신장과 시짱, 네이멍구자치구에 이어 중국 4위의 면적을 자랑한다. 그러나 인구는 본토에서 시짱 다음으로 두 번째로 적은 곳이다. 시짱보다 접근성이 좋아 한족의 이주도 더 쉽다.

시짱은 아직까지 티베트족이 인구의 90퍼센트를 차지한다. 그러나 칭하이성의 주류는 이미 한족이다. 2010년 현재 칭하이성 562만 인구 중 한족이 54퍼센트, 티베트족이 21퍼센트, 후이족이 16퍼센트를 차지한다. 칭하이성의 성도 시닝시의 인구는 220만 명으로 칭하이성 인구의 39.25퍼센트나 차지한다. 그중 한족이 163만 명(74.04퍼센트), 후이족이 35만 명(16.26퍼센트), 티베트족이 12만 명(5.51퍼센트)을 차지한다. 한족이 압도적 지배력을 자랑하고, 후이족의 수가 오히려 티베트족을 앞선다.

중국의 손길이 미치며 개발도 많이 되었지만 환경 파괴도 무시할 수 없다. 커커시리(可可西里, 가가서리)에는 100만 마리의 영양이 살았지만 밀렵꾼들이 날뛰면서 1990년대에는 겨우 1만 마리만이 남았다. 보다 못한 수난다지에(索南達傑, 색남달걸)가 민병대를 결성해서 밀렵꾼과 총격전 끝에 사망하고 난 뒤에야, 1997년 커커시리가 국가급 자연보호 구역으로 지정되었다.

1960년대부터 칭하이호 주변의 초원들을 농지로 개간하자, 풍부했던 칭하이의 강줄기가 마르고 사막화가 일어나고 있다. 중국은 칭하이의 풍부한 광물자원을 채굴하는 한편, 관광업을 일으키고 있다. 사람의 손길이 닿지 않았기에 잘 보존되어온 자연이 위협받고 있다.

황허·창장·란찬장이 발원하는 싼장위안(三江源, 삼강원)은 '중국의 물탱크 [中華水塔]'가 되었고, 티베트 유목민들은 초원의 집사가 되었다. 주인은 손님이 되었고, 손님은 주인이 되었다. 중국의 손길은 모든 것을 동화시켜버리고, 현대화는 모든 것을 획일화시켜버린다. 그 손길은 칭하이의 내일을 어떻게 만들어갈까?

주

1 [贛] 장시성(江西省): 도자기의 메카, 신중국의 요람

1 첸즈시, 이규일 옮김,《도연명전》, 글항아리, 2015, 37쪽.

2 첸즈시, 앞의 책, 196쪽.

3 같은 책, 89쪽.

4 같은 책, 214쪽.

5 송재소,《중국 인문 기행》, 창비, 2015, 62~63쪽.

6 오함, 박원호 옮김,《주원장전》, 지식산업사, 2003, 140쪽.

7 왕하이팅, 차혜정 옮김,《넓은 땅 중국인 성격지도》, 새빛에듀넷, 2010, 285~286쪽.

8 왕하이팅, 앞의 책, 288~289쪽.

9 같은 책, 285쪽.

10 나카스나 아키노리, 강길중·김지영·장원철 옮김,《우아함의 탄생》, 민음사, 2009, 194쪽.

11 윌리엄 T. 로, 기세찬 옮김,《하버드 중국사 청: 중국 최후의 제국》, 너머북스, 2014, 166쪽.

12 방병선,《중국도자사 연구》, 경인문화사, 2012, 381쪽.

13 티머시 브룩, 박인균 옮김,《베르메르의 모자》, 추수밭, 2008, 119쪽.

14 방병선, 앞의 책, 462쪽.

15 조너선 D. 스펜스, 남경태 옮김,《무질서의 지배자: 마오쩌둥》, 푸른숲, 2003, 119쪽.

16 로스 테릴, 박인용 옮김,《마오쩌둥》, 이룸, 2008, 220쪽.

17 로스 테릴, 앞의 책, 241쪽.

18 조너선 D. 스펜스, 앞의 책, 121쪽.

19 중국공산당중앙당사연구실, 홍순도·홍광훈 옮김,《중국공산당 역사》 1권 상, 서교출판사, 440쪽.

20 로스 테릴, 앞의 책, 249쪽.

21 양중미, 강귀영 옮김,《붉은 왕조의 여인들》, 천지인, 2009, 92쪽.

22 양중미, 앞의 책, 103쪽.

23 같은 책, 62~63쪽.

24 로스 테릴, 앞의 책, 600쪽.

2   [閩] 푸젠성(福建省): 민월(閩越), 바다를 밭으로 삼다

1 이지, 김혜경 옮김,《분서》1권, 한길사, 2004, 87쪽.

2 천관린, 강효백·이해원 옮김,《중국 각지 상인》, 한길사, 2004, 312쪽.

3 김능우 외,《중국 개항도시를 걷다》, 현암사, 2013, 244쪽.

4 안젠, 정근희 옮김,《천추흥망: 명나라》, 따뜻한손, 2010, 402쪽.

5 김능우 외, 앞의 책, 148쪽.

6 안젠, 앞의 책, 404쪽.

7 이중톈, 심규호 옮김,《독성기》, 에버리치홀딩스, 2010, 360쪽.

8 허영섭,《대만, 어디에 있는가》, 채륜, 2011, 191~194쪽.

9 허영섭, 앞의 책, 117쪽.

10 왕하이팅, 차혜정 옮김,《넓은 땅 중국인 성격지도》, 새빛에듀넷, 2010, 276쪽.

3   [瓊] 하이난성(海南省): 중국 최남단, 하늘의 끝 바다의 끝[天涯海角]

1 진수, 김원중 옮김,《정사 삼국지: 오서》, 휴머니스트, 2018, 268쪽.

2 진수, 앞의 책, 267쪽.

3 같은 책, 446쪽.

4 린위탕, 진영희 옮김,《소동파 평전》, 지식산업사, 2012, 497쪽.

5 린위탕, 앞의 책, 466쪽.

6 같은 책, 501쪽.

7 같은 책, 501쪽.

주 註

8 니우산·빠산쓰, 임찬혁 옮김,《소통의 정치학 상소: 중국편》, 달과소, 2008, 123~124쪽.

9 레이 황, 김한식 옮김,《1587, 만력 15년 아무 일도 없었던 해》, 새물결, 2004, 237쪽.

10 https://zh.wikipedia.org/wiki/海南省

11 https://en.wikipedia.org/wiki/Hainan

12 서사군도 또는 파라셀 제도는 중국·중화민국·베트남이, 중사군도 또는 메이클즈필드 퇴는 중국·중화민국·필리핀이, 남사군도 또는 스프래틀리 제도는 중국·중화민국·필리핀·베트남·말레이시아·브루나이가 각각 영유권을 주장하고 있다.

13 https://www.hani.co.kr/arti/international/china/854333.html#csidxd0f9f0c696 b720ebfc53f8ac0d49955

4 [云] 윈난성(雲南省): 독천(毒泉)의 남만(南蠻), 힐링의 샹그릴라

1 사마천, 신동준 옮김,《사기 열전》 2권, 위즈덤하우스, 2015, 535쪽.

2 사마천, 앞의 책, 535~536쪽.

3 같은 책, 543쪽.

4 탕하이정, 박승미 옮김,《윈난에 가봐야 하는 20가지 이유》, 터치아트, 2008, 239쪽.

5 김윤식,《샹그리라를 찾아서》, 강, 2003, 183쪽.

6 마크 젠킨스, '샹그리라를 찾아서', 〈내셔널 지오그래픽〉, 와이비엠, 2009년 5월, 54쪽.

7 마크 젠킨스, 앞의 글, 54쪽.

8 탕하이정, 앞의 책, 172쪽.

9 박광희,《중국 운남성 인문기행 활화석: 소수민족 문화의 영속성》, 인터북스, 2010, 28쪽.

10 이선진, 〈중국의 대동남아 전략: 현황과 전망〉,《중국의 부상과 동남아의 대응》, 동북아역사재단, 2011, 58쪽.

11 미셸 나이하우스, '메콩강', 〈내셔널 지오그래픽〉, 와이비엠, 2015년 5월, 72쪽.

12 http://www.sisapress.com/journal/article/135316

13 다빙, 유소영 옮김,《괜찮아, 괜찮아》, 포북(for book), 2016, 75쪽.

5 [貴] 구이저우성(貴州省): 가난한 오지, 소외된 이들의 고향

1 사마천, 신동준 옮김, 《사기 열전》 2권, 위즈덤하우스, 2015, 540쪽.

2 마크 엘빈, 정철웅 옮김, 《코끼리의 후퇴》, 사계절, 2011, 382쪽.

3 왕커, 김정희 옮김, 《민족과 국가》, 동북아역사재단, 2007, 228쪽.

4 후자오량, 김태성 옮김, 《중국의 문화지리를 읽는다》, 휴머니스트, 2005, 470쪽.

5 윌리엄 T. 로, 기세찬 옮김, 《하버드 중국사 청: 중국 최후의 제국》, 너머북스, 2014, 144쪽.

6 장샤오쑹 외, 김선자 옮김, 《중국 소수민족의 눈물》, 안티쿠스, 2011, 218쪽.

7 장샤오쑹 외, 앞의 책, 73쪽.

8 같은 책, 182쪽.

9 에이미 탠, '세월이 빗겨간 마을', 〈내셔널 지오그래픽〉, 와이비엠, 2008년 5월, 66쪽.

10 에이미 탠, 앞의 글, 65쪽.

11 http://www.ohmynews.com/nws_web/view/at_pg.aspx?CNTN_CD=A0000775325

12 http://www.ohmynews.com/nws_web/view/at_pg.aspx?CNTN_CD=A0000779292

13 진수, 김원중 옮김, 《정사 삼국지: 오서》, 휴머니스트, 2018, 663쪽.

14 LG 경제연구원, 《LG 瞭望中國》, 2012년 5월, 40호, 7쪽.

15 김종원, 《중국 서남부 자연·문화 유적답사기》, 여행마인드, 2015, 537쪽.

16 손호철, 《레드 로드》, 이매진, 2008, 175쪽.

17 김종원, 앞의 책, 496쪽.

6 [辽] 랴오닝성(遼寧省): 멀고도 멀어 랴오닝(遼寧), 대문도 마당도 없는 경계

1 박지원, 김혈조 옮김, 《열하일기》 1권, 돌베개, 2009, 46쪽.

2 진수, 김원중 옮김, 《정사 삼국지: 위서》 1권, 휴머니스트, 2018, 647쪽.

3 권오중, 《요동왕국과 동아시아》, 영남대학교출판부, 2012, 29쪽.

4 박지원, 앞의 책, 152~153쪽.

5 사마천, 신동준 옮김,《사기 열전》2권, 위즈덤하우스, 2015, 532쪽.

6 사마광, 신동준 옮김,《자치통감 삼국지》상권, 살림, 2004, 410쪽.

7 진수, 앞의 책, 86쪽.

8 사마광, 앞의 책, 410쪽.

9 진수, 앞의 책, 342쪽.

10 사마광, 앞의 책, 412~413쪽.

11 권오중, 앞의 책, 225쪽.

12 김한규,《요동사》, 문학과지성사, 2004, 534쪽.

13 김한규, 앞의 책, 542쪽.

14 같은 책, 560쪽.

15 쑤쑤, 김희숙 옮김,《쑤쑤, 동북을 거닐다》, 포북(for book), 2016, 81쪽.

16 쑤쑤, 앞의 책, 83쪽.

17 같은 책, 287쪽.

18 https://en.wikipedia.org/wiki/Liaoning

19 http://www.hani.co.kr/arti/international/china/721814.html

20 http://news.joins.com/article/20602521

21 http://www.hani.co.kr/arti/international/china/812591.html

7 [吉] 지린성(吉林省): 만주의 중심, 중국과 한국이 함께 키워낸 사과배

1 http://korean.jl.gov.cn/gk/ls/

2 진수, 김원중 옮김,《정사 삼국지: 위서》2권, 휴머니스트, 2018, 605쪽.

3 김한규,《요동사》, 문학과지성사, 2004, 271쪽.

4 진수, 앞의 책, 609~610쪽.

5 같은 책, 605쪽.

6 같은 책, 610쪽.

7 동북아역사재단,《고구려를 찾아서》, 동북아역사재단, 2009, 64쪽.

8 김한규, 앞의 책, 374쪽.

9 같은 책, 546쪽.

10 야마무로 신이치, 윤대석 옮김,《키메라, 만주국의 초상》, 소명출판, 2009, 50쪽.

11 야마무로 신이치, 앞의 책, 224쪽.

12 같은 책, 136쪽.

13 같은 책, 254쪽.

14 같은 책, 276쪽.

15 같은 책, 232쪽.

16 같은 책, 261쪽.

17 같은 책, 263쪽.

18 리혜선,《코리안 드림, 그 방황과 희망의 보고서》, 아이필드, 2003, 84~85쪽.

19 리혜선, 앞의 책, 267쪽.

20 국가통계포털(KOSIS), 국적·지역 및 연령별 체류 외국인 현황.

21 금희,《세상에 없는 나의 집》, 창비, 2015, 20쪽.

22 금희, 앞의 책, 211쪽.

23 리혜선, 앞의 책, 312쪽.

24 http://h21.hani.co.kr/arti/world/world_general/29685.html

25 이종석,〈국경에서 본 북-중 경제교류 및 북한 경제 실상〉, 세종연구소, 정책브리핑
    No.2016-21, 2쪽.

26 리혜선,《사과배 아이들》, 웅진주니어, 2006, 62쪽.

8 [黑] 헤이룽장성(黑龍江省): 검은 용이 휘도는 백산흑수(白山黑水)의 땅

1 아멜리 노통브, 김민정 옮김,《공격》, 열린책들, 2005, 141쪽.

2 https://en.wikipedia.org/wiki/Amur_River

3 신류, 유타루 다듬어 씀,《북정록》, 알마, 2008, 80쪽.

4 진수, 김원중 옮김,《정사 삼국지: 위서》2권, 휴머니스트, 2018, 619쪽.

5 국사편찬위원회,《한국사》10권, 탐구당, 2003, 30쪽.

6 김한규,《요동사》, 문학과지성사, 2004, 365쪽.

7 국사편찬위원회, 앞의 책, 77쪽.

8 같은 책, 81쪽.

9   쑤쑤, 김화숙 옮김, 《쑤쑤, 동북을 거닐다》, 포북(for book), 2016, 55쪽.

10   김한규, 앞의 책, 467쪽.

11   백양, 김영수 옮김, 《백양 중국사》 1권, 역사의아침, 2014, 61쪽.

12   안나 레이드, 윤철희 옮김, 《샤먼의 코트》, 미다스북스, 2003, 50쪽.

13   안나 레이드, 앞의 책, 54~56쪽.

14   신류, 앞의 책, 41쪽.

15   조지 린치, 정진국 옮김, 《제국의 통로》, 글항아리, 2009, 204쪽.

16   쉬즈위안, 김태성 옮김, 《미성숙한 국가》, 이봄, 2017, 49쪽.

17   김흥식, 《안중근 재판정 참관기》, 서해문집, 2015, 168~169쪽.

18   야마무로 신이치, 윤대석 옮김, 《키메라, 만주국의 초상》, 소명출판, 2009, 332쪽.

19   권성욱, 《중일전쟁》, 미지북스, 2015, 804쪽.

20   권성욱, 앞의 책, 805~806쪽.

21   츠쯔젠, 김태성 옮김, 〈돼지기름 한 항아리〉, 《물결의 비밀》, 아시아, 2016, 179쪽.

22   츠쯔젠, 김윤진 옮김, 《어얼구나 강의 오른쪽》, 들녘, 2011, 29쪽.

23   츠쯔젠, 앞의 책, 393쪽.

24   쑤쑤, 앞의 책, 185쪽.

25   김선자, 《중국 소수민족 신화기행》, 안티쿠스, 2010, 379쪽.

26   쑤쑤, 앞의 책, 317쪽.

9   [澳] 마카오(澳門): 동방무역의 중심에서 카지노 왕국으로

1   최낙민, 《해항도시 마카오와 상해의 문화교섭》, 선인, 2014, 95쪽.

2   볼커 포에즐, 김미영 옮김, 《포르투갈》, 휘슬러, 2005, 10쪽.

3   최낙민, 앞의 책, 63쪽.

4   같은 책, 65쪽.

5   진순신, 서석연 옮김, 《홍콩의 기나긴 밤》, 우리터, 1997, 23쪽.

6   황계신 외, 《마카오의 역사와 경제》, 성균관대학교출판부, 1999, 61쪽.

7   최낙민, 앞의 책, 98쪽.

8   같은 책, 101쪽.

9 같은 책, 83쪽.

10 황계신 외, 앞의 책, 59쪽.

11 조너선 클레멘츠, 허강 옮김,《해적왕 정성공》, 삼우반, 2008, 29쪽.

12 조너선 클레멘츠, 앞의 책, 100쪽.

13 같은 책, 108쪽.

14 에번 오스노스, 고기탁 옮김,《야망의 시대》, 열린책들, 2015, 117~118쪽.

15 http://legacy.h21.hani.co.kr/section-021019000/2006/12/021019000200612210640048.html

16 에번 오스노스, 앞의 책, 118쪽.

17 정군남,《중국 조직범죄와 복권업 그리고 도박범죄》, 한국형사정책연구원, 2014, 148쪽.

18 http://news.joins.com/article/13141181

19 에번 오스노스, 앞의 책, 118쪽.

20 http://www.bbc.com/news/blogs-china-blog-28923996

21 http://news.joins.com/article/20549833

10 [台] 타이완(台灣): 타이완성인가, 중화민국인가?

1 원래 삼통(三通: 通郵, 通商, 通航)은 중국과 타이완의 서신·무역·교통 왕래를 허용하는 정책인데, 이를 남녀 관계에 빗댄 것이다.

2 정창원 외, 김양수 옮김,《흰 코 너구리》, 한걸음더, 2009, 74~75쪽, 윤색.

3 재레드 다이아몬드, 김진준 옮김,《총, 균, 쇠》, 문학사상사, 2013, 505쪽.

4 재레드 다이아몬드, 앞의 책, 507~509쪽.

5 티모시 브룩, 조영헌 옮김,《하버드 중국사: 원·명》, 너머북스, 2014, 443~444쪽.

6 김영신,《대만의 역사》, 지영사, 2001, 84쪽.

7 김영신, 앞의 책, 271쪽.

8 정창원 외, 앞의 책, 58쪽.

9 김영신, 앞의 책, 318~319쪽.

10 최원식·백영서,《대만을 보는 눈》, 창비, 2012, 40쪽.

11 정칭원 외, 앞의 책, 12쪽.

12 허영섭,《대만, 어디에 있는가》, 채륜, 2011, 206쪽.

13 최창근,《대만, 거대한 역사를 품은 작은 행복의 나라》, 리수, 2013, 255쪽.

14 http://city.udn.com/54543/3150621

15 http://www.bbc.com/zhongwen/trad/indepth/2009/12/091231_wuyanling_twexpect

16 http://hk.crntt.com/doc/1015/3/8/9/101538965.html?coluid=98&kindid=2997&docid=101538965&mdate=1218235200

17 http://www.bbc.com/zhongwen/trad/taiwan_letters/2012/01/120105_twletter_tw_popwords.shtml

18 http://www.cna.com.tw/news/firstnews/201212070056-1.aspx

19 http://www.bbc.com/zhongwen/trad/taiwan_letters/2013/12/131219_twletter_popularwords

20 https://udn.com/news/story/1/2158738

21 2017년 6월 미 국무부는 타이완에 14억 달러의 무기를 판매하는 계획을 승인했다.

11 [港] 홍콩(香港): 아편과 영국이 키운 국제무역항, 요원한 항인치항(港人治港)

1 하마시타 다케시, 하세봉 옮김,《아시아의 네트워크 도시, 홍콩》, 신서원, 1997, 47~48쪽.

2 베티 웨이 & 엘리자베스 리, 이은주 옮김,《홍콩》, 휘슬러, 2005, 45쪽.

3 베티 웨이 & 엘리자베스 리, 앞의 책, 34쪽.

4 진순신, 서석연 옮김,《홍콩의 기나긴 밤》, 우리터, 1997, 42쪽.

5 베티 웨이 & 엘리자베스 리, 앞의 책, 43쪽.

6 임춘성 외,《홍콩과 홍콩인의 정체성》, 학연문화사, 2006, 48쪽.

7 베티 웨이 & 엘리자베스 리, 앞의 책, 51쪽.

8 임춘성 외, 앞의 책, 50쪽.

9 https://en.wikipedia.org/wiki/Hong_Kong

10 임춘성 외, 앞의 책, 15쪽.

11   조너선 클레멘츠, 허강 옮김,《해적왕 정성공》, 삼우반, 2008, 461쪽.

12   임춘성 외, 앞의 책, 154쪽.

13   베티 웨이 & 엘리자베스 리, 앞의 책, 214쪽.

14   같은 책, 222쪽.

15   임춘성 외, 앞의 책, 107쪽.

16   박만원,《5억 네티즌, 중국의 본심을 말하다》, 매일경제신문사, 2012, 69쪽.

17   http://w.w.w.hani.co.kr/arti/international/china/696617.html

18   이희옥,《중국의 새로운 민주주의 탐색》, 성균관대학교출판부, 2014, 110쪽.

19   진순신, 앞의 책, 269쪽.

20   http://www.hani.co.kr/arti/international/china/696617.html

21   http://www.yonhapnews.co.kr/bulletin/2017/03/24/0200000000A
KR20170324097500074.HTML

22   http://www.hani.co.kr/arti/international/china/800836.html

23   우샹후이, 허유영 옮김,《배낭에 담아 온 중국》, 흐름출판, 2012, 339쪽.

24   우샹후이, 앞의 책, 340쪽.

25   http://www.hani.co.kr/arti/international/china/800500.html

26   http://www.bbc.com/news/world-asia-china-41870206

27   찬호께이, 강초아 옮김,《13.67》, 한스미디어, 2015, 17쪽.

28   찬호께이, 앞의 책, 659쪽.

12 [沪] 상하이(上海): 농어 잡던 어촌, 국제도시가 되다

1   http://www.hani.co.kr/arti/international/china/788192.html

2   이중톈, 심규호 옮김,《독성기》, 에버리치홀딩스, 2010, 218쪽.

3   http://endic.naver.com/enkrEntry.nhn?sLn=kr&entryId=5510585a00ff473c946
520709a16fad1&query=shanghai#English)

4   우샹후이, 허유영 옮김,《배낭에 담아 온 중국》, 흐름출판, 2012, 112쪽.

5   양둥핑, 장영권 옮김,《중국의 두 얼굴》, 펜타그램, 2008, 370쪽.

6   고려대 중국학연구소,《중국지리의 즐거움》, 차이나하우스, 2012, 60쪽.

주

7   황석원, 《상하이 일기》, 시공사, 2008, 30쪽.

8   양둥핑, 앞의 책, 72쪽.

9   같은 책, 493쪽.

10   우샹후이, 앞의 책, 251쪽.

11   한우덕, 《우리가 아는 중국은 없다》, 청림출판, 2012, 216쪽.

12   한우덕, 《중국 함정》, 올림, 2018, 142~143쪽.

13   홍은택, 《중국 만리장정》, 문학동네, 2013, 41쪽.

14   김지연, 《중국 현대미술의 얼굴들》, 두성북스, 2013, 298쪽.

15   양둥핑, 앞의 책, 499쪽.

16   같은 책, 511쪽.

13   [宁] 닝샤후이족자치구(寧夏回族自治區): 탕구트의 대하제국(大夏帝國), 중국의 할리우드

1   한국 중부의 연평균 강수량은 1100~1400밀리미터다.

2   스기야마 마사아키, 《유목민의 눈으로 본 세계사》, 시루, 2013, 218쪽.

3   스기야마 마사아키, 앞의 책, 213쪽.

4   같은 책, 221쪽.

5   사마천, 신동준 옮김, 《사기 열전》 2권, 위즈덤하우스, 2015, 359~360쪽.

6   동북아역사재단, 《宋史 外國傳 譯註》 1권, 동북아역사재단, 2011, 86쪽.

7   조너선 D. 스펜스, 이준갑 옮김, 《강희제》, 이산, 2001, 248~249쪽.

8   조너선 D. 스펜스, 앞의 책, 254쪽.

9   같은 책, 252쪽.

10   같은 책, 255쪽.

11   김호동, 《황하에서 천산까지》, 사계절, 1999, 101쪽.

12   http://news.joins.com/article/3795889

13   노수연 외, 《2015년 중국 지역별 경제정책과 시사점》, 대외경제정책연구원, 2015, 19~20쪽.

14 [蒙] 네이멍구자치구(內蒙古自治區): 세상의 중심에서 중국의 변방으로

1   신현덕,《몽골》, 휘슬러, 2005, 32쪽.

2   동북아역사재단,《漢書 外國傳 譯註》하권, 동북아역사재단, 2009, 81쪽.

3   동북아역사재단, 앞의 책, 81쪽.

4   사와다 이사오, 김숙경 옮김,《흉노》, 아이필드, 2007, 43쪽.

5   사와다 이사오, 앞의 책, 45쪽.

6   진수, 김원중 옮김,《정사 삼국지: 위서》1권, 휴머니스트, 2018, 305쪽.

7   진수, 앞의 책, 300쪽.

8   같은 책, 303쪽.

9   같은 책, 303쪽.

10   같은 책, 309쪽.

11   잭 웨더포드, 정영목 옮김,《칭기스칸, 잠든 유럽을 깨우다》, 사계절, 2005, 141쪽.

12   잭 웨더포드, 앞의 책, 118쪽.

13   같은 책, 340쪽.

14   같은 책, 256~259쪽.

15   같은 책, 118쪽.

16   김한규,《요동사》, 문학과지성사, 2004, 497~498쪽.

17   김호동,《황하에서 천산까지》, 사계절, 1999, 127쪽.

18   장룽, 송하진 옮김,《늑대 토템》2권, 김영사, 2008, 255쪽.

19   http://news.bbc.co.uk/2/hi/asia-pacific/8217748.stm

20   http://www.bbc.com/news/world-asia-pacific-13592514

21   http://www.bbc.com/news/world-asia-pacific-13862219

22   http://www.bbc.com/news/world-asia-pacific-15428590

15 [新] 신장웨이우얼자치구(新疆維吾爾自治區): 아득한 서역(西域), 대일통(大一統)의 물결

1   http://baike.baidu.com/item/天鳥歌/13185

주

2   공원국, 《여행하는 인문학자》, 민음사, 2012, 121~122쪽.

3   제임스 A. 밀워드, 김찬영·이광태 옮김, 《신장의 역사》, 사계절, 2013, 72쪽.

4   카노 나오사다 외, 강미혜 옮김, 《천하의 모험가》, 솔, 2002, 232쪽.

5   나가사와 카즈토시, 민병훈 옮김, 《돈황의 역사와 문화》, 사계절, 2010, 168쪽.

6   김호동, 《아틀라스 중앙유라시아사》, 사계절, 2016, 95쪽.

7   마노 에이지 외, 현승수 옮김, 《교양인을 위한 중앙아시아사》, 책과함께, 2009, 67~68쪽.

8   정재훈, 《위구르 유목제국사》, 문학과지성사, 2005, 203쪽.

9   마노 에이지 외, 앞의 책, 154쪽.

10 피터 C. 퍼듀, 공원국 옮김, 《중국의 서진》, 길, 2014, 205쪽.

11 피터 C. 퍼듀, 앞의 책, 359쪽.

12 같은 책, 367쪽.

13 제임스 A. 밀워드, 앞의 책, 333쪽.

14 같은 책, 386쪽.

15 리쥐안, 차현경 옮김, 《아러타이의 끝자락》, 각광, 2015, 189~190쪽.

16 http://www.hani.co.kr/arti/international/international_general/636163.html

17 http://www.bbc.com/news/world-asia-china-38093370

18 http://news.joins.com/article/21517398

19 http://news.joins.com/article/21430009

20 https://zh.wikipedia.org/wiki/新疆维吾尔自治区

16 [藏] 시짱자치구(西藏自治區): 티베트에는 달라이라마가 없다

1   중국어로는 칭짱고원(青藏高原), 즉 칭하이·시짱고원(青海西藏高原)이다.

2   마이클 윌리스, 장석만 옮김, 《티베트: 삶, 신화 그리고 예술》, 들녘, 2002, 54쪽.

3   이시하마 유미코 편저, 김한웅 옮김, 《티베트, 달라이라마의 나라》, 이산, 2007, 33쪽.

4   박근형, 《티베트 비밀 역사》, 지식산업사, 2013, 45쪽.

5   박근형, 앞의 책, 70쪽.

6   토머스 레어드, 황정연 옮김, 《달라이 라마가 들려주는 티베트 이야기》, 웅진지식하우스, 2008, 126쪽.

7   박근형, 앞의 책, 119쪽.

8   같은 책, 254쪽.

9   같은 책, 337쪽.

10   토머스 레어드, 앞의 책, 48쪽.

11   같은 책, 250쪽.

12   같은 책, 309쪽.

13   같은 책, 350~351쪽.

14   같은 책, 313쪽.

15   같은 책, 400쪽.

16   같은 책, 424~425쪽.

17   정문태,《위험한 프레임》, 푸른숲, 2017, 263쪽.

18   쏜수원, 이순주 옮김,《바로 이 몸에서, 이 생에서》, 에이지21, 2009, 36쪽.

19   박근형,《후진타오 이야기》, 명진출판, 2010, 237쪽.

20   토머스 레어드, 앞의 책, 465쪽.

21   박근형,《티베트 비밀 역사》, 지식산업사, 2013, 505~506쪽.

22   박근형, 앞의 책, 507쪽.

23   토머스 레어드, 앞의 책, 466쪽.

24   같은 책, 454쪽.

25   후자오량, 김태성 옮김,《중국의 문화지리를 읽는다》, 휴머니스트, 2005, 434쪽.

26   쏜수원, 앞의 책, 133쪽.

27   같은 책, 135~138쪽.

28   다빙, 유소영 옮김,《괜찮아, 괜찮아》, 포북(for book), 2016, 149쪽.

29   토머스 레어드, 앞의 책, 456쪽.

30   김성태,《티베트에 미치다》, PHOTO닷, 2015, 15쪽.

31   김성태, 앞의 책, 82쪽.

17 [靑] 칭하이성(靑海省): 티베트 아닌 티베트

1   https://en.wikipedia.org/wiki/Qinghai_Lake

2 사마광, 신동준 옮김,《자치통감 삼국지》상권, 살림, 2004, 53~54쪽.

3 이시하마 유미코 편저, 김한웅 옮김,《티베트, 달라이라마의 나라》, 이산, 2007, 33쪽.

4 피터 C. 퍼듀, 공원국 옮김,《중국의 서진》, 길, 2014, 390쪽.

5 피터 C. 퍼듀, 앞의 책, 392쪽.

6 토머스 레어드, 황정연 옮김,《달라이 라마가 들려주는 티베트 이야기》, 웅진지식하우스, 2008, 327~328쪽.

7 토머스 레어드, 앞의 책, 374쪽.

8 http://www.yonhapnews.co.kr/bulletin/2017/01/19/0200000000AKR2017 0119118800077.HTML

9 정문태,《위험한 프레임》, 푸른숲, 2017, 267쪽.

10 정문태, 앞의 책, 266쪽.

11 후자오량, 김태성 옮김,《중국의 문화지리를 읽는다》, 휴머니스트, 2005, 435~436쪽.

12 왕하이팅, 차혜정 옮김,《넓은 땅 중국인 성격지도》, 새빛에듀넷, 2010, 95쪽.